KB097606

무역의 힘

연결의 시대, 우리가 알아야 할 최소한의 세계 경제

무 역 의

Trade
is not a
Four-Letter
Word

힘

프레드 P. 혹버그 지음
최지희 옮김

어크로스

더 멀리 내다보도록
호기심과 낙관론을 길러준
어머니와 아버지를 추억하며

그리고
많은 말들,
주로 사랑의 말을 주고받은
톰에게 이 책을 바친다

차례

2부 무역은 개인의 삶을 어떻게 바꾸는가
— 6가지 물건으로 알아보는 일상 속 무역

서론

모든 것은 선을 넘는다

아돌프 히틀러의 망령을 피해 외조부모께서 유럽을 떠나 미국에 새 터전을 잡았을 때 내 어머니의 나이는 열 살이었다. 팔레스타인과 아바나를 거쳐 결국 뉴욕에 정착하셨다. 그 긴 여정 동안 비자가 만료되어가는데도 암스테르담의 미국 영사관 직원은 이렇게 조언해주었다고 한다. "다음 배를 타세요. 제가 장담하건대, 그냥 내려줄 겁니다." 두 분은 직원의 말대로 했고, 1937년 안전하게 엘리스섬에 도착할 수 있었다.

외조부님은 독일 라이프치히에서 작은 제조공장과 소매업체를 운영하셨다. 미국에 정착한 후에는 뉴욕 브로드웨이 31번가에서 수첩, 지갑, 액세서리 등을 만드는 가죽공방을 열기로 결심했다. 내 어머니 릴리언은 외조부를 도와 제품 아이디어를 고안하고 자기 또래 젊은

그림 0-1 미국 굴지의 통신판매업체로 거듭난 릴리언버넌의 전신인 버넌스페셜티스가 1951년에 낸 광고. 고객의 이니셜을 새긴 가방과 벨트를 주문할 수 있다는 내용으로, 당시로서는 획기적인 시도였다.

여성들의 마음을 끌 수 있는 아이템을 디자인했다. 어머니는 1949년에 결혼하신 후, 더 나은 삶을 위해 주당 50달러씩 더 벌어야겠다고 생각했다. 그 시절에는 여자가 일하러 다니면 남편이 돈을 잘 벌지 못한다는 뜻이어서 어머니 또래 친구들은 일하는 여성을 좋지 않게 여겼다. 그래서 어머니는 '비밀 노동자'가 되었다. 어머니는 집안의 믿을 만한 가죽 공급자와 함께 자신만의 핸드백과 벨트를 디자인하고 고객이 원하는 이니셜을 새겨 판매하기로 결심했다. 어머니가 스물네 살 때 첫 번째 광고를 잡지 〈세븐틴〉에 실었을 때, 거창하게 국제 무역 같은 걸 생각했던 건 아니었다. 그저 가족이 어떻게 해야 더 잘살 수 있을지 생각했을 뿐이다.

미국인의 삶에 없었던 뭔가를 채워주었다는 사실을 어머니가 깨닫기까지는 그리 오래 걸리지 않았다. 전쟁 중이라 가죽 제품에 엄격한 할당량과 제한이 적용됐고, 시장은 어머니가 팔고자 하는 상품들을 갈망했다. 일하는 여성들이 기록적으로 증가하면서 쇼핑하러 갈 시간은 줄어들었다. 따라서 집에서 편안하게 세계 각국의 혁신적인 제품들을 주문하는 사람들이 크게 늘었다. 어머니가 우리 집 부엌에서 시작한 소매업과 카탈로그 사업은 미국 증권거래소에 상장된 최초의 여성 설립 기업이 된다. 어릴 적 내가 여기저기 흠집을 냈던 식탁은 어머니의 초상화와 함께 이제 워싱턴 D.C. 스미스소니언의 소장품이 되었다.

1981년 광저우 공항

대학과 경영대학원을 졸업한 후 나는 릴리언버넌Lillian Vernon에 합류했고 20년 가까이 어머니와 함께 일했다. 릴리언버넌이 매년 수백만 명의 고객을 응대하는 현대적이고 효율적인 기업으로 변모하기까지는 어머니의 남다른 안목과 감각이 특별한 기반이 되어주었다. 나는 그 경험들 덕분에 밑바닥부터 사업을 급속히 성장시킬 수 있었을 뿐만 아니라, 세계를 여행할 수 있었고 세계와 연계하고자 하는 미국인

그림 0-2 1980년대 초 릴리언버넌의 카탈로그 신청 광고. 프랑스산 자기, 중국산 비취 등 세계 각지에서 찾아낸 새로운 물건들을 소개하고 있다.

들의 바람을 더 잘 이해할 수 있었다. 회사가 성장하자 우리는 지역 백화점에서 판매하는 것과 차별화된 상품을 제공하기 위해 늘 찾아다녔다. 우리는 아직 미국에 들어오지 않은 독특하고 혁신적이며 가격대도 적당한 상품을 찾기 위해 바다를 건너갔다. 그 과정에서 미국 소비자들의 욕구가 무엇인지 더 잘 이해하게 되었다.

어머니는 국제적으로 사업을 한다고 생각하지 않으셨지만 돌아보면 우리는 이미 그렇게 하고 있었다. 리처드 닉슨 대통령이 1972년에 그 유명한 중국 방문을 했을 때, 릴리언버넌도 그 대열에 합류했다. 우리는 전 세계에서 상품을 구했고, 나는 미국 소비자들에게 최신 중국산 제품을 소개하고자 몇 년 동안 광저우에서 열리는 수출 박람회를 수도 없이 방문했다. 1981년 첫 번째 방문이 아직도 생생히 기억난다. 홍콩에서 비행기를 타고 광저우에 갔을 때 잊지 못할 경험을 했다. 광저우는 지금의 로스앤젤레스보다 더 컸지만, 전력 공급이 취약해 사방이 칠흑같이 어두웠다. 비행기 탑승권은 휴지만큼 얇았다. 비행기는 뒤쪽으로 갈수록 앞뒤 좌석 간격이 좁아졌는데, 간격을 제대로 계산하지 않은 탓이었다. 비행기가 착륙하기 직전에 활주로가 갑자기 밝아졌고, 착륙하자 바로 다시 어두워졌다.

그런데 우리는 그 땅에서 창의적인 사람들을 보았고, 내가 지금도 쓰는 뚜껑 달린 청자 대접부터 깨진 명明대 화병으로 만든 펜던트에 이르기까지 혁신적인 제품들을 많이 만날 수 있었다. 우리는 홍콩 출신 사업가 마이클 탐을 만났다. 그는 품질보증사무소를 운영하면서 품질에 대한 우리의 요구조건을 충족시키는 '메이드 인 차이나' 제품을 확실히 공급해주었다. 우리는 중국 파트너들과 협력해 고객 취향에 발맞출 디자인 팀을 조직하고 글로벌 연결망을 활용해 우리와 그들의 사업을 함께 발전시켰다.

수년 뒤 중국은 세계에 문호를 개방했다. 내가 중국을 처음 방문한 지 불과 수십 년 만에 이런 일이 일어났으니, 지금 생각해도 정말 놀라운 경험이었다. 이후 중국은 갈 때마다 몰라보게 발전했다. 내가 처음 중국에 갔을 때 도로는 자전거로 꽉 차 있었고, 그다음에는 스쿠터로, 나중에는 차들로 꽉 막혀 있었다. 이는 우리가 세계 다른 나라와 연결되어 있을 때 무엇을 얻고, 무엇을 잃게 되는지 상기시켜주는 사례다. 겉으로는 단순해 보이는 수출입의 세계가 개인의 삶과 국가의 생존에 실제로 어떤 의미인지 보여준다. 그리고 무엇보다 몇 년 전 내가 미국 수출입은행장으로 일할 당시 우연히 들은 이야기를 떠올리게 한다. 국경을 넘어 다른 나라로 확장해나가길 원하는 미국의 중소기업 경영자들에게 종종 하던 이야기인데, 지금 여기서 여러분과 나누고 싶다.

플루스 울트라의 운명

헤라클레스 신화 시대로 거슬러 올라가면 이런 전설이 있다. 지브롤터 해협 양쪽에 기둥이 서 있는데, 거기에 서쪽으로의 모험을 꿈꾸는 선원에게 보내는 라틴어 경고가 새겨져 있다는 것이다. "넥 플루스 울트라Nec Plus Ultra." '더 나아갈 수 없음'이란 뜻으로, 여기가 세계의 끝임을 경고하는 말이다.

수 세기 동안 유럽인들은 그 바다 너머에는 아무것도 없다고 믿었다. 크리스토퍼 콜럼버스가 아메리카에 도착하기 전까지 이런 정서는 변함이 없었다. 신세계를 발견했다는 소식이 스페인에 들려오고 얼마 지나지 않아, 카를로스 1세는 '넥 플루스 울트라'라는 역사적인 격언을 '플루스 울트라Plus Ultra', 즉 '더 나아갈 수 있음'으로 바꾸라고 명령했다. 이 말은 스페인의 국가 표어가 되었다. 오늘날 스페인 국기에서도 여전히 찾아볼 수 있는데, 헤라클레스의 두 기둥에 휘감긴

그림 0-3 헤라클레스의 기둥과 달러 기호. 달러 기호의 유래에 대해서는 여러 가지 설이 있는데, 그중 하나가 헤라클레스의 기둥을 본떴다는 것이다.

리본에 그 말이 새겨져 있다.

역사학자들은 이 기둥(과 '플루스 울트라'라고 적힌 리본)이 앞으로도 계속 의미 있는 상징으로 남으리라고 주장한다. 이 상징은 기회와 번영이 결코 우리 국경 안에 국한된 적이 없음을 상기시켜주는 역할을 한다. 그렇지 않은가?

달러에는 많은 함축이 담겨 있는데, 그중 제일은 '기회'다. 국가들에게 달러는 안정과 안보를 의미한다. 이는 번영과 구원과 혁신의 기회, 교육과 문화와 과학과 국민 복지에 투자할 수 있는 기회를 뜻한다. 오늘날 미국인 가정에게는 달러가 식료품과 자동차 새 타이어, 병원에 가야 할 때 마음의 평안, 딸아이 교육을 위한 등록금, 은퇴를 대비한 약간의 저축, 사업을 시작하거나 위험을 감수해야 하거나 꿈을 좇을 때 필요한 약간의 여유를 의미한다. 좋든 싫든 우리의 운명은 플루스 울트라가 적힌 리본처럼 그 기둥에 휘감겨 있을 때가 많다.

콜럼버스 시대 이후 우리 삶의 거의 모든 것이 바뀌었지만 스페인 표어의 진실은 변하지 않았다. 미국의 번영과 그 구성원 모두가 누릴 수 있는 기회는 우리가 더 나아가는(플루스 울트라) 모험을 떠날 의향이 있는 한 계속 확장되고 풍성해질 것이다.

그러나 이야기를 '더 나아가기' 전에 한 가지 분명히 하자면, 앞으로 나올 내용이 헤라클레스, 콜럼버스, 스페인 문장학이나 그런 것과는 아무 관련이 없다는 점이다. 이 책은 그보다 훨씬 더 흥미진진한, 바로 무역에 관한 책이다. 기본적으로 무역은 상호 이익을 위해 사람들이 재화와 서비스를 교환하는 것을 말한다. 달리 표현하자면, 우리가 국경 너머를 여행하면서 우리 자신과 다른 사람들을 위해 만든 기회다. 그런데 어째선지 우리는 아주 오랫동안 무역에 관한 사실이 왜곡되도록 내버려두었다. 힘든 경제에 대한 변명, 변화하는 세계에 적응 실패한 것에 대한 희생양, 외국인 혐오자와 국수주의자를 놀라게 하는 부기맨, 우파든 좌파든 많은 미국인에게 그저 골치 아픈 것에 불과한 것으로 말이다. 마르코 폴로가 실크로드를 용감하게 횡단했던 것이 불과 700년 전임을 기억하자. 모든 대륙의 탐험가들이 더 먼 곳을 보기 위해 대담하게 바다를 건너갔다. 그런데 도대체 왜 우리는 무역이 논란거리가 되게 내버려두었던 것일까?

무역 없이 불가능한 세계

나는 작은 비밀, 즉 무역은 논란거리가 아니라는 것을 알려주고자 이 책을 썼다. 무역은 다소 복잡할 수 있다. 무역은 당파적 노선에 딱 맞아떨어지기가 어렵고, 요약정리를 하기에 적합하지 않으며, 저녁 식사 시간에 나눌 만한 재미있는 이야깃거리가 될 수도 없다. 무역은 너무나 난해하고 일상의 고민들과 동떨어진 주제처럼 보인다. 그러나 당신이 어떤 사람이건, 어떤 상황에 처해 있건, 혹은 관심사가 무엇이건 간에 무역은 당신의 삶에 절대적인 영향을 미친다. 마트에서 앱스토어에 이르기까지, 약국부터 자동차 대리점까지 우리가 사는 거의 모든 물건의 값을 무역이 결정할 뿐만 아니라, 더 깊은 차원에서 우리 삶의 문화를 형성해간다. 무역이 당신의 지갑에, 당신의 이웃에게, 그리고 국고에 달러가 얼마나 있을지에 영향을 미친다. 우리가 얼마나 많은 기회를 만나게 되는가에도 영향을 미친다. 무역은 개인과 공동체 모두의 운명에 엄청난 영향을 미친다. 무역은 국가 간 전쟁과 평화의 강력한 수단이다. 노트북에서 스마트폰, 아보카도 토스트에 이르기까지 우리 일상생활의 많은 부분을 책임지고 있다.

나는 미국의 수출자금 조달을 책임지는 기관의 수장으로 8년간 일하면서 무역이 개인의 삶에 어떤 의미인지 알게 되었다. 미국 수출입은행장을 지내며, 필라델피아에서 5대에 걸쳐 아이스크림 사업을 하는 바세츠Bassetts부터 미국 전역의 긴 공급사슬에 미국인 노동자를 고용한 거대기업 보잉Boeing과 캐터필러Caterpillar에 이르기까지, 다양한 기업이 더 멀리 모험을 떠나고 해외에서 기회를 잡을 준비를 잘하도록 도왔다. 나는 메인에서 캘리포니아에 이르기까지, 많은 공장과 실험실을 방문했고 '플루스 울트라' 정신에 생계가 달린 수천 명의 노동자와 기업가를 만나 이야기했다. 위스콘신주 치페와폴스에서 무역이 인구 1만 4000명의 마을을 어떻게 회생시키는지 보았다. 100년 역사의 소방차 제조업체 달리Darley가 나이지리아 라고스에서 미국산 소방차 32대 판매 계약을 따냄으로써 기사회생했고, 지역사회에 100개의 새로운 일자리를 창출했다.

예전에 뉴햄프셔 내슈아에 위치한 중소기업 보일에너지 $_{Boyle\ Energy}$ 를 방문한 적이 있는데, 보일은 비용과 탄소 배출량을 획기적으로 줄이는 방법으로 발전소를 정비하고 시험하는 새로운 기술을 개발했다. 이는 미국 소비자들을 넘어 해외 진출을 추진해볼 만한 획기적인 아이디어였다. 무역으로 새로운 판로를 확보한 보일은 30여 개 국가에서 400개 이상의 프로젝트를 수주했고, 매출이 2배 이상 늘었으며, 12개였던 팀이 50개 이상으로 증가했다. 텍사스 메스키트에 있는 가족기업 프리츠팩 $_{Fritz-Pak}$ 은 경기장에서 사용되는 콘크리트 혼합제를 생산했지만, 국내 수요 부족으로 직원들을 해고해야 했다. 국제무역의 문이 열리자 프리츠팩은 브라질 축구 종합센터 건설에 참여하게 되면서 다시 가동을 시작했고, 전에 해고했던 직원들을 다시 고용했다.

이런 일자리들은 그와 연관된 가족이나 이웃에게 월급 그 이상의 의미를 지닌다. 나는 공장이나 실험실에서 일하는 수천 명의 근로자들을 만났다. 일을 통해 그들은 높은 자존감과 삶의 목적, 정체성을 느끼며 살아가고, 넓게는 지역사회 역시 한층 더 견고해진다. 그러나 제조공장이나 가족 농장에서 일을 해야만 무역에 의해 삶이 향상되는 것은 아니다. 사과를 먹어본 적이 있다면, 스카치(혹은 키안티 와인이나 하이네켄)를 한 잔 마셔본 적이 있다면, 앉아서 〈왕좌의 게임〉 시즌 6을 시청한 적이 있다면, 무역의 무한한 혜택 중 조금이라도 맛본 것이다. 이 책의 인쇄본조차도 족히 6개 국가의 제품과 프로세스를 통해 만들어졌을 것이다. 그리고 어떤 종류든 기기로 이 책을 읽거나 듣는다면 그 수는 더 늘어나게 된다.

무역에 단점이 있을까? 물론 있다. 당신이 아는 다른 정책들과 마찬가지로, 무역 관련 조치에도 어떤 결과가 따른다. 바로 승자와 패자가 나타난다는 것이다. 그렇지만 조치가 없을 때도 승자와 패자가 나타난다. 상대적으로 저렴한 데님을 미국 시장에 가져온 결과 루이지애나 원단공장에 다니던 많은 직원이 일자리를 잃었고 그들이 속한 가정과 지역사회가 큰 타격을 입었지만, 동시에 미국 전역에서 청바지 가격이 하락해 수백만 가구가 지출을 아껴 삶이 조금이라도 더 나아질 수 있었다. 물론 이런 계산을 사전에 100퍼센트 정확하게 하기는 힘들다. 무역이 물가, 일자리, 산업의 건전성에 미칠 영향을 예측하는 것은 날씨 예보와 비슷한 점이 있다. 데이터를 바탕으로 아주 정확하게 예측했을지라도, 돌발 변수가 생길 수 있기 때문이다. 무역을 하면 결과적으로 언제나 승자와 패자가 나온다는 것을 알면서도 국민 전반에 그 혜택이 돌아가게끔 거래를 계획하고 협상하는 것, 그것이 바로 무역정책이다.

왜 지금 보호주의로 역행하는가

그런데 이제 곧 밝혀지겠지만, 무역정책은 대단히 시끄러운 사촌인 무역정치의 고향, 워싱턴 D.C.에서 만들어진다. 무역정치학은 강력한 이익집단, 선호 산업과 비선호 산업, 선거에 미칠 영향을 방정식에 집어넣어 무역정책의 기본 수학을 왜곡했다. 각각의 요소는 강력한 로비력(예: 석유 및 가스 회사, 제약 회사), 지역 유권자(예: 중서부 제조업과 농업 종사자), 호시절에 대한 향수(예: 탄광) 등 무역정책을 구체화할 때마다 내놓을 카드가 있다. 결과적으로 무역에 관한 결정을 내릴 때 어떻게 해야 미국에 최선인지를 고려하기보다 긍정적이거나 부정적인 헤드라인에 의해 다른 의미가 부여될 때가 더 많다.

최근 도널드 트럼프 대통령이 해외 철강과 알루미늄에 부과한 관세를 예로 들어보자. 이쪽에 문외한인 사람에게 관세는 본질적으로 자유무역협정과 반대되는 역할을 한다. 상호 이익이 되는 거래를 장려하기 위해 국가 간에 문호를 개방하기보다는, 이미 안에 있는 것을 지키고자 문을 닫는 것이다. 예컨대 의류 가격을 낮추기 위해 저렴한 청바지를 수입하는 대신에 관세를 통해 해외 청바지를 구매하는 소비자에게 세금을 부과하면, 미국 제조업체는 가격 경쟁력이 있는 업체와 경쟁할 필요가 없다. 이 이론은 제품의 구매 가격이 오르지만, 그 세금이 경쟁을 없앰으로써 미국의 일자리를 보전한다는 것이다.

그러나 실제로 관세는 미국을 세계로부터 단절시키고 미국이 빠진 세계 시장이 전진해나가는 동안 구경꾼으로 머물게 한다. 그 방법이 미국 산업을 일시적으로(그리고 인위적으로) 지켜줄 수는 있겠지만, 이러한 보호주의는 해당 산업들이 세계무대에서 경쟁할 수 있을 만큼 변화에 적응하고 진화하며 건강하게 성장하는 것을 저해한다. 사육장에서 자란 동물들을 생각해보라. 그들은 자연 서식지에서 살아남기 위해 필요한 기술을 배울 일이 전혀 없다. 보호주의는 돌이키기도 힘들다. 일단 산업이 보호받는 데 익숙해지면 기업들은 계속 보호받기 위해 필사적으로 싸우는 경향이 있다. 또 다른 문제는 우리가 관세를 부과한 상품의 수출국 역시 보복관세를 부과할 수 있다는 것이다. 이렇게 되면 미국 기업이 국경 너머에 사는 95퍼센트의 잠재고객에게 물건을 파는 것이 힘들어지고, 미국산 제품의 판매량이 감소하면 고용률도 바닥을 칠 것이다. 이것은 전반적으로 나쁜 아이디어다.

그럼에도 2018년 봄에 트럼프 대통령이 몇몇 국가가 수출하는 철강과 알루미늄에 고관세를 부과하겠다고 발표하는 것을 막을 수 없었다. 중국(대對미 철강 수출 10위)에 타격을 주겠다는 의도가 명백한 이 조치로 인해, 캐나다(대미 철강 수출 1위) 같은 나라들까지 휘말리게 됐다. 유럽연합EU과 멕시코 등 전통적인 우방 국가를 대상으로 한 조치치고 별난 이유이긴 하지만, 미국 행정부는 이 관세 부과의 법적 근거로 '국가 안보'를 내세웠다. 그런데 트럼프 대통령은 2016년 유세 당시 '기업이 노동자를 해고하는 것을 막기 위해' 관세를 부과하겠다고 약속한 바 있다. 물론 핵심 유권자인 철강 노동자들의 편에 선 모습을 보여주는 것은 정략적으로 좋은 선택이다. 실제로 대통령의 이 선언은 보기 드물게 셰러드 브라운Sherrod Brown 오하이오 상원의원 등 중서부 진보 진영의 지지까지 이끌어냈다. 그러나 몇 개월이 지나고 미국은 무역정치가 쓸 수 있는 무역정책을 다 쓰고 나면 어떤 결과가 나타나는지 확인할 수 있었다.

트럼프 관세 부과 이후 철강·알루미늄 일자리가 얼마나 많이 기사회생할지는 알 길이 없지만, 다른 여러 결과는 예측할 수 있다. 면도날, 프라이팬, 냉장고, 자동차의 가격이 오르고, 철강·알루미늄에 의존도가 매우 높은 미국의 주요 산업들은 비용 상승으로 타격을 입고 수출품이 경쟁력을 잃게 되면서 결국 엄청난 실직자가 발생할 수 있다! 실제로 많은 미국인에게 매우 중요한 산업인 맥주업계는 이번 관세로 생산원가가 연 3억 5000만 달러 가까이 증가할 것으로 예측했다. 규모가 작은 양조업체는 원가 폭등으로 사업을 지속하지 못할 수도 있다는 우려를 제기했고, 밀러쿠어스MillerCoors 같은 대기업은 방송을 통해 시원한 맥주를 마시는 것도 조만간 사치스러운 일이 될 것이라고 경고했다. 더 복잡한 문제는 미국의 알루미늄·철강 생산력이 상대적으로 제한적이라는 점이다. 관세 부과 목적이 미국 기업들에게 '국산'을 사라고 강제하는 데 있다 하더라도, 많은 경우 미국은 자국의 수요를 충족할 수 없다. 예컨대 트럼프 대통령이 관세 부과를 선언하자, 미국의 송유관 소유주와 운영자를 대표하는 한 무역단체는 미국 철강업체가 국내에서 송유관을 건설하고 유지하는 데 필요한 철강을 3퍼센트밖에 생산하지 못한다고 경고했다. 많은 기업에게 관세는 국내 산업을 살리기 위한 혜택이 아니라, 미국이 필요한 제품들의 수입 가격과 국내 가격을 인상하는 것에 불과했다.

더 강한 경제가 우리를 기다린다

이런 설명을 하는 이유(사실 이 책을 쓴 목적)는 우리 삶에서 가장 중요한 국제 이슈 중 하나인 무역에 대한 이해를 돕고 잘못 알려진 사실을 밝히고 자세히 풀어 쉽게 다가가게끔 하기 위해서다. 우리 스스로 무역은 이해하기 너무 어렵다고 생각하는 순간, 이데올로그와 폭리업자에게 우리의 이익을 좌지우지할 문을 열어주게 된다. 선한 의도에서 출발한다면, 국내외 가난한 사람들을 구제하고 침체된 지역사회를 소생시키며 혁신을 촉진하고 미래를 위해 경제를 강화하기에 무역보다 더 강력한 도구는 없다. 미국인이 무역을 잘 이해하지 못하는 한, 무역은 미국을 혼란스럽게 만들고 사람들을 분열시키며 해안 너머의 기회로부터 멀어지게 하는 강력한 무기가 될 것이다.

다행히 무역은 끔찍하게 복잡한 이야기가 아니고, 무역을 이해하기 위해 석박사 학위가 필요하지도 않다. 이 책에서 우리는 오해를 바로잡고 쟁점들을 분석하며 모든 점들을 이어 무역이란 무엇이며 우리의 일상생활에 어떤 영향을 미치는지 전체 그림을 보게 될 것이다. NAFTA북미자유무역협정가 어떻게 양 진영 모두에게 포퓰리즘 샌드백이 되었는지 배우게 될 것이다. 어떻게 해야 미국인들이 10달러짜리 바나나의 암울한 망령을 피할지 배우게 될 것이다. 그리고 마침내 트럼프 대통령이 남긴 "무역전쟁은 좋다. 이기기 쉬우니까"라는 유명한 트윗이 사실인지 아닌지 알게 될 것이다(스포일러 주의: 사실이 아니다!).

무엇보다 우리는 여섯 가지 일상 품목의 커튼을 젖혀 각각에 담긴 놀라운 이야기를 나누며 무역의 신비를 풀어갈 것이다. 타코샐러드, 혼다 오딧세이, 바나나, 아이폰, 대학 학위, 그리고 물론 대히트작인 HBO 〈왕좌의 게임〉이 포함된다. 이 여섯 가지 품목의 이면에 담긴 중요한 이야기들을 통해 무역이 지금까지 어떻게 우리의 삶을 만들어왔는지, 또 무역이 어떻게 우리 가족과 국가, 그리고 세계를 위해 더 나은 미래를 만들 수 있는지를 알게 될 것이다.

해답은 멀리 있지 않다. 대부분의 경우 국가적 차원에서 대중의 몇몇 오해를 불식시키고 무역의 득과 실에 대해 솔직해지는 것이 바로 해답이다. 그렇게 했을 때 우리는 농민, 공장 노동자, 기업가를 위해 더 많은 기회를 창출해낼 수 있다. 전국 각지의 블루칼라 가정, 화이트칼라 가정, 노칼라 가정 모두에게 더 큰 마음의 평안을 가져다줄 수 있다. 이해하기 힘든 약어들의 바다를 건너고 최혜국이나 도하라운드 등 혼을 쏙 빼놓는 전문용어들을 지나 새로운 이해의 세계에 도달할 수 있다.

더 강하고 지속 가능한 경제가 우리를 기다리고 있다. 더 똑똑해진 정치 또한 우리를 기다리고 있다. 물론 옛 탐험가들처럼 함께 더 멀리 여행을 떠나고자 할 때만 그곳에 도달할 수 있다. 함께하겠는가?

1부
—
처음 듣는 무역 수업

1장

라이벌 무역사

미국은 진공 부품을 70억 달러 이상 수출하고 있지만, 무역은 외부와 단절된 진공상태로 이뤄지지 않는다.[1] 이 점을 이해하기 위해 먼저 역사적·정치적 요인들을 살펴볼 필요가 있다. 만약 여러 방식의 거래가 좀 더 단순한 선을 따라 연결되어 이루어진다면 문제는 훨씬 간단할 것이다. 스포츠 팀 간 트레이드처럼 말이다. 콜로라도 로키스는 투수가 필요하고 시카고 화이트삭스는 투수가 넘쳐난다. 그럼 이 둘은 서로의 강점을 극대화하고 약점을 보완하는 방향으로 이익을 도모하며 거래를 성사시킬 것이다. 하지만 세계 무역은 국내 정치와 지정학적 요인 등으로 인해 더 복잡하다. 예를 들어 NAFTA는 수출입뿐만 아니라 이민, 지역 안보, 불법 마약 거래 차단까지 다뤘다. 뉴욕 양키스가 신시내티 레즈의 상승세를 저지하는 데 혈안이라거나,

캔자스시티 로열스가 팀 내 유격수를 법에 따라 가능한 한 많은 이적 시장에 내보내야 한다면, 야구 팀 간의 트레이드도 훨씬 어려운 일이 될 것이다. 그러나 간단한 야구 트레이드와 세계 무역은 '해적'(피츠버그 야구 팀 이름이 Pirates(해적)이다—옮긴이)이 있다는 우연한 역사적 공통점을 빼고는 닮은 점이 거의 없다.

금세기 가장 중요한 통상 문제(중국)에 태클을 걸기에 앞서 먼저 무역이 무엇인지 이해할 필요가 있다. 이를 위해서는 무역이 하나의 수단임을 인식해야 한다. 그리고 다른 수단과 마찬가지로, 무역으로 무엇을 할 수 있는지 알기 전까지는 충분히 알았다고 할 수 없다.

물론 무역을 하는 이유는 석유나 우유, 철강과 같은 특정 제품에 대한 국내 수요를 충족시키기 위해서다. 이 가장 기본적인 이유가 사실상 무역의 가장 중요한 기능이다. '경제학의 아버지'라 불리는 애덤 스미스는 1776년에 이 생각의 기반이 되는 다음과 같은 말을 남겼다. "만약 어떤 물건을 자국보다 외국이 싸게 공급할 수 있다면, 그것을 수입하는 것이 우리에게 득이 되는 길이다." 스미스 시대로 돌아간다면 이 주장은 꽤 급진적이다. 영국의 경제학자 데이비드 리카도David Ricardo가 구체화한 덕분에 스미스의 생각은 '비교우위이론'으로 알려질 수 있었다. (현대 경제학자 중 한 명인 MIT의 데이비드 오터David Autor가 표현한 대로) '무역은 좋은 것이라는 종교에 가까운 믿음'을 갖게 될 정도로, 비교우위이론은 현대 경제학자들에게 가장 기본적인 이론이다. 사회는 우리에게 무역은 대체로 좋은 것이라고 가르쳐왔다. 하지만 모든 사회에서 똑같이 적용될 수 있는 것은 아니다.

무역은 경제뿐만 아니라 안보와 정치, 나아가 외교 수단으로 사용되는 경우가 비일비재하다. 무역은 전략적으로 중요한 무대에서 리더십을 행사하고 지역 간 관계를 유지하며 정권 안정을 꾀하고 이데올로기를 확산하는(혹은 확산을 막는) 데 있어 강력한 수단으로 작용한다. 정치인들은 자기 지역에서 FTA자유무역협정를 체결하면 월급이 두둑한 일자리가 생겨나고 산업을 살릴 수 있다고 주장하곤 한다. 하지만 사실 정부에게 이는 부차적인 문제다. 정부 입장에서 더 중요한 것은 어느 나라가 협정을 체결했고 누가 빠졌는지에 대한 것이다.

무역정책에 영향을 미치는 2가지 요인

오늘날 미국이 왜 무역을 해야 하고 어떤 방식으로 무역을 하는지 이해하기 위해서는 지난 300년 동안 미국의 무역정책 기조를 이해할 필요가 있다. 너무 어려운 얘기처럼 들릴 수 있지만 걱정할 필요 없다! 두 가지 요인만 제대로 이해하면 되는데, 이 두 가지 요인이 미국 통상정책의 모든 것을 설명해준다.

첫 번째 요인이 얼마나 간단한지, 알고 나면 왜 내가 이걸 생각도 못했지 하며 스스로를 자책하게 될 것이다. 그것은 바로 지리적 요인이다. 좀 더 구체적으로 말하자면 북미 대륙의 독특한 위치와 환경적 조건이다. 현대사를 보면 유럽의 열강들은 외교를 펼치고 무역을 함에 있어 힘 있는 이웃 국가들에게 시달림을 당했고, 또 사회 번영을 유지하는 데 필요한 천연자원을 넉넉히 보유하지 못했다. 밀밭을 조성하려고 하는데 산이 있다면 고립을 선택할 수가 없다. 배타적 국가가 현관문 앞에 (선의라고는 없이) 나타날 수도 있다면 국제관계를 조율하는 데 좀 더 수완을 발휘할 수 있어야 한다. 따라서 유럽이 상호의존적이고 협소한 세계에서 무역을 배우는 동안 미국은 자립적이고 거대한 대양의 세계에서 무역을 해나갔다.

때때로 자립적인 미국에 대한 우리의 자부심은 사실이 아니었다. 예를 들어 남부가 초기에 경제 성장을 할 수 있었던 것은 상당 부분 폭력적이고 비자발적인 노예 수입과 강제노역이 있었기 때문이다. 그럼에도 우리는 미국인의 사고 속에 고립주의를 주입해오면서 이 이야기를 계속 고수해왔다. 식민지 시대에서 서부개척 시대에 이르기까지, 그리고 그 이후로 몇 세대에 걸쳐 우리 자신과 우리 땅을 믿는다는 것은 미국 정신의 핵심이 되었다. 미국은 진주만 공습을 계기로 점차 고립주의에서 벗어났지만, 2차 세계대전이 우리의 국가적 DNA를 완전히 바꾸어놓았는지 아니면 일시적 충격에 불과했는지는 더 지켜볼 일이다.

이론적으로만 보면 미국의 자생력은 실로 엄청나다. 만약 지금 이 순간 세계 무역이 바로 중단된다면, 미국은 아마도 지구상에서 유일하게 오랜 기간 생존하고 번영하는 데 필요한 자원을 다양하게 보유한 국가임에 틀림없을 것이다. 미국은 지리적 고립이라는 특이성과 풍요로움을 동시에 지닌 나라다. 그 덕택에 좋든 싫든 간에 무역을 하다가도 언제든 세계 시장에서 발을 뺄 수 있는 선택지를 확보하게 되었다. 한편 미국이 그 누구보다 더 잘할 수 있는데도 스스로 자신을 고립시킨다면 자유 역시 재앙이 될 수 있다. 미국의 스토리를 구석구석 살펴보면 아마도 건강한 경제나 아주 만족스러운 삶이라 말하긴 힘들 것이다.

미국의 통상정책을 설명하는 두 번째 요인은 설명이 살짝 더 길다. 그렇지만 일단 이 장 끝까지 읽는다면 여러분은 미국 대외무역의 역사 전반에 대해 진짜 전문가가 될 것이다. 실베스터 스탤론이 출연한 유명한 영화, 〈록키〉 시리즈는 20억 달러 가까운 흥행 수입을 올렸고, 사람들 사이에 계속 회자되는 문화 콘텐츠로 자리 잡았다. 우리는 록키의 성공 요인을 통해 모피 사냥꾼, 함대, 플리머스 바위Plymouth Rock(필그림 파더스가 1620년에 메이플라워호를 타고 플리머스에 상륙했을 때 최초로 밟았다고 전해지는 바위─옮긴이)의 시대에서 트럼프 시대에 이르기까지 미국이 어떤 방식으로 무역에 접근해왔는지 이해할 수 있다. 과연 어떤 요인일까? 바로 적의 등장이다. 강력한 라이벌이 계속해서 등장하는 것이다.

미국은 역사 전반에 걸쳐 특정 목표를 달성하기 위해 선제적으로 통상정책을 펼쳐왔다. 그 목표란 눈앞에 알짱대는 경쟁 상대에 대응하기 위한 방책으로 수립되었던 것도 사실이다. 록키 발보아의 전체 이야기는 선수로 뛰다 은퇴하고 은둔생활에서 벗어나 다른 선수를 육성하는 등 위대한 챔피언의 삶을 그린 것으로, 라이벌들의 행동이 그가 삶을 변화시키도록 자극했다. 미국과 대영제국의 초기 관계처럼, 록키도 첫 번째 라이벌이었던 아폴로 크리드와 나중에 가까운 동료가 된다. 록키처럼 미국 역시 소련의 위협이 강도를 더해감에 따라 국제무대에 다시 등판해야만 했다. 그 과정에서 록키와 미국 모두 외부적 위협이 주된 동기였고, 가끔은 내부 혼란 때문에도 행동을 취하게 되었다.

몇 년 동안 미국을 불안하게 만들고 또 자극했던 상대들을 자세히 살펴보면, 무역이 정치에서 얼마나 중요한 역할을 수행해왔는지 더 잘 이해할 수 있다. 나아가 무역이 다음 세기에 어떤 역할을 수행할 수 있고 또 수행해야 하는지 배울 수 있다. 그전에 한 가지 중요한 사실을 인정하고자 한다. 그것은 바로 여기서 다뤄질 내용이 전체 스토리의 간략한 버전이라는 점이다. 300년이라는 긴 역사 속에 존재했던 수많은 어머니와 아버지를 이 장에서 모두 다룰 수는 없다. 그래서 여러분의 흥미를 위해 큰 그림을 그려가며 중요한 순간만 다루고 미묘한 내용이나 수많은 자세한 내용은 넘어가려고 한다. 염려할 것 없다! 미국 경제사를 깊이 다룬 좋은 책이 엄청나게 많다. 이제부터 이야기를 시작해보겠다.

미국을 탄생시킨 대영제국의 관세

다시 한번 〈록키〉로 돌아가 75년 필라델피아 다운타운에서 이야기를 시작해보겠다. 더 정확히 말하자면 1775년으로, 날로 고조되던 미국 13개 식민지와 영국 정부 간의 갈등을 완화하기 위해 제2차 대륙회의가 열렸던 때다. 7년 전쟁의 여파로 국고가 바닥나자 영국은 세수를 늘리기 위해 12년 동안 대서양 너머 식민지들에게 가혹한 세금을 부과했다. 의회에서 자신들의 이익을 대변할 대표자가 없는 식민지를 못살게 구는 전략이었다. 이에 미국 내 거리 시위가 촉발되었고 새뮤얼 애덤스와 그의 동지들은 자유의 아들들Sons of Liberty(미국 독립전쟁 이전 북미 13개 식민지의 애국 급진파의 통칭―옮긴이)을 결성했으며 보스턴 학살로 이어졌다. 조지 3세가 통상정책을 통해 미국으로부터 돈을 빼돌리려고 하자, 식민지의 성난 군중은 일련의 행동을 취해 보복했다. 그중 가장 주목할 만한 사건은 그 이름도 유명한 '보스턴 차 사건'으로, 동인도회사 선박에서 차 상자 342개를 탈취해 바다에 모조리 내던진 일이다.

그 후 어떤 일이 있었는지는 여러분도 다 알 것이다. 1775년 렉싱턴 콩코드 전투가 발발했고, 필라델피아 의회는 분리를 염원하는 이유가 담긴 독립선언 초안을 작성했다. 여기에는 대표 없는 과세에 대해 언급하기에 앞서 '세계 각지와의 무역이 모두 단절되어 있다'고 밝히는 등 그간의 불만이 장황하게 담겼다. 그렇게 미국이 탄생했다. 쓰라린 분노 속에 잉태된 정의로운 핏빛 혁명의 자녀. 미국의 탄생은 인간이 아는 모든 이슈 중 가장 흥미롭고 뜨거운 쟁점과 얽혀 있었다. 바로 수입 관세다!

미국은 탄생 그 순간부터 무역을 염두에 두고 있었다고 말해도 결코 과언이 아니다. 실제로 헌법이 비준된 후 의회는 가장 먼저 전쟁 빚을 갚기 위해 관세를 부과했고, 값싼 영국 수입품으로부터 미국 신생 제조업체들을 보호하는 조치를 했다. 이는 브로드웨이 인기 힙합 뮤지컬의 주인공으로 재탄생한 알렉산더 해밀턴Alexander Hamilton의 아이디어에서 출발한 정책이었다(안타깝게도 서론을 건너뛴 사람들을 위해 다시 말하자면, 관세는 지정된 외국 제품을 구매한 자국민에게 부과하는 세금이다. 본질적으로 관세는 수입품의 가격을 끌어올려 국산품을 구매하도록 유도한다). 1789년 관세 부과로 촉발된 논쟁은 그 후 125년 동안 미국의 정치 형태를 구성하는 데 있어 어마어마한 역할을 했다. 즉 해밀턴파는 관세를 전략적으로 활용해 미국 산업을 보호하고자 했지만, 토머스 제퍼슨Thomas Jefferson파는 관세를 낮게 유지해 정부의 세금 조달 목적으로만 이용해야 한다는 믿음을 가졌다(그때에는 아직 소득세가 없었음을 기억하라).

더 자세히 살펴보면 이는 단순한 의견 충돌 그 이상이라는 것을 알 수 있다. 그 중심에는 미국 역사 전반에 걸친, 그리고 오늘날까지 계속되는 근본적 골이 존재했다. 미국 제조업체를 경쟁자로부터 보호하는 정책을 밀어붙였던 해밀턴은 북부 도시의 이익을 대표했다. 그러나 경제의 90퍼센트를 농업이 차지하고 있었고, 관세 제한을 주장했던 제퍼슨은 쌀, 담배, 면화를 생산하는 남부 농민들의 입장을 대표했다. 그들은 재배한 작물의 많은 몫을 수출해 유럽인의 식욕과 탐닉을 만족시켰다. 미국의 통상정책이 과연 도시민과 농민 중 누구의 이익을 우선시해야 하느냐는 질문은 농업경제가 산업화에 무릎을 꿇고 이제 다시 디지털 서비스 시대에 무릎을 꿇게 된 지금까지도 계속되고 있다.

미국은 너무 성급했다. 해밀턴이 논쟁에서 이긴 후 미국은 저렴한 영국산 수입품이 미국산 제품의 목줄을 쥐고 흔드는 것을 막기 위해 고관세 시대의 포문을 열었다(이를 위해 1790년 미국 해안경비대의 전신인 징세해상부대를 창설하고 관세 징수 권한을 주었다). 결국 제퍼슨 역시 미국이 생존하려면 농작물보다 더 나은 것을 생산해야 하며 (대서양을 따라 형성된) 보호무역주의가 섬유·철강 같은 신산업이 성장할 기회를 준다고 생각하게 되었다. 관세가 고공행진을 거듭하면서 도시는 번성하고 연방정부는 재정이 탄탄해졌다. 지금 여러분도 그럴 테지만, 미국의 이야기가 나폴레옹에 의해 갑자기 방해받을 것이라고는 아무도 예상하지 못했다.

그렇다. 나폴레옹! 프랑스 황제가 유럽을 정복하기로 결심했을 당시, 미국의 주된 라이벌인 영국은 또 다른 값비싼 전쟁의 소용돌이에 뛰어들고 있었다. 자원에 목말랐던 영국은 미국 선박의 화물을 갈취하기 시작했고 심지어 선원까지 붙잡아 그들의 이전 왕을 위해 일할 것을 강요했다. 이제 대통령이 된 제퍼슨은 군사적으로든 경제적으로든 이 문제에 대응하라는 엄청난 압박에 시달렸다. 후자를 택한 그는 1807년 영국산 제품의 수입을 봉쇄하는 수입 금지령에 서명했다. 영국인에게서 미국 소비자를 빼앗으면 조지 왕이 태도를 바꿀 것이라고 생각했다. 하지만 제국으로서 누리는 이점 중 하나는 어느 시장 하나에 목맬 필요가 전혀 없다는 것이다. 영국 왕실은 부족한 현금을 채우기 위해 남미로 수출품을 돌렸고, 미국은 수입 관세가 들어오지 않자 심각한 재정난에 빠졌다. 경제전쟁이 엄청난 역효과를 낳자 미국은 본래의 전략으로 회귀해 무장하고 영국을 공격했다. 이름하여 1812년 전쟁이 발발한 것이다.

3년이 지난 뒤 미국은 그 선택의 결과로 얻은 것이 아무것도 없었다. 국고는 텅 비고 백악관은 불탔다. 영국 역시 적대행위로 얻은 것이 아무것도 없었다. 양측 모두 양국 관계가 개선될 것이라는 희망을 버렸다. 전쟁으로 더욱 악화되었던 고립의 시기를 지나면서 미국 경제는 두 가지 다른 양상을 보이게 되었다. 먼저 북부는 수입을 제한하면서 제조업 생산량이 증가하고 산업이 성장할 수 있는 기회를 얻었다. 반면 남부는 작물을 팔 해외 시장을 확보하지 못해 허우적댔다. 미국은 여전히 세수의 90퍼센트를 관세에 의존하고 있었고, 전쟁의 여파로 텅 빈 국고를 다시 채우기 위해 새로운 수입 관세를 신설했다. 영국의 위협이 사라지자 '호감의 시대'로 알려진 상대적 거국일치의 새로운 시대가 시작되었다. 스포일러를 하자면, 이 시기는 오래가지 못했다.

대공황으로 이어진 무역 내전

햄릿, 프로이트 박사나 지킬 박사가 말해줄 수 있겠지만, 꼭 다른 누군가가 있어야 큰 갈등이 일어나는 것은 아니다. 1812년 전쟁이 끝나자 미국과 유럽의 관계는 해빙 모드로 돌아섰고, 미국의 다음 라이벌은 내부에 있었다. 전후 재원을 마련하기 위해 시행한 고관세 덕분에 북부의 공장들은 활력이 넘쳤다. 반면 어려움을 겪던 남부 농장들은 엎친 데 덮친 격으로 노예제 문제로 골머리를 앓게 되었다. 기업은 단순히 생산력을 높이고 현금을 확보하는 것뿐만 아니라 더 많은 정치적 힘을 확보하고자 했다. 추가 관세로 남부와 북부의 경제 격차는 한층 더 벌어졌고, 북부는 영리하게도 관세로 거둔 돈을 연방에 가입한 서부의 새로운 주들에 인프라를 건설하는 데 투입해 그들의 충성을 공고히 했다.

선거가 있었던 1828년, 상황은 악화일로로 치달았다. 당시 대통령이던 존 퀸시 애덤스는 반대파가 과장조로 '증오의 관세'라고 불렀던 법안에 서명했다. 새 법안에 따라 거의 모든 수입품에 38퍼센트의 일률적인 관세가 부과됐다. 미국의 새로운 절친 영국은 부담이 너무 커지자 미국산 면화 수입을 축소하는 조치로 보복했고, 결과적으로 남부가 그 직격탄을 맞았다. 이 관세가 실행될 때쯤에는 이미 유권자들이 새 대통령을 선출한 후였다. 카리스마 넘치는 포퓰리스트 정치인이 반反북부(그리고 반관세) 흐름을 타고 남부와 서부에서 승기를 잡았다.

이론적으로 보자면 앤드루 잭슨은 남부 농부들에게 꼭 필요한 인물이었다. 하지만 사우스캐롤라이나는 관세를 확실히 무시하는 등 전례없이 위협적인 행보를 보였고 심지어 연방 탈퇴를 대놓고 논의했다. 그러자 주州의 권리를 위해 열정을 바쳤던 잭슨마저도 남부로부터 등을 돌려 연방 헌법의 편에 섰다. 연방법 거부 사태가 벌어지자 대통령은 사우스캐롤라이나 찰스턴에 병력을 투입했고, 사우스캐롤라이나 출신 캘훈 부통령의 극적인 사임으로 이어졌다. 결국 다음 10년 동안 관세를 낮추는 것으로 절충안이 타결되었지만 북부와 남부는 완전히 갈라섰다. 설령 지역 간에 '좋은 감정'이 남아 있었다 하더라도 북부의 무역정책과 남부의 분노가 충돌하며 모조리 사그라졌다.

무역 자체가 30년 후 남북전쟁 발발의 직접적 원인은 아니었다. 혐오스러운 노예제를 포기하기를 거부했던 남부에게 확실히 책임이 있다. 그럼에도 70년간 입장차를 좁히지 못하고 지속된 관세 문제가 분노의 불길을 활활 태우며 국가 형성기의 리더십을 분열시켰음은 의심할 바 없는 사실이다. 국제 네트워크에 대한 북부와 남부 간의 입장 차이에서 대도시와 지방 도시 간의 입장 차이로 전장戰場만 바뀌었을 뿐, 오늘날에도 그 당시 갈등을 연상시키는 상황은 여전히 연출된다. 노예제가 모든 것을 압도하기 전까지 통상정책은 미국에서 가장 열띤 논쟁거리로, 사람들에게 가장 많이 언급되었으며 가장 중요한 단일 이슈였다. 그리고 북부에 계속 성공을 안겨준 관세 정책은 수출 기회가 줄어든 남부가 노예 노동력에 더 집착하는 원인이 되었다. 남부의 농민들은 독립이 그들을 규제 없는 무역의 세상으로 인도해줄 것으로 기대했지만, 희망은 금세 박살 났다. 관세는 철학적 입장 그 이상의 것, 바로 현금을 뜻했다. 장기전이 되면서 천문학적인 대가를 치러야 했던 북군과 남군은 얼마 지나지 않아 아이러니하게도 양측 모두 전쟁 자금을 충당하기 위해 관세를 대폭 인상했다.

전쟁이 끝날 무렵이 되자 미국이 농촌 남부와 산업도시 북부 중 누구의 이익을 위해 통상정책을 펼쳐야 할지가 더욱 명확해졌다. 새로운 친관세파인 공화당이 우세하게 된 배경에는 (성장을 위해 값싼 외국산 수입을 제한해야 한다고 여전히 주장하는) 강력한 북부 철강산업의 후원이 있었다. 에이브러햄 링컨 당선 이후 반세기 가운데 44년 동안

그림 1-1 1846년 에드워드 윌리엄스 클레이의 삽화. 민주당원들이 자유무역을 땅에 묻을 준비를 하고 있다.

공화당이 상원 의석을 압도적으로 휩쓸었고, 여섯 차례 연속 대통령 선거에서 승리했다. 하원은 낮은 관세를 지지하는 사람들에게 유리하지 않았기에, 민주당은 반세기 중 18년만 간신히 명맥을 이어갔다.

이것이 바로 산업혁명의 한가운데, 굴뚝과 공동주택의 시대, 급격한 인구 증가로 경제가 계속 성장하는 한편 세계로부터 스스로를 고립시키는 것이 가능했던 때의 모습이었다. 이민 행렬이 줄을 이으면서 북부 생산량 증가에 활력을 불어넣었고, 황량한 서부는 전신과 대륙 횡단 철도로 변화되었다. 미국 경제가 성장하자 노동자 집단과 소비자 집단의 중요성이 커지면서 새로운 문제가 극명하게 드러났다.

1880년대 처음으로 고관세 때문에 (모든 사람의 삶에 영향을 미치는) 소비자 물가가 오를 수 있다는 주장을 대중에게 알린 사람은 민주당원인 그로버 클리블랜드Grover Cleveland였다. 노동자 계급의 수가 폭발

그림 1-2 보호 관세 공약을 내세운 1880년 공화당 포스터. 창당 이후 처음 몇십 년 동안 가장 염두에 두었던 이슈가 무엇인지 명확히 알 수 있다.

적으로 증가했는데, 임금이 정체되고 도시 환경이 악화되자 공장에서 힘들게 일하는 사람들의 이익과 그들을 고용한 부유한 사람들의 이익이 다른 궤도를 그리기 시작했다. 얼마 지나지 않아 많은 미국인이 국내 산업에 보호막을 치는 것보다 옷이나 장난감 등을 저렴하게 사는 데 더 관심을 갖게 되었다. 미국은 이제 더 이상 졸부가 아니었고, 미국의 제조업체는 더 이상 애지중지하며 외부 경쟁자로부터 보호해야 할 어린아이가 아니었다.

보호무역주의 논쟁으로 한때 견고했던 공화당이 진보와 보수로 찢어졌으며, 124년 동안 미국 통상정책의 핵심 기조였던 관세는 우세적 지위를 위협받게 되었다. 1913년 민주당이 돌파구를 찾은 뒤 관세 우위 기조는 치명상을 입었다. 의원들이 괄목할 만한 경제 성장 및 그에 따른 도로, 시설, 국방 등을 위해 소득세를 신설해야 함을 인식했던 것이다. 미국 연방 수정 헌법 제16조는 연방의 주요 재원을 수입 관세에서 소득세로 바꾸는 엄청난 전환을 감행했고 관세에 대해 유일하게 모든 미국인이 언제나 동의했던 근거 조항을 삭제했다. 수정안이 채택되고 29일 후에 민주당의 우드로 윌슨이 백악관에 입성했다. 이제 세수를 늘리기 위해 관세를 인하할 필요는 없어 보였다. 하지만 1차 세계대전이 발발하고 잘 굴러가던 국제 무역이 갑자기 중단되자 모든 통상정책은 무의미해졌다.

20세기 들어 미국이 처음으로 경험한 국제 사안은 너무나 끔찍했고, 공화당원은 재야로 내쫓겼다가 바로 다시 정계로 복귀했다. 하지만 그들이 부재했던 기간 동안 무역의 규모는 완전히 달라졌다. 미국 제조업의 생산력은 미국 소비자라는 한정된 수를 넘어섰고, 통신·운송 분야의 새로운 발전으로 유럽인은 조각조각 흩어진 대륙을 모아 유럽 경제를 통합했다. 공화당은 변화의 흐름을 깨닫지 못하고 경제 호황 시절의 영광을 되찾고자 관세를 공격적으로 인상하려고 했다 (이것이 12년 동안 보호무역주의를 밀고 나간 공화당 지도부가 워런 하딩, 캘빈 쿨리지, 허버트 후버의 두상을 러시모어산에 조각하지 못하게 된 이유이기도 하다). 시간이 정말 안 가던 고등학교 역사 수업 시간에 들었던 기억을 소환해보면 가장 악명 높은 법 중 하나가 바로 스무트-홀리Smoot-Hawley 관세법이다. 이 법은 향수에서 백열전구나 마카로니에 이르기까지 많은 제품의 수입 관세를 인상했다.[2]

유럽이나 캐나다 친구들 입장에서 스무트-홀리 관세법은 더 이상 참아주기 힘든 임계점이었다. 미국의 동맹들은 보복 조치를 취해 미국의 무역을 효과적으로 막아 최악의 순간에 수입과 수출 양방향 모두 문이 닫히게 만들었다. 이렇다 할 무역이 이뤄지지 않는다면 그 나라는 국내 시장이 요동칠 때 극도로 취약해진다. 주식시장이 붕괴되자 스무트-홀리 관세법으로 인해 보호 수단이 없어진 미국은 단순히 경기가 하락한 정도가 아니었다. 대공황이 촉발됐다.

소련, 자유무역 질서 속 빌런의 등장

한때 무역은 미국 정책에서 가장 중요한 이슈였다. 그러나 20세기 중반 가혹한 세월을 보내면서 무역은 더 이상 스포트라이트를 받지 못하게 되었다. 대공황의 후유증, 뉴딜 정책의 전망, 유럽 파시즘이라는 망령이 각기 국민 담화에서 가장 핵심적인 주제가 되었다. 동시에 북부와 남부 경제 사이에 존재했던 오랜 경계선은 현대화로 불분명해졌다. 과거의 다른 전쟁처럼 2차 세계대전 역시 엄청난 비용을 치르게 했지만, 다른 한편으로는 이로 인해 미국이 어떤 나라이고 어떻게 움직이는지에 대해 기념비적인 변화가 있었다. 전시 대량생산 체제는 경제를 침체에서 건져냈다. 임금 상승은 최고 기록을 경신했고 남자들이 해외 전장으로 나가자 엄청난 수의 여성들이 노동시장에 합류하면서 미국 노동 현장의 판도가 바뀌었을 뿐만 아니라 가능성 역시 확장되었다.

추축국이 패하자 미국은 세계무대에서 자신의 역할에 대해 심각하게 재고하게 되었다. 그 몇 년 전만 해도 미국은 세인트루이스호를 타고 플로리다 항구에 도착한 유대인 907명의 입국을 거절했다. 유럽으로 되돌아간 승선객 중 수백 명이 홀로코스트의 희생자가 되었다. 이제 예전과 달리 시대가 주는 본질적 공포감이 미국 가정에 스며들었다. 누군가에게는 그 공포가 바로 옆에 있었기에 절대로 무시할 수 없었다. 우리 집안만 보더라도 어머니가 안네 프랑크와 동년배이며, 둘 다 1933년 나치를 피해 독일에서 암스테르담으로 이주했다는 사실을 너무나 잘 알았다. 전쟁이 끝나자 세계는 다시는 이런 일이 되풀이되지 않도록 하나로 똘똘 뭉쳤다. 그리고 다양한 배경을 가진 미국인들 모두 바다가 더 이상 군사적 충돌이나 이데올로기적 충돌과 같은 국제적 사안으로부터 자신들을 보호해줄 수 없음을 깨달았다. 미국은 초강대국이 되었고 무관심이 가져온 비참한 결과를 직접 목도하면서, 힘이 커짐에 따라 그에 따른 책임도 커진다는 사실을 깨닫게 되었다.

토머스 제퍼슨은 1801년 취임연설에서 조지 워싱턴이 공직에서 물러나면서 남긴 원칙을 인용하여 유명한 말을 남겼다. "모든 국가와 평화·통상·우호 관계를 맺되 분규에 말려들 동맹 관계는 어느 나라와도 맺지 않는다." 워싱턴과 제퍼슨은 비행기, 아우슈비츠, 원자폭탄을 생각지 못했다. 그들은 깊이 얽히고설킨 미국 주도의 세계 무역 시스템에서 비롯된 경제적 번영이나 실존적 안보를 예측하지 못했다. 2차 세계대전의 여파로 세계가 미국의 리더십을 필요로 했던 것처럼, 미국 역시 경제 성장을 지속하고 국민의 바람을 실현시키기 위해서는 세계와 더불어 살아갈 필요가 있었다. 미국이 마침내 보호무역주의를 버리고 용기를 내어 국경 밖으로 발을 내뻗자 세계는 두 팔을 벌려 환영했고 시장을 개방했다. 그 당시에는 알지 못했지만 미국 내에서도 의심과 두려움으로 바깥세상을 바라보던 사람들에게 어두운 문이 열렸다.

마침내 밖으로 눈을 돌리면서 미국은 군사력 이상의 뭔가를 가지고 처음으로 세계무대에 진출했다. 국제사회 재건에 초점을 맞춘다는 것은 외교나 자선활동만을 의미하지 않았다. 이는 곧 미국산 제품을 위한 시장을 창출하는 일이기도 했다. 미국 수출입은행장이 되었을 때, 나는 수출입은행이 주요 인프라 건설 해외 프로젝트를 지원해 미국인의 일자리를 늘리고 미국 경제를 세계화하는 데 기여했음을 발견했다. 1930년대 미국 기업들은 수출입은행의 재정 지원을 받아 팬아메리칸 하이웨이(이 국제도로는 나중에 부에노스아이레스에서 알래스카까지 확장되었다)와 버마 로드를 건설했다. 미국 수출입은행에서는 크라이슬러, 포드, 쉐보레 트럭과 건설에 필요한 설비 등에 금융 지원을 했다.

혼란에서 벗어나지 못한 유럽은 국제 질서 구축을 외쳤고, 대서양 기구가 대거 탄생했다. 달러로 유럽을 재건하겠다는 마셜 플랜이 수립되어 다시 한번 미국 수출입은행의 자금이 투입되었으며, IMF와 세계은행, GATT에서 일을 마무리 지었다. 세 기관은 각기 맡은 역할은 달랐지만 모두 동일한 전략적 목적을 위해 창설되었다. 바로 자유주의 국가들의 경제와 이해관계를 더욱 긴밀히 하는 것이었다. 이는 미국에게 매우 유리한 시스템이었기에 20세기 말까지 미국은 세계 최대 수출국으로 우뚝 설 수 있었고, 현재까지도 G1으로서의 지위를 유지하고 있다.

전후 통합을 바탕으로 동쪽에서 새롭게 위협적인 존재가 등장했다. 전쟁 기간 동안 미국과 유럽, 소련은 공동의 적이 있었다. 하지만 서구 열강들이 대서양에서 세계 경제와 자유무역을 부활시키기 위해 한마음 한뜻이 되자, 소련은 새로운 통합의 물결에 합류하지 않기로 했다. 나중에 안 일이지만, 소련은 동구권 국가들을 흡수할 수만 있다면 문자 그대로에 가까운 통합을 하고자 했다. 이오시프 스탈린은 수익성이 높은 무역 거래를 당근으로 주고 무력 위협을 채찍으로 썼다. 바르샤바 조약이라고 불리는 방위조약을 맺고 경제상호원조회의(나중에 쿠바와 다른 공산국가들도 참여했다)라는 경제 공동체를 구성하는 방식으로 폴란드, 체코슬로바키아, 헝가리, 루마니아, 불가리아, 알바니아, 동독을 자신의 통제 아래 두었다. 이 제도는 서구권이 1949년 군사동맹을 맺고 공식 연대하게 된 NATO북대서양조약기구를 본떠 만들어진 것이었다.

당시 세계는 인류 역사상 그 어느 때보다 분명하게 반으로 쪼개졌다. 고작 몇 년 만에 세계 경제 무대는 수백 개 국가가 지역적으로 협력하면서 각기 산발적인 비즈니스 관계를 맺던 방식에서 2개의 거대한 시장으로 훨씬 단순해졌고, 자기편에게는 시장을 개방했지만 다른 편에게는 문을 닫았다. 소위 '제1세계'라 불리는 서구의 선진국들은 텔레비전이나 냉장고, 자동차 같은 소비재에 대한 사람들의 새로운 욕구를 만족시키면서 번영의 길을 걸었다. '제2세계'에서 무역은 '철의 장막' 뒤에서 이루어졌고 소련에 의해 철저하게 통제되었다. '제3세계' 개발도상국에서는 치열한 각축전이 벌어졌다. 이데올로기를 놓고 줄다리기를 하는 심각한 전쟁터가 된 것이다.

이후 수십 년 동안 상대편에 대한 군사적·경제적 위협이 거의 끊이지 않았고, 서로를 겁주고 도발했다. 미국에게 소련은 기이한 부기맨과 같은 존재로, 이전의 어떤 위협보다 더 인내심을 요했다. 소련이 존재한다는 사실 자체만으로도 나를 포함한 초등학생들은 공습훈련 때 책상 아래로 기어들었고, 한국과 베트남에서 군사행동이 촉발되었으며, (달 탐사를 포함하여) 미국의 주요 산업이 새로운 경지에 다다르게 되었다. 록키 발보아가 안전한 조국을 떠나 인간미라고는 찾아볼 수 없는 차갑고 냉정한 라이벌 이반 드라고에 맞서 싸울 준비를 했던 것처럼 미국 역시 위협적인 소련을 제압하기 위해 전 세계 모든 경기장에 모습을 드러냈다. 미국은 오픈스탠스 자세를 새롭게 취했고, 무역은 미국에게 가장 큰 한 방이었다.

자유무역free trade은 공화국 초기부터 사용된 용어로, 처음에 '자유'라는 단어는 외국 상품에 수입 관세가 붙지 않는다는 의미로 사용되었다. 하지만 1962년부터 새로운 의미를 내포하게 되었는데, 시장이 '자유로운' 삶, 다시 말해 비공산국가의 특징이 된 것이다. 당시 존 F. 케네디 대통령은 그전의 민주당 출신 대통령들이 경험했던 상황과 사뭇 다르게 자유무역을 옹호하는 분위기 속에서 의회 국정연설을

했다. 그로버 클리블랜드 이후 대통령들은 주로 무역을 소비자 물가를 낮추는 수단으로 여겼을 뿐이었다. 따라서 케네디는 다음과 같은 메시지로 유명한 연설문의 대단원을 장식했다.

우리는 전혀 새롭게 접근하는 새 법과 미국 통상정책을 위한 과감하고 새로운 기구가 필요합니다. 우리의 결정이 서구의 통합과 냉전의 과정, 그리고 우리 나라 다음 세대의 경제 성장에 영향을 줄 수 있습니다. (…) 우리는 공통의 도전에 직면하고 있습니다. 어느 곳에서든 자유시민이 더욱 번영하며, 새로운 무역공동체에서 동반자 관계를 구축하고 모든 자유국가가 자유로운 경쟁 속에서 생산적 에너지를 얻을 수 있도록 (…) 이는 현재를 위한 우리의 지침이자 미래를 위한 우리의 비전입니다. 북부와 남부가, 동부와 서부가 하나의 거대한 인간 가족으로서 통합을 이루고, 우리 시대를 분열시키는 증오와 공포로부터의 탈출하고 초월하는, 독립적이지만 상호 의존적인 국가 간 자유로운 공동체입니다. (…) 회피하면 안락함이나 안전을 누릴 수 없고, 포기하면 해결책을 찾을 수 없으며 무책임하면 안심할 수 없습니다.

케네디에게 자유무역은 세계를 자유롭게 유지하는 방법이었다. 무역은 더 이상 단순히 세수를 확보하거나 우윳값을 낮추기 위한 수단이 아니었다. 그것은 세계의 평화와 질서, 그리고 도덕적 리더십을 행사하는 수단으로, 뜻을 같이하는 세계 여러 국가들의 운명을 함께 엮어놓은 실로서 재탄생했다.

토요타가 가져온 새로운 무역의 시대

　소련이 20세기 슈퍼 악당으로 인상적인 행보를 보일 때 사실상 적색 공포는 경제적 위협보다는 그들의 존재 자체에 대한 두려움이었다. 1950년대와 1960년대에 서구 진영은 낮은 무역장벽의 이점을 누리며 새로운 해외 소비자와 함께 꾸준히 번영의 길로 나아갔지만, 소련은 시장의 힘을 중앙에서 통제하는 방식을 선택한 결과 동구권을 비효율과 결핍으로 이끌었다. 그러나 미국은 공산주의 확산을 막고 핵전멸 위협을 피하는 데 온 힘을 쏟는 동안, 미국 성공의 걸림돌이 될 다른 종류의 위협을 예측하는 데에는 실패했다. 그 위협은 미국산 제품보다 나은 물건을 생산하는 경쟁자가 등장할 수 있다는 가능성이었다.

　이제 일본 이야기를 해보자. 그들의 강점은? 바로 품질이다. 아이러니하게도 일본 경제의 급성장은 냉전 초기 피해망상에서 비롯되었다. 마셜 플랜의 수혜자였던 일본은 미국으로부터 상당한 재정적 지원과 개발원조를 받아 전후 국가 경제를 부흥시킬 수 있었다. 미국은 일본이 경제적으로 번영하고 자급자족이 가능해지면 소련에 굴복하지 않을 것이라는 점을 노렸지만, 일본이 강력한 경쟁자가 되리라고는 생각하지 않았다.

　흔히 '일본인의 경제 기적'이라고 말하는데, 어떻게 칭하건 간에 정말 믿기 어려운 사실이다. 40년도 안 되어 일본은 침체된 패전국이자 원자폭탄의 충격으로 황폐해진 미미한 존재에서 세계 제2의 경제대국으로 우뚝 성장했다. 1960년대 일본의 산업 생산량은 전쟁 전에 비해 350퍼센트 성장했고, GDP 성장률은 연 10퍼센트를 기록해 이후 10년 동안 무려 6배나 증가했다. 영리한 정부 정책과 생산성 향상을 장려하는 정신, 그리고 보호무역주의에서 공격적인 수출로 재빠르게 전환한 것이 일본의 성장 비결이었다. 정부가 국가경제 방향을 상당 부분 주도했다는 점을 고려하면 일본의 모델은 자본주의와 완전히 일치하지 않는다. 미국인의 사고에는 생경하게도, 일본 정부는 전략적으로 중요한 부문에서 '국가대표 기업' 개념의 민간기업을 적극적으로 지원하는 방식으로 대규모 이익을 창출하는 기업에게 특혜를 제공했다. 그 결과 임금이 상승했고 정치와 경제가 안정될 수 있었다. 그렇다고 일본 정부가 경제를 완전히 통제한 것은 아니다. 무엇보다 중요한 사실은 일본이 20세기 후반 가장 대중적인 소비재가 무엇인지 재정립할 과학 기술과 첨단 제조 기술의 암호를 풀어낸 첫 번째 국가라는 점이다.

미국을 냉전이 한창일 당시 성행했던 보호무역주의로 회귀시킬 만큼 위협적인 세력이 지구상에 없었는데, 일본에서 하나가 나타났다. 바로 토요타다. 1937년에 창립된 이 자동차 회사는 2차 세계대전 당시 파산 직전까지 몰렸으며 1950년에는 총 300대를 생산했다. 그러나 기사회생한 일본이 문호를 개방하고 서구와의 무역을 시작하자 토요타는 1957년 캘리포니아에 판매본부를 세울 기회를 얻었다. 1950년대와 1960년대에 처음에는 닛산이, 나중에는 혼다, 스바루, 미쓰비시 등의 자동차 업체가 미국 내 토요타의 행보에 합류하면서 일본산 자동차 수출은 200배 가까이 뛰어올랐다. 이들의 성공 비결은 비결이라고 할 것도 없다. 그저 일본 자동차가 더 가볍고 연비와 지속성이 더 좋으며, 디트로이트의 다른 차들보다 더 믿을 만했기 때문이다.

얼마 지나지 않아 일본 자동차는 품질 자체를 의미하게 되었다. 토요타는 폭스바겐을 뛰어넘어 미국 수출 제1위 기업이 되었고, 나중에는 세계 최대 자동차 기업이라는 GM제너럴모터스의 타이틀을 차지하고자 그 뒤를 바짝 쫓았다. 새로운 경쟁자에 압도당한 미국의 첫 번째 반응은 가장 오래된 미국의 전통으로 회귀하는 것이었다. 즉 관세를 올려 저렴한 데다 성능까지 더 좋은 외국산 제품의 진입을 막는 것이다(영국산 직물이 한창 유행할 때 조지 워싱턴은 효과를 보았다). 1964년 린든 존슨 대통령은 소형 트럭에 25퍼센트 관세를 부과했고, 전미 자동차 노동조합에서는 그 대가로 린든의 시민권 의제를 지지해주기로 했음이 수십 년 후에 드러났다. 이 관세는 지금도 여전히 존재한다. 앞으로 디트로이트는 미국 중서부에서의 정치적 영향력을 충분히 활용해 수입 자동차에 대한 새로운 중과세를 계속 요구할 것이다.

보호무역주의로의 회귀는 미국산 픽업트럭의 전망을 밝게 했을지 모른다. 하지만 지난 두 세기 동안 관세가 힘을 많이 잃었음이 바로 드러났다. 1850년대 프랑스는 아예 펜실베이니아로 건너와 제철소를 열었음에도 관세를 피하지 못했지만, 일본은 20세기의 훨씬 더 열린 세상에서 똑같은 방식으로 해냈다. 1988년 혼다, 닛산, 마쓰다, 토요타는 각각 오하이오주 메리즈빌, 테네시주 스머나, 미시간주 플랫록, 켄터키주 조지타운에 제조공장을 세웠다. 수많은 일본 자동차가 미국인 노동자들에 의해 조립된다는 사실은 '외국산' 자동차를 구매한다는 오명을 지우는 데 일조했다. 미국인들은 일본 자동차에 푹 빠졌고, 30년이 더 지난 지금도 여전히 좋아한다.

일본의 위협이 충격적이었던 까닭은 과거 영국이나 소련 같은 강력한 라이벌과 달리 일본은 동맹국이었기 때문이다. 일본은 거대한 제국도 아니었고 골칫거리 공산국가도 아니었다. 그들은 혼합경제 모델을 가진 자유국가로, 무역에 자유로운 입장을 취했고 IMF나 GATT, OECD의 회원국이었다. 무역과 기술이 만났고 이제 경쟁 상대를 물리칠 수 있는 유일하고 참된 방법은 품질 개선밖에 없었다. 따라서 디트로이트는 미국 자동차의 품질을 개선하기 위해 일본이 도입한 첨단 제조 기술과 과학 기술을 활용하는 데 착수했다. 품질 좋은 자동차에 대한 선택의 폭이 넓어졌기에 결과적으로 미국 소비자에게도 좋은 일이었다. 그러나 일본이 로봇공학을 더 많이 전수해 준 결과 피땀 흘려 일하는 노동자의 수가 줄어들었고 노동계는 이 기술에 호의적일 수 없었다.

1990년대 초반 일본에서 경기침체가 시작되었다. 그러나 이미 일본이 자동차 청사진을 통해 가전, 완구, 기타 주요 부문까지 완전히 점유하고 '일본산' 제품을 미국에서 품질의 지표로 만들고 있었기에, 일본 제조업에 대한 견해와는 사뭇 다른 결과였다. 미국 제조업의 일자리는 1979년에 거의 2000만 명에 육박하는 최고 기록을 세운 후 하강곡선을 그리기 시작했고, 2008년 금융위기에서 회복될 때까지 하락세는 계속되었다. 2008년 제조업 일자리 수는 1150만 명까지 감소했다(일자리가 사라지는 와중에도 미국 제조업의 생산량은 계속 늘고 있었음에 주목할 필요가 있다. 좋든 싫든 간에 첨단기술에 힘입어 더 적은 수로 더 많은 양을 생산하는 게 가능해졌기 때문이다).

일본과 경쟁하기 위해 미국이 이 라이벌의 기술을 수용하기 시작하면서 의도치 않게 새로운 통상정책의 시대를 열게 되었다. 이제 미국 통상정책에 나타나는 가장 첨예한 갈등은 당파 간 정치적 분쟁이나 지역 간 갈등이 아니라 노동자(일자리와 임금을 중요하게 여기는 측)와 사용자(생산성과 이윤을 중요하게 여기는 측) 간의 갈등이었다. 이 둘의 지표는 오르고 떨어짐이 정확히 일치했는데, 기술과 품질이 그 방정식을 바꾸어놓았다. 1970년대 중반부터 노동자 임금은 더 이상 기업의 성공을 따라잡지 못하게 되었다. 미국노동총연맹-산업별조합회의AFL-CIO 리처드 트럼카Richard Trumka 위원장은 이때부터 우리 모두 함께 가자는 생각, 그 유대관계가 깨졌다고 나에게 말했다(예를 들어 1948~1973년에 생산성이 96퍼센트 상승하는 동안 소득은 91퍼센트 증가했다. 그러나 1974년 이후 생산성은 77퍼센트 증가했지만 노동자의 임금 인상은 12퍼센트에 그쳤다). 갈등의 장이 다시 열리자 오랫동안 사용자들을 지지해온 공화당 대부분이 민주당과 협력했다. 민주당은 노동조합 쪽에 서 있으면서도 남북전쟁이 끝날 무렵부터 계속 낮은 무역장벽을 주장해왔는데, 1980년대 중반이 되자 거의 모든 사람이 자유무역주의자가 되었다. 이러한 변화를 바탕으로 레이건이 제안하고 조지 H. W. 부시가 협상하고 나중에 빌 클린턴이 체결한 미국과 인근 국가를 통합하는 자유무역협정이 발효되었다. 바로 NAFTA다.

미중 무역전쟁, 역행은 시작되었다

NAFTA에 대해 나중에 더 자세히 살펴보겠지만, 간단히 말하자면 새로운 강자가 부상하는 그 순간에 미국의 전반적인 무역 대화 자체가 NAFTA로 인해 구조적으로 바뀌었다. 미국은 미숙했던 청년기를 지나 성장했고, 남북의 균열을 견뎌냈으며, 라이벌의 이데올로기 위협과 숙련된 경쟁자인 일본의 도전을 막아내고자 고군분투했다. 그러나 언제나 그랬듯, 또 다른 치열한 전투가 다가오고 있었다. 중국은 20세기 내내 세계무대에서 유독 조용해 보였다. 하지만 전면적인 경제개혁 조치를 취해 경제 전반에 걸쳐 급성장을 위한 기초를 다지고 있었다.

1978년 중국의 덩샤오핑 주석은 표면상 공산국가에서 좀 더 세계적 경쟁력을 갖춘 국가로 변모하기 위해 국가 경제에 대대적인 변화의 물결을 일으켰다. 그는 서구 자본주의를 그대로 수용하지도 않았고 그렇다고 과거 이데올로기를 고수하지도 않았다. 중국 경제에 대한 그의 철학을 요약한 유명한 말이 있다. "흰 고양이든 검은 고양이든 쥐만 잘 잡으면 된다." 중국은 모든 주요 부문에 국영기업이 있고 인구는 10억 명에 달했다. 오랜 고립에서 빠져나오기로 결심한 중국은 이렇듯 세계무대에서 강한 주역이 될 조건들을 다 갖추고 있었다. 그런데 1972년 중국을 방문한 리처드 닉슨과 미국은 중국이 경제적 성공 그 이상으로 강력해질 것이라고 충분히 예상하지 못했던 것 같다. 나중에 알고 보니 중국은 국제 영향력도 더 키울 수 있기를 바라고 있었다.

소비재의 황금기가 막을 내리고 디지털 시대가 열리자, 물리적 상품 생산은 경제적으로 덜 중요해졌고 떠오르는 신흥강자인 서비스와 지적재산권의 물결에 자리를 내줬다. 미국은 세계 최대 서비스 수출국이 되면서 이 영역에서도 글로벌 리더 자리를 유지했다. 미국이 수출 역점을 전통적이고 일자리를 많이 창출하는 제조업에서 디지털이나 이윤을 많이 창출하는 엔터테인먼트나 금융 서비스 분야로 돌렸을 때, 중국은 먹이사슬에서 자신의 위치를 상향 조정하고 있었다. 21세기가 시작되자 중국은 (미국인들에게 친숙한) 값싼 '중국산' 옷이나 완구, 생필품 생산국의 이미지를 순식간에 벗어던지고 에너지 효율이 높은 자동차, 의료 장비, IT 제품, 비행기 같은 전략적으로 중요한 제품을 생산하는 국가로 변모했다. 뿐만 아니라 중국은 계획경제와 5개년 개발 계획을 수립하며 소련이 절대로 해낼 수 없었던 방식으로 번창해갔다. 중국은 양적 수출 우선에서 질적 수출 우선으로 전환하겠다는 목표를 공식적으로 발표했다. 중국의 규모나 능력 자체만 보더라도 미국의 차기 라이벌이 누가 될지는 의심할 여지가 없다.

전 세계가 2008년 금융위기에서 벗어나고자 노력할 때, 미국은 중국이 21세기에 가장 중요한 분야들에서 시장을 독식하기 전에 그 지배력을 낮출 방안을 모색했다. 버락 오바마 대통령의 진두지휘 아래 미국은 태평양에서 주요 FTA를 체결해 해당 지역 내 미국의 영향력

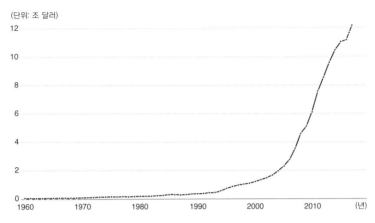

(단위: 조 달러)

표 1-1 1960~2015년 중국 GDP 성장. 중국은 21세기가 시작되자 값싼 '중국산' 이미지를 순식간에 벗어던지고 자동차, IT 제품, 비행기 같은 전략적으로 중요한 제품 생산 국가로 변모했다.

을 확대할 수 있도록 했다. 중국은 배제되었고, 세계 경제의 40퍼센트를 차지하는 12개 국가가 TPP환태평양경제동반자협정에 참여했다. 이는 중국 주변국의 제품이나 서비스, 시장에 대한 중국 의존도를 낮추는 반면 미국과의 경제 관계를 강화할 수 있는 기회였다. 무역은 도덕적 리더십의 수단이라는 케네디 대통령의 전망을 다시 상기해보면, TPP는 중국이 아니라 미국이 인권, 노동권, 환경 기준과 관련해 국제 무역 규칙을 제정하도록 보장해주었다(지역 내 강국으로 남기를 원한다면 중국도 이 규칙을 준수해야만 했다). 미국 경제와 세계 노동 환경, 그리고 미국의 국제적 리더십의 미래를 생각할 때 TPP는 매우 중요했다.

2016년 대통령 선거 당시를 생각해보자. TPP에 대해 양당 모두 썩 내켜 하지는 않았지만 어느 정도 지지했다. 한편 20년 넘는 세월이 흘렀음에도 NAFTA의 상처는 아직도 완전히 치유되지 않은 상태였다. 미국 국민에게 세계화, 자동화, 그리고 경제가 어떻게 변화했고 앞으로 어떻게 변화할지에 대해 진술해지는 어려운 정치적 작업이 제대로 이뤄지지 못했다. 각 정당의 보호무역주의자들은 백악관 입성을 위해 미국의 일자리를 지킨다는 명목으로 TPP를 비난하고 미국의 고립주의를 부추겼다.

좌파 진영에서는 버니 샌더스Bernie Sanders 상원의원이 기업의 이익이 권력을 공고히 하고 노동자를 복속시키는 데 사용된다며 자유무역협정을 폄하했다. 비록 그는 민주당 경선에서 떨어졌지만, 샌더스의 자유무역 반대 주장을 지지하는 여론이 강해지자 당시 대통령 후보이자 전 국무장관이었던(그리고 전에 TPP 지지자였던) 힐러리 클린턴 역시 협정에 반대하는 입장으로 선회했다. 우파 진영에서는 트럼프가 당에 맞서 TPP는 비회원국인 중국과 인도가 '미국을 이용하게' 허락하는 '나쁜 거래'라고 맹렬히 비난했다. 그는 한 걸음 더 나아가 2016년 6월 오하이오 세인트클레어스빌의 유세장에서 다음과 같이 말했다. "TPP는 재앙입니다. 특정 이해관계를 지닌 세력들이 우리 나라를 강간하기 위해 밀어붙이고 있습니다. 우리 나라에 대한 강간이 지속되고 있는 것이죠. (…) 그것도 마찬가지입니다. 험한 말로, 그것은 우리 나라를 강간하는 것입니다." 6주 후 트럼프는 공화당의 대통령 후보로 선출되었다.

2017년 1월 23일 트럼프 대통령은 취임 후 첫 행보로 행정명령을 내려 미국 무역대표부에 TPP 탈퇴를 지시했다. 미국이 이 지역에서 갑작스럽게 물러난 것을 계기로, 중국은 새로운 도약을 위해 나아가며 역내포괄적경제동반자협정Regional Comprehensive Economic Partnership, RCEP
이라는 새로운 자유무역협정 인프라를 구축하게 되었다. RCEP에는
TPP 회원국이었던 일본, 오스트레일리아, 베트남, 싱가포르, 뉴질랜
드, 말레이시아, 브루나이와 더불어 인도와 다른 아시아 국가들이 참
여했다. 미국이 주도하는 태평양 경제블록으로 중국의 패권을 막겠
다는 미국의 꿈은, 미국이 배제된 채 중국이 이끄는 블록으로 대체되
었다. 미국은 다시 고립주의로 나아가기 위해 몇 가지 조치를 했는
데, 그중 첫걸음을 뗀 것이다.

중국이 아시아와 개발도상국을 중요시하며 이들에게 더 집중하는
행보를 보일 때, 미국은 (한마디 덧붙이자면, 미국의 이익을 희생하며) 글로
벌 리더로서의 영향력을 크게 약화시키는 방향으로 나아갔다. 미국
은 철강·알루미늄을 비롯한 제품들에 과도하게 높은 관세를 부과함
으로써 유럽과 중국, 캐나다와의 무역전쟁을 시작했다. 게다가 '미국
우선주의America First'를 내세우며 NATO와 서방 동맹을 공공연하게
약화시켰다. 이런 협정들이 미국 자신과 다른 나라들에 크게 이득이
되고 2차 세계대전 이후 평화와 안보, 성장을 촉진해왔다는 사실을
잊은 것이다. 그렇게 전후 세계 최대 경제강국이자 군사강국으로 부
상한 미국은 중국이라는, 미국과 깊이 얽혀 있어 때론 협력하고 때론
맞서야 할 새로운 유형의 경쟁 상대를 맞이하게 되었다.

2장

무엇이 자유무역을 가로막는가

1992년 10월 15일, 7000만 미국인들의 시선은 리치먼드대학에서 열리는 두 번째 대통령 후보 토론으로 쏠렸다. 세 명의 후보가 부동층 유권자 209명이 참석한 타운홀 미팅에서 정면 승부를 벌였다. 그날 저녁 첫 번째 질문 주제가 무역이었다는 사실은 그리 놀랄 만한 일이 아니다. 어쨌든 조지 부시 대통령은 캐나다, 멕시코와 세계 최대 자유무역 지대를 조성하는 새로운 협정을 막 맺으려던 차였다. 13년 전 당시 대통령 후보였던 로널드 레이건이 처음으로 미국인에게 이 제안을 했을 때, 북미 대륙을 연결하는 자유무역협정이라는 개념은 정치적 수수께끼와도 같았다. 일반 시민들은 그게 무엇인지 잘 몰랐고, 정치인들도 제대로 설명해주지 않았다. 1980년대 말 협상이 속도를 내자 양당 내 역학관계가 뒤흔들렸다.

NAFTA의 등장

알려진 것처럼 NAFTA는 원래 대서양의 문제를 해결하기 위해 창설되었다. 냉전 시대의 실질적 위협이 점차 사라지자 당파에 상관없이 정치인들은 모두 우방의 경제적 성공이 미국에게 가장 위험한 일임을 깨닫게 되었다. 자동차와 전자제품에서 일본에게 한 방 크게 얻어맞은 경험이 있었기에 미국은 그게 어떤 건지 너무도 잘 알고 있었다. 유럽은 2차 세계대전 이후 길게 이어진 평화 속에서 재건되고 강성해졌으며, 베를린 장벽이 무너지자 대륙을 가로지르며 진정한 경제 통합을 방해하는 요소는 거의 사라졌다. 장벽이 무너지기 몇 년 전부터 이미 통합의 조짐이 보였는데, 유럽연합이 곧 출범한 것이다. 1992년 2월 마스트리히트 조약Maastricht Treaty에 서명함으로써 유럽연합이 공식 출범했다. 5억 인구를 아우르는 새로운 유럽연합의 등장은 미국이 지금까지 만난 적 없는 강력한 경제적 라이벌의 출현이었다.

미국은 216년 전에 자신만의 연합체를 구축한다는 카드를 이미 써버린 상태였다. 그렇지만 미국에게는 진짜 친한 이웃들이 있었다. 1984년 유럽통합의 구상이 가시화되었을 때, 미국 의회는 캐나다, 이스라엘과 각각 무역협정 체결을 위한 담판을 하도록 레이건 대통령에게 '신속처리권한fast-track authority'을 부여하기로 의결했다. 신속처리권한을 간단히 설명하자면 다음과 같다. 요즘은 신속무역협상권Trade Promotion Authority, TPA이라고 부르는데, 대통령이 이 권한을 갖게 되면 의회에서는 무역협정에서 제시한 특정 조항을 수정하거나 필리버스터를 하거나 반대를 할 수도 없다. 의원들은 그저 행정부가 담판지어 온 최종 결과에 대해 찬반 투표를 할 수 있을 뿐이다. 이는 미국과 협정을 체결한 국가들에게 중요한 조치다. 미국 의원들이 추후에 마구잡이로 다시 수정할 조건들을 놓고 협상하고 양보하기는 싫을 테니 말이다. 일반적으로 의원들은 내키지 않는 제안에 반대하거나 수정할 기회도 주지 않고 그저 찬성표나 반대표만 던져야 하는 상황을 꺼린다. 그럼에도 무역 협상을 빠르게 진행하고 통과 가능성을 높이기 위해 때때로 취하는 조치다. 상대국들이 미국 의회가 조건에 손댈 수 없다는 사실을 알면 협상하고 양보해 절충안을 찾도록 유도하기도 더 수월해진다. 양당 모두 대부분 자유무역을 찬성했던 1980년대 중반에는 순조롭게 협정 체결을 추진할 수 있었다. 상원은 96 대 0이라는 기록을 세웠고, 하원에서는 368 대 43으로 레이건 대통령의 신속처리권한을 승인했다[1](그에 반해 2015년에 있었던 신속처리권한 투표에서는 1980년대처럼 일방적인 현상이 나타나지 않았고, 합의는 대부분 사라졌다).

1988년 미국과 캐나다는 발음이 센 약자 CUSFTA로 알려진 캐나다-미국 자유무역협정Canada-United States Free Trade Agreement을 체결했다. 이 협정은 무역을 촉진하고 이미 낮은 관세를 아예 폐지함으로써 양국 간 초국가적 경쟁과 투자를 불러일으켰다. 지역 내에서 뒤처지고 싶지 않았던 멕시코 역시 자국만의 자유무역협정 체결을 위해 로비에 나섰다. 캐나다는 미국-멕시코 간 합의가 자신들이 미국과 맺은 새로운 협정 조건을 약화시키지 않을까 우려했다. 그래서 세 국가는 함께 협상한 후 3자 합의로 CUSFTA를 대체하기로 결정했다. 1992년 대통령 선거가 끝날 무렵 NAFTA는 거의 체결이 된 상태였지만 각 당파 내 파벌들은 이미 우려를 제기하고 있었다.

와일드카드가 깨워낸 끈질긴 반대의 망령

선거전은 낯선 양상으로 흘러갔는데, 미국인들이 삼자구도에 익숙하지 않았기 때문만은 아니었다. 1991년 3월 걸프전이 끝나고 지지율이 89퍼센트에 달했던 부시 대통령은 20개월 후에 있을 재선을 향해 탄탄대로를 걷는 것처럼 보였다. 하지만 경기가 둔화되고 로스앤젤레스 경찰의 로드니 킹Rodney King 구타 사건으로 인종 간 갈등 문제가 불거졌다. 젊고 카리스마 넘치는 민주당의 다크호스 아칸소 주지사 빌 클린턴은 설득력 있는 메시지로 부시의 인기를 재빨리 끌어내렸다. 1992년 여름, 부시의 지지율은 갤럽 여론조사 최고 기록을 경신한 다음 29퍼센트까지 떨어졌다.[2]

그런데 와일드카드는 키 165센티미터의 텍사스 억만장자 로스페로H. Ross Perot였다. 선거 유세에서 그는 아주 독특한 면모를 보였다. 과거 컴퓨터 판매원이었고 대성공을 거둔 IT 회사 EDSElectronic Data Systems의 창업주였던 페로는 1992년 대통령 선거에 출마하겠다고 결심할 때까지 정치 경험이 전혀 없었다. 연방 재정적자 감축에 집중하겠다는 별난 자유주의자 페로는 임신 중절 합법화에 찬성했고 성소수자의 인권을 지지했으며, 미국인 모두를 수십 년 동안 책임지도록 메디케어 보장 범위를 확대하자고 공개적으로 제안했다. 이 제안은 진보적인 민주당원들조차 아직 합의를 이루지 못한 내용이었다. 반체제주의자들의 열광적인 지지를 받고, 짬뽕 노선으로 모든 사람에게 무엇이든 제공해준다고 약속하면서 페로는 6월 갤럽 여론조사에서 39 대 31 대 25로 부시와 클린턴을 제치고 선두자리를 꿰찼다.[3] 한 달 후 그는 돌연 선거 유세를 중단했다. 나중에 페로는 〈60분 60 Minutes〉과의 인터뷰에서 컴퓨터 합성 사진으로 딸의 결혼을 방해하려고 했던 부시의 계략을 무산시키기 위해서 그런 결정을 내렸다고 밝혔다.[4]

모든 주에서 투표에 참가할 자격이 있음을 확인한 후 페로는 10월 1일 다시 선거 무대에 나섰다(딸 캐럴린이 무사히 결혼한 후였다). 자리를 비운 사이 지지율이 뚝 떨어졌음에도 페로는 선거에서 변수로 남아 2주 후 부시, 클린턴과 함께 오른 리치먼드 무대를 장악했다. 토론의 첫 번째 질문은 페로에게 주어졌다. 한 청중이 '미국 기업이 공정한 경쟁을 할 수 있도록 해외 시장을 열고, 국내에서 외국과의 불공정한 경쟁을 막아 일자리를 되찾아오기 위해서' 무엇을 할 계획이냐고 물었다. 페로의 뒤를 이어 공화당 후보와 민주당 후보는 비슷비슷한 답변을 내놓았다. 부시는 NAFTA를 수출 기반의 일자리 창출을 위한 발판으로 홍보하며 '자유롭고 공정한 무역'은 '미국을 구해준다'고 옹호했다. 클린턴은 무역협정에 의해 해외로 옮겨가는 일자리보다 더 많은 일자리를 창출할 수 있도록 미국의 수출 기반을 확대할 필요가 있다고 역설했다. 페로의 대답은 양당 후보가 내놓은 모범답안과 전혀 달랐기에 가장 많은 주목을 받았다.

기업을 운영하는 청중 여러분. 이 문제는 아주 간단합니다. 여러분이 공장 근로자에게 시간당 12달러, 13달러, 14달러씩 지급하고 있는데 공장을 국경 이남으로 옮긴다면 젊은 사람을 고용해 시간당 1달러만 지급해도 됩니다. 여러분이 오랫동안 사업을 해왔다고 가정해봅시다. 여러분에게는 숙련된 노동력이 있습니다. 노동자에게 시간당 1달러를 지급하고 의료보험은 없습니다. 의료보험은 차를 만드는 데 있어가장 비싼 요소죠. 환경이나 오염에 대해 전혀 통제받지 않고 은퇴도없습니다. 돈 버는 것 말고 아무것도 신경 쓰지 않아도 됩니다. 남쪽으로 빠져나가는 거대한 소리giant sucking sound가 들려오고 있습니다.

페로는 3주 후에 열린 선거에서 19퍼센트 정도의 득표율을 얻었다. 하지만 '남쪽으로 빠져나가는 거대한 소리'의 망령은 그가 전국무대를 떠난 후에도 계속 맴돌았다. 양당 후보가 모두 지지했음에도 NAFTA는 처음에는 부시, 나중에는 그의 후임자인 클린턴이 바랐던대로 모두에게 사랑받지는 못했다. 그해 가을 NBC와 〈월스트리트저널〉에서 실시한 여론조사에 따르면 NAFTA에 찬성하는 사람은 27퍼센트에 불과했고 반대 여론은 34퍼센트였다. 잘 모르겠다고 답한 사람이 40퍼센트로 양쪽보다 많았다. NAFTA가 선거에서 얼마나 중요한 이슈였는지 생각하면 상당히 높은 수치였고, 이는 정치인이나 언론이 분명한 메시지를 전달하지 않았다는 증거이기도 했다.[5] 찬성 여

"대체 뭔 일인지 모르겠어. 1분 전만 해도 미시간 플린트에서 일하고 있었는데 엄청나게 큰 소리가 들리더니 지금은 내가 갑자기 멕시코에 있어."

그림 2-1 미국의 일자리가 멕시코로 빠져나갈 것이라고 경고한 페로의 발언은 그가 낙선한 이후에도 여론에 오래도록 영향을 끼쳤다.

론과 반대 여론은 1년이 지나 비슷해졌는데, 새 부통령 앨 고어와 이 문제를 놓고 설전을 벌인 유명한 TV 토론에서 페로가 제대로 활약하지 못한 이후였다.

조지 부시 대통령은 교섭을 감독했고 퇴임할 무렵 협정에 조인했다. 이제 빌 클린턴에게 효력 발생 시기 전에 NAFTA를 의회에서 통과시키는 임무가 주어졌다. 민주당 내 무역 회의론자들을 달래기 위해 클린턴은 임기 첫해 멕시코 정부와 추가 협상을 통해 노동과 환경 조건을 완화시키는 조항을 확실히 할 때까지 협정 비준을 연기했다. 1993년 8월 클린턴은 그 일을 해냈지만 새 협정이 충분하지 않다며 환경주의자와 노동계의 비웃음을 샀다. NAFTA를 정치적으로 지지하는 세력은 하루가 다르게 감소했다. 간단히 살펴보겠지만, 사실상 NAFTA를 추진하는 단계에서 일자리 창출이나 보호 문제를 전혀 염두에 두지 않았음에도, 의회는 순전히 일자리 관점(남쪽으로 빠져나가는 거대한 소리)에서 NAFTA를 어떻게 받아들일지에 갈수록 집착했다.

결국 협정은 확실한 표 차이로 의회를 통과했지만, 압도적이지는 않았다. 1993년 11월 17일 하원에서 234 대 200으로 NAFTA를 통과시켰다. 민주당에서는 대부분 반대표를 던졌으나, 과반이 안 됐던 공화당이 그 일을 책임지고 완수했다.[6] 3일 후 상원에서 똑같은 상황이 연출되었다. 집권당은 NAFTA를 단 한 표 차로 거부했고, 공화당은 찬성표를 많이 던져 반대표보다 3배 이상 많았다.[7] NAFTA는 1994년 1월 1일 발효되었다. 클린턴은 궁극적으로 그 협정을 지지하지만 먼저 제안하지도 않았고 협상에 참여하지도 않았으며 조인하지도 않았고 소속당의 상하원 모두 반대했음에도, 대중의 눈에 NAFTA의 유산은 그의 몫이 되었다.

NAFTA가 필요했던 진짜 이유

NAFTA를 둘러싸고 글이 쏟아져 나오고 두 주먹 불끈 쥐며 선거 운동을 벌였지만, 무엇을 위한 것이냐는 중요한 문제에 대해서는 다룬 적이 없는 듯하다. NAFTA 지지자들은 대륙 자유무역 지대를 구

그림 2-2 1992년 10월 7일 텍사스 샌안토니오에서 조지 H. W. 부시 대통령이 NAFTA 조인식을 주재하고 있다. 멕시코 카를로스 살리나스 대통령은 왼쪽에, 캐나다 브라이언 멀로니 총리는 오른쪽에 서 있다. 앉아 있는 사람은 캐나다 데릭 버니 대사, 미국 무역대표부 칼라 힐스, 멕시코 구스타보 페트리시올리 대사다.

상할 때 일자리 문제는 고려하지 않았고, 경제적으로 막강한 유럽연합의 위압적인 등장을 걱정하고 있었다. 어쨌든 간에 협정은 존립 목적을 여섯 가지로 명시했다.

- 무역장벽을 없애고 3국 간 무역을 활성화한다.
- 지역 내 공정한 경쟁을 촉진한다.
- 문호를 개방해 국경을 초월한 투자 기회를 제공한다.
- 지적재산권 보호 및 법 집행을 강화한다.
- 분쟁 조정을 위한 절차를 마련한다.
- 3국 간 협력 강화를 위한 틀을 만들고 협정을 통해 얻을 수 있는

이익을 확대하고 늘린다.[8]

　이 목표들은 모두 훌륭하고 좋았다. 그리고 협정은 3국 모두를 확실히 발전시켰다. 그러나 NAFTA의 진정한 목적은 훨씬 더 복잡했다. 경제만큼이나 지역적 불안과 관련해서도 할 역할이 많았다.

　NAFTA가 통과되기까지 10년은 라틴아메리카에게 쉬운 시간이 아니었다. 1960년대, 1970년대 경제 호황으로 멕시코, 아르헨티나, 브라질 같은 개발도상국은 빠르게 성장하면서 인프라와 산업에 대거 투자했고, 이를 위해 외국 상업은행에서 대출을 많이 받았다. 1970년대 중반 세계적 불황이 몰아닥치자 이들 국가는 대출을 상환하지 못하게 되었다. 유가가 급락하자 페소 가치가 곤두박질쳤고, 석유 의존도가 높은 멕시코 경제는 파산 지경에 이르렀다. 페멕스Pemex(멕시코의 국영 석유 회사—옮긴이)에 세금을 얼마나 많이 매겼던지 멕시코 정부 세수의 3분의 1이 페멕스에서 나왔다. 1980년대 중반이 되자 일은 순식간에 틀어졌다.

　이웃한 나라들의 부가 서로 다른 양상을 보일 때 흔히 일어나는 현상처럼, 멕시코에서 채무위기가 발생하자 미국 남부 국경을 따라 새로운 갈등이 싹텄다. 멕시코 '불법' 이민자 문제가 미국 역사상 처음으로 국가 담론이 되었다. 이는 남쪽으로부터의 유입을 제한하는 첫 번째 법이 나오기 20년 전만 해도 전혀 존재하지 않았던 개념이었다.[9] 1984년에는 소소한 선거 이슈였는데,[10] 얼마 지나지 않아 바로 정치적 색채를 띠었고 부당하게도 남쪽 이웃을 마약이나 범죄와 연관시키는 미국인이 증가했다. (모든 나라의 경제 침체가 그렇듯이) 멕시코의 경제 붕괴는 그 두 가지 우려를 증폭시켰고, 삐딱한 시선으로 외국인을 보고 의심하던 미국 고립주의자들이 1980~1990년대 멕시코에 대한 미국의 생각을 바꾸어놓는 데 주된 역할을 했음이 틀림없다.

사실 여부를 떠나 많은 정치인이 마약 밀매에 대한 공포와 1980년대 초부터 시작된 강력범죄의 급격한 증가를 확실히 염두에 두었고, 자신들이 멕시코와 미국의 관계에 대해 어떤 입장을 취해야 할지 고민했다. 미국 내에 끼칠 영향은 차치하더라도 자유무역협정은 멕시코 경제에 아주 긍정적인 역할을 할 것처럼 보였다. 미국, 캐나다 경제에 통합된 멕시코는 오랫동안 안정될 터였고, 미국 시장에 연계되면 GDP를 증가시키고 부채위기에서 빠져나오는 데에도 도움이 될 것이었다. 번영하는 멕시코 경제는 미국이 마약 밀매를 근절하고 기회를 찾아 남부 국경을 넘어오는 이민자 행렬을 막는 데에도 도움이 되리라 예상됐다. 카를로스 살리나스 데고르타리Carlos Salinas de Gortari 멕시코 대통령이 남긴 인상적인 말처럼 미국인은 "멕시코 토마토를 얻느냐 토마토 줍는 사람들을 얻느냐의 기로"에 서 있었다." 워싱턴과 멕시코시티가 맺는 강한 유대관계는 3200킬로미터의 국경선을 따라 흐르는 긴장 국면을 완화할 수 있고, 미국의 동맹국으로서 세계 무대에서 멕시코의 지위를 격상시킬 터였다. 요컨대 미국은 이웃에게 집을 수리할 장비를 빌려줌으로써 자기 집의 부동산 가치를 높이려는 주택 소유주와 같았다. 다소 온정주의적이긴 하지만 효과적인 전략임에 틀림없다.

이민 및 불법 마약 소지 억제, 멕시코 안정화, 미국 농민을 위한 더 많은 소비시장 확보, 유럽과 수출 경쟁을 하기 위한 대륙 통합 등 다양한 이슈들을 통해, NAFTA는 국가 목표를 달성하기 위한 수단으로 무역이 얼마나 유용한지를 확실하게 보여주었다. 그렇지만 '모든 길은 로마로 통한다'는 말처럼, 모든 정치적 이슈는 일자리로 통한다. 아무리 이 협정이 명시적인 목표와 비명시적인 목표를 모두 잘 이행해왔다 할지라도, 이것이 미국인의 승리로 여겨질지 아니면 미국 역사의 오점으로 여겨질지를 판단하는 기준은 단 하나다. 바로 얼마나 많은 일자리가 생겨났는지 혹은 사라졌는지다. 이는 NAFTA 계산에 절대 포함되지 않았음에도 말이다.

성공인가, 실패인가

여러분도 이제 알아차렸겠지만, NAFTA 성공의 판단 기준은 전적으로 여러분이 무엇을 보고 싶은지에 달려 있다. 만약 우리가 협정을 그대로 받아들이고 자체적으로 정한 여섯 가지 목표에만 집중한다면, NAFTA는 그 목표를 제대로 달성했다는 합리적인 결론을 도출해낼 수 있다. GDP 기준으로 미국, 캐나다, 멕시코는 이제 세계 최대 규모의 자유무역 지대가 되었고, 협정 체결 이후 각국은 세계 시장에서 확실히 더 경쟁력 있는 국가가 되었다. 지난 25년 내내 캐나다와 멕시코는 미국의 주요 수출 대상국이었고, 미국 역시 그들의 주요 수출 대상국이었다. 지역 내에서 자유롭고 순조롭게 교역이 이루어지는 동안 세 나라의 관계는 더욱 끈끈해졌다(나중에 이야기할 테지만, 물론 얼마 전까지다). 실제로 NAFTA 시행 후 10년 동안 3국 간 총무역액은 3060억 달러에서 6210억 달러로 2배 이상 증가했고 각국 경제는 성장했으며 새로운 수입품의 유입으로 미국 소비자 물가는 하락했다.[12] 수확량의 20퍼센트 이상을 세계로 수출하게 된 미국 농민들(NAFTA 및 다른 무역협정을 지지했던 선거구)에게 이는 특별히 환영할 만한 성과였다.[13]

NAFTA가 글로벌 리더십이라는 비명시적 목표에 도달하지 못했음을 입증하기란 역시나 어려운 일이다. 미국은 세계 최대 경제국으로서의 입지를 지키기 위해 유럽연합과 중국의 위협에 맞서왔고, NAFTA 회원국 모두 수년 동안 주요 수출국으로 번영해왔다. 캐나다와 멕시코는 마침내 세계 10대 수출국 대열에 합류했고, 이를 기반으로 각국은 2008년 금융위기를 극복할 수 있었다. 지역 내 역량과 안정에 힘입어 미국은 세계무대에서 경제 초강대국으로서의 지위를 공고히 할 수 있었고, 새로운 분야에서 미국의 영향력을 세계로 확산시킬 수 있었다. 1994년부터 2012년까지 미국은 중앙아메리카 5개국과 도미니카공화국(중미-도미니카공화국 자유무역협정)을 비롯하여 한국, 오스트레일리아, 칠레, 모로코, 콜롬비아, 페루, 파나마, 요르단, 오만, 바레인, 싱가포르와 각각 자유무역협정을 체결했다. 이 협정들은 미국의 기업과 농민 앞에 수백만의 새로운 소비자를 데려다놓았고 노동권과 환경권, 인권의 수준을 높임으로써 미국의 가치를 4대륙에 전파할 기회를 열어주었다.

NAFTA를 체결할 당시 미국은 시대를 앞서가고 있었다. 당시 전 세계적으로 발효된 자유무역협정은 12개도 채 되지 않았다. 그런데 지금 미국은 확실히 뒤처져 있다. 미국은 20개 국가와 협정을 맺었지만, 세계적으로 400개 이상의 협정이 발효 중이다. 미국이 자유무역협정 체결에 게을렀다는 점을 차치하더라도 핵심은 변하지 않는다. NAFTA와 그것이 촉발한 자유무역의 흐름이 없었다면 미국은 세계 무대에서 중요한 참여자로서 중국이나 유럽과 보조를 절대로 맞추지 못했을 것이다.

NAFTA 체결 이후 미국에서 이민과 마약 밀매가 고질적인 정치 이슈가 되었음은 말할 필요도 없다. 미국 정치인들은 온갖 종류의 문제에 대해 사실이든 아니든 습관적으로 멕시코 탓을 한다. 하지만 실제로 협정 발효 이후 멕시코에서 들어온 합법 이민과 불법 이민 모두 대폭 감소했다.[14] 지난 10년 동안 국경을 넘어온 멕시코인의 수는 미국에서 멕시코로 넘어간 사람의 수보다 적었다. 멕시코 출신 이민자 수의 급격한 감소는 단지 NAFTA 때문만은 아니었고, 건강한 중산층과 잘나가는 기업, 안정적인 시민사회를 기반으로 강력한 경제를 일궈온 멕시코의 노력이 크게 작용했다. 물론 무역 거래가 멕시코 경제 성장에 주된 역할을 했음은 부인할 수 없는 사실이다. 특히 1994년에 발발한 페소 위기가 한풀 꺾이고 NAFTA 효과가 나타나기 시작하면서는 더욱 그랬다.

일자리, 일자리, 오직 일자리

이제 일자리 문제가 남아 있다. 일반적으로 경제학자들은 가격 하락, 혁신 증가, 국제관계 강화 등 무역을 통해 얻는 이점이 아주 많다는 데 동의한다. 그러나 자유무역협정이 더 많은 일자리를 창출하는 데 정말로 효과적인지에 대해서는 동의하는 경제학자가 거의 없다. 그들은 무역이 일자리를 창출한다고 말하지, 자유무역협정이라고 콕 찍어 말하지 않는다. 그럼에도 불구하고 일자리는 NAFTA가 남긴 유산을 평가하는 유일한 기준이 되었다.

로스 페로는 NAFTA 하면 할 일이 없어 놀고 있는 자동차 제조업체 근로자들과 폐허가 된 공장이 떠오르게끔 NAFTA의 중심 이슈가 바뀌는 데 가장 큰 역할을 했다. 그는 이 협정으로 미국이 무려 590만 개의 일자리나 당시 존재하던 미국인 일자리 20개 중 하나를 잃는 대가를 치르게 될 것이라고 예측했다.[15] 좀 더 최근에는 버니 샌더스 상원의원이 2016년 미시간 플린트에서 열린 힐러리 클린턴과의 민주당 경선 토론에서 80만 개 일자리가 사라진 데 대해 NAFTA를 비난했다.[16] 몇 년째 이 협정이 '세계 역사상 최악의 협정'이라고 하던 트럼프 대통령은 2018년 숀 해니티Sean Hannity와의 인터뷰에서 NAFTA로 사라진 일자리가 '수백만 개'라는 말을 내뱉었다.[17]

각 당의 극단주의자들만 이렇게 신랄하게 평가했던 게 아니라, 대통령 후보였을 때 버락 오바마조차도 2008년 유세 연설에서 오하이오 로레인에 운집한 군중에게 "NAFTA로 사라진 일자리가 100만 개다. (…) 나는 NAFTA가 미국에게 도움이 된다고 생각하지 않는다, 난 한 번도 그렇게 생각한 적이 없다"라고 말했다. 그의 입장은 나중에 조금 완화되었다.[18] 그의 경쟁 상대였던 힐러리 클린턴 역시 2008년 경선에서 남편 클린턴의 행정부 시절 추진된 이 협정과 거리를 두는 데 많은 시간을 할애했다. 공화당 지도자들은 예부터 노동자들의 표심을 의식해 NAFTA 반대 목소리를 강하게 낼 필요가 없었음에도 역시 빠르게 태세를 전환했다. 공화당 지지자들이 NAFTA를 반대하기 시작했고 민주당 지지자들보다 반대 비율이 훨씬 더 높았기 때문이다.[19]

결과적으로 25년간 NAFTA에 대한 반발이 지속되며 자주 새로운 비논리로 무장해 무역을 정치쟁점화해왔다. (다른 모든 무역협정과 마찬가지로) 이 협정 역시 미국 경제에서 승자와 패자를 만들어냈기에 불평의 소리가 어느 정도 들려오는 것은 당연지사다. 하지만 NAFTA가 화살받이가 되어, 혹은 그 정도로 불운하게 자동화, 혁신, 글로벌 인력의 출현에 대한 25년치 비난을 죄 받아오기도 했다.

선거 때마다 NAFTA가 정치인들의 샌드백이 되는 것은 놀라운 일도 아니다. 20세기 마지막 사반세기 동안 공직 후보자들은 2008년 2월 힐러리 국무장관이 맞닥뜨린 것과 유사한 상황에 직면했다. 힐러리가 오하이오 행잉록의 작은 애팔래치아 마을에서 유세할 당시, '스리잡'을 뛰어야 간신히 먹고살 수 있던 한 53세 남자는 힐러리에게 이렇게 말했다. "NAFTA 때문에 타격을 입었습니다. (…) 이 나라를 완전히 충격에 빠뜨렸죠. 경제는 침체에 빠졌고, 제조업은 거덜 났습니다."[20] 이제는 철강 생산량 비중보다 선거인단 비중이 더 큰 중서부 지역에서 NAFTA를 맹렬히 비판하지 못한다면 그 정치인은 실업자 대열에 합류할 가능성이 아주 높다. 무역협정 때문에 공장이 문을 닫고 앨투나부터 오시코시까지 노동자 계급이 사는 마을들이 텅텅 비게 될 것이라는 주장은 단순히 이론적인 것이 아니라 이제 절대적 진리로 여겨진다.

정말로 자유무역은 일자리를 빼앗을까

하나하나 분명히 짚고 넘어가자. 이들 공동체가 느끼는 고통은 현실이었다. 실제로 1994년 이후 수많은 제조업 일자리가 사라졌다. 20년 동안 8만 개 이상의 산업체가 가동을 중단했는데, 이 중 상당수가 중서부에 밀집해 있었다.[21] 이는 인간에게 닥친 비극이었다. 실업자 한 명이 생길 때마다 한 개인의 꿈이 사라지는 비극이요, 가족 모두가 불확실성에 던져지는 비극, 지역사회가 약화되고 존엄성이 상실되는 비극이었다.

실직으로 삶이 송두리째 흔들린 사람들이 분노를 느끼고 답을 찾거나 더 나아가 비난하는 것은 어쩌면 당연한 일이다. 그들이 애먼 사람을 비난하거나 의문을 풀지 못했다면, 그 책임은 전적으로 정치인과 언론인, 그리고 모든 진실을 밝힐 기회가 있었음에도 사실을 감추는 쉬운 길을 택한 이익집단에게 있다. 진실해야 했던 사람 중 몇몇은 경제가 성장하면 자연스럽게 실직 문제도 해결될 것이라고 생각했다. 어떤 의미에서는 같은 장소, 같은 일자리가 아닐 뿐이지 그렇게 되었다. 어떤 사람들은 그저 실직자 구제라는 정치적 난제와 그 대가를 다루고 싶지 않았는지도 모른다. 어쩌면 이것은 '마술적 사고magical thinking'(자신의 신념이나 생각이 외부에 영향을 줄 수 있다는 믿음―옮긴이)의 발로였고, 다소간 냉소주의였거나, '남의 도움 없이 스스로 곤경에서 벗어나라'는 자세가 가미된 것이었는지도 모른다. 어느 쪽이든 이런 태도들은 아무런 도움이 되지 않았다.

무역협정 때문에 사라지거나 혹은 생긴 일자리 수를 정확하게 계산할 수는 없다(확신컨대 다른 시각에서 말하는 사람이 있다면 그는 무언가 팔려고 그러는 것이다. 나는 이미 이 책을 산 당신에게 이제는 팔 게 아무것도 없다). 바로 이러한 점 때문에 NAFTA는 희생양으로서의 기나긴 제2막을 시작하게 되었다.

경제학은 난해하기로 유명하다. 그리고 경제학을 운용함에 있어 역사적으로 지금 미국보다 더 복잡한 시기나 장소는 없다. 수백 개의 요인이 서로 연결되어 작용하기 때문에 일자리가 왜 생기고 사라지는지를 정확하게 말할 수는 없다. 기술, 세금 우대 조치, 환율 변동, 금리, 더 나아가 기후 변화까지 업계 결정에 영향을 미치는 세계에서는 말이다. 우리가 할 수 있는 것은 가용한 증거를 검증하고, 추세를 살피며, 인과관계를 분석해서 지난 수십 년 동안 미국의 일자리에 무슨 일이 있었는지 가능한 한 가장 좋은 그림을 그려보는 것이다.

논쟁의 여지가 없는 총일자리, 임금, 제조업 생산량 등 NAFTA 체결 이후 대체로 증가한 주제부터 시작해보자. 1994년부터 10년 동안 미국 제조업 분야의 임금은 14.4퍼센트 상승했다(이해를 돕자면, 협정 체결 전 10년 동안은 임금이 6.5퍼센트 상승해 그 절반에 못 미쳤다).[22] 값싼 멕시코산 제품이 시장에 물밀듯 들어왔음에도 제조업 생산량은 2000년에 44퍼센트나 급증했고 미국 전역의 고용은 NAFTA 시작부터 세기말까지 2000만 명 이상 증가했다.[23] 고인이 된 로스 페로가 지금이 사실을 안다면, 아마도 벽에 머리를 찧으며 1990년대 경기 호황은 모두 컴퓨터 시대 때문이지 NAFTA하고는 아무런 상관이 없다고 외칠 것이다. 이 점에 있어서는 그 말이 대체로 맞는다. 미국 경제가 주목할 만한 성장을 한 것은 닷컴 경제와 인터넷 기반 금융 서비스가 부상했기 때문이다. 하지만 이와 더불어 승자와 패자에 관한 NAFTA 함수에는 저임금·로테크 분야를 내어주는 대신 고임금·하이테크 분야를 성장시키는 것이 미국 경제 전체를 위한 최선이라는 믿음이 내재되어 있었다. 전기가 발명되면서 경제 발전이 가능해졌지만 양초 제조업자는 타격을 받았던 것처럼 말이다. 좋든 싫든 1990년대의 번영은 미국 무역정책이 전통 산업보다 신흥 산업에 더 치중했을 때 경제가 어떻게 되는지를 확실히 보여주었다.

제조업 생산량과 달리 NAFTA가 제조업 일자리에 미친 영향력은 아주 명확하지 않다. 2개의 도표를 참고해보자. 1950년과 2016년 사이 미국 전역에서 제조업 일자리가 차지하는 고용 비중을 보여주는 도표를 먼저 살펴보자. 그래프 하단의 연도를 보지 않은 상태에서 NAFTA가 발효된 때를 정확하게 짚을 수 있겠는가?

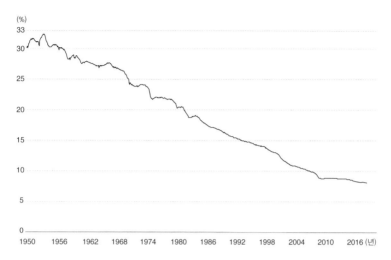

(%)

표 2-1 비농업 고용에서 제조업 비중 변화 추이(노동통계국 급여 대상자 기준). 미국 일자리 중 제조업 분야가 차지하는 비중은 NAFTA를 맺기 40년 전부터 감소세를 보여왔다.

그건 나도 힘들다. 제조업 분야가 일자리에서 차지하는 비중이 NAFTA 없이도 꾸준한 감소세를 보였을 수도 있고, NAFTA 없이는 역전되었을 가능성도 충분히 있다. 하지만 이 협정이 전에 없던 문제를 일으켰다고 주장할 만한 실체는(사실 악화시켰다고 주장할 만한 실체도) 전혀 없다. 로스 페로는 이렇게 말할지도 모른다. "이제 텍사스를 한번 봅시다. 전체 고용에서 제조업 일자리의 비중이 아니라 제조업의 전체 일자리 수를 보여주는 이 도표는 어떤가요?" 좋다. 같이 살펴보도록 하자.

위의 도표는 반세기 동안 제조업 분야에서 꾸준히 하락세가 나타났음을 보여준다. 다음의 도표는 NAFTA가 발효되고 시간이 좀 흐른 뒤에 제조업 일자리에서 심각한 출혈이 시작되었다는 다른 이야기를

(단위: 만 명)

표 2-2 제조업 고용 인구 변화 추이. 제조업 내 고용 인구수만 봤을 때는 2000년대 초반을 기점으로 급감하는 모습을 보인다.

하고 있다. 그런데 이 둘을 합치면 새로운 해석이 가능하다. 기술의 진보와 자동화로 인해 제조업의 인력은 계속 감소하는 추세다. 현재 미국 내 제조업 종사자 비율은 10퍼센트 미만이지만 30퍼센트 이상이 제조업으로 밥벌이를 하던 1950년과 비교해 더 많은 제품을 생산하고 있다. 미국 제조업의 생산성이 그 어느 때보다 더 높아졌다는 사실은 좋은 일이다. NAFTA는 고용에서 제조업이 차지하는 비중이 감소하는 추세를 바꾸지 못한다. NAFTA가 발생시키는 것은 교환이다. 제조업의 일자리 감소가 가속화될 때, 신흥 분야에서 생겨난 새로운 일자리가 그 빈자리를 대신한다.

그렇다 하더라도 기술 진보나 시장 내 다른 변화로 인해 일자리가 단계적으로 사라지기 10년 전에 일자리가 이미 해외로 옮겨간 선반 기능사에게는 전혀 위로가 되지 않는다. 그들은 그 10년간 아이를 대학에 보내거나 나이 드신 부모님을 돌볼 돈을 벌지 못했다. 또한 그 기간 동안 그들이 거주한 지역에서 신명 나는 일자리 기회가 새로 생기지도 않았을 것이다. 하지만 일자리 전체를 놓고 본다면, 지는 산업 분야의 일자리를 내어주고 뜨는 산업 분야의 고임금 일자리를 얻는 것은 확실히 현명한 조치다. 선반 기능사를 태양광 전지 기술자나 3D 프린터 프로그래머로 제2의 직업을 갖도록 재교육하는 것이 가능할 수도, 불가능할 수도 있다. 그렇지만 통상정책은 미국인의 '일부'가 그렇게 하도록 도울 수 있다.

어느 분야가 외국 수입품에 취약하고 어느 분야를 수출하면 수익성이 좋은지를 판가름하는 데 도움을 줌으로써 무역은 항상 그렇듯 승자와 패자를 만들어내는 문제로 다시 돌아온다. 사실 경제가 성장하면 언제나 승자와 패자가 생긴다. 어떤 음식을 이제는 더 이상 먹지 않는 것처럼, 언제나 어떤 제품과 분야는 쇠락의 길을 가고 사람들의 관심에서 멀어진다. 무역이 실제로 할 수 있는 것이라곤 공급과 수요에 손을 대 그 과정을 가속화하거나 속도를 늦추는 것뿐이다. 외국 경쟁 기업이 미국 시장에 들어오는 것을 허가(공급)하고 미국 제품이 해외 시장을 개척해 해외 소비자를 확보(수요)하는 식으로 말이다.

경제에서 승자와 패자가 생기는 이유를 분명히 설명하기란 결코 쉽지 않은데, 거기에 무역까지 감안한다면 배나 어려운 일이 된다. 전 세계가 모두 고려 요소가 되기 때문이다! 그러니 NAFTA로 인해 패자가 얼마나 잃었고 승자가 얼마나 얻었는지, NAFTA 이후에 일어난 일들 중 얼마나 많은 것이 무역보다 강한 힘에 의해 훨씬 먼저 예견되어 있었는지 정확히 알 수 없다. 그럼에도 가장 객관적인 관찰자들은 다음과 같이 이야기해야 할 것이다. 대중은 NAFTA 하면 우선 문 닫는 공장의 증가나 '미국산' 제품 감소를 떠올리지만 경제학자는 그렇지 않다고 말한다. 사실 공장이 문을 닫는 비율은 NAFTA 시행 전이나 후나 기본적으로 같다.[24] 미국 제품은 NAFTA 이후 12년 동안 생산량이 50퍼센트 가까이 증가했다. NAFTA 시행 전 12년 동안에는 증가량이 그 절반 수준이었다.[25] 입법부 산하 기관으로 (중립성과 신뢰성으로 오랫동안 명성을 얻어온) 초당적 성격의 의회조사국은 이전에 행했던 광범위한 연구 결과들을 종합평가한 NAFTA 보고서를 2015년에 발표했다. 보고서에는 크게 주목할 만한 내용이 없었다. "실제로 NAFTA 발효 이후 비판자들이 두려워했던 것처럼 그로 인해 많은 일자리가 사라지지도 않았고 지지자들이 예상했던 것처럼 많은 경제적 이득이 생기지도 않았다. NAFTA가 미국 경제 전반에 가져온 순 효과는 비교적 평범한 수준이다."[26]

NAFTA 25년 동네북의 역사

NAFTA가 대다수 미국인의 일상생활에 끼친 영향은 이른바 시간외 근무수당 관련 법안이나 주택담보 대출 공제, 혹은 솔직히 말해 중국과의 통상적通常的인 거래처럼 의미 있는 수준은 확실히 아니었다. 아무리 생각해봐도 미국인의 일상생활에서 협정으로 변화가 생긴 부분은 농산품 가격의 하락이나 자동차 대리점밖에 없는 것 같다.

NAFTA 반대파의 가장 극단적인 주장, 그러니까 트럼프를 비롯한 사람들이 말하는 것처럼 이 협정으로 일자리 100만 개가 사라졌다는 (근거 없는) 주장이 사실이라고 해보자. 그렇다면 협정 발효 이후 연간 4만 개의 일자리가 사라진 셈이다. 그런데 같은 사반세기 동안 미국에서 연평균 150만 개 이상의 일자리가 생겨났다.[27] 사라진 4만 개의 일자리는 상대적으로 미미해 보인다. 아직 NAFTA가 만들어낸 일자리나 제조업에서 실직한 노동자가 다른 분야에서 일을 찾는다는 점이나 모든 노동자가 일용품 가격 하락이라는 긍정적 효과를 누린다는 점에 대해서 설명하기 전에도 말이다.

NAFTA가 실제로 미국에서 한 일이 미미한 수준이라면 왜 그렇게 오랫동안 동네북이 되어야만 했을까? 지난 수십 년 동안 임금 상승률이 둔화된 데에서 그 원인을 어느 정도 찾을 수 있다. 인간은 원래 탓할 대상을 찾는 법이다. NAFTA 시행 이후 사라진 일자리보다 생긴 일자리가 훨씬 더 많았지만, 가장 심각한 타격을 입은 지역의 노동자들에게 새로 생긴 일자리가 반드시 동일한 임금, 동일한 자존감, 동일한 정체성과 목적성을 보장해주지는 않았다.

NAFTA를 비난하는 또 다른 이유는 경제가 지닌 모호성과 무역의 본질에 대한 이해 부족 때문이다. 사람들 대부분은 무역협정이 실제로 어떤 일을 하는지 거의 알지 못하고 대부분의 시간을 복잡하고 재미없는 무역협정 같은 내용을 배우기보다 다른 것에 투자한다. 유감스럽게도 미국 지도자들은 무역정책의 혜택이 무엇인지 잘 설명하지 못했고, 그 결과 상황은 악화되었다. 최근 멕시코를 방문했는데, 만나는 정부 관료나 기업가마다 미국 정치인들이 자국민에게 NAFTA의 혜택을 알리는 노력을 전혀 하지 않았다며 통탄했다. 그들이 말하길, 우리는 '저절로 되기만을 바랐으며' 그 결과로 고통받고 있다고 했다. 어떤 정책이 어떻게 운용되는지 직접 경험해보고 깨닫지 못한다면, 사람들은 정치인들이 자기가 원하는 방향으로 끌고 가기 위해 만들어내는 괴담에 쉽게 휘둘릴 수 있다. 예를 들어 건강보험개혁법이 노인 사망선고위원회가 될 거라는 주장이 쇄도할 당시에는 이 법이 사람들에게 확실히 인기가 없었다. 그러나 개개인이 직접 혜택을 경험하자 사람들은 바로 찬성 쪽으로 돌아섰다.

그렇지만 무역협정은 무료 건강 예방 서비스나 과거 병력 보장처럼 대중에게 본모습을 보여줄 기회가 없다. 보고서에 따르면 NAFTA 이후 의류 가격이 약 7.5퍼센트 하락했다고 한다.[28] 현실적으로 생각해보자. 자유무역 덕분에 스웨터 하나를 더 살 수 있게 되었다고 고마워하는 사람은 아무도 없다. 오히려 사람들은 "내가 참 똑똑하게 쇼핑을 잘한단 말이야!"라고 생각한다. 무역 덕분에 얼마를 아꼈는지는 주유소 가격 안내판의 유가처럼 분명하게 드러나지 않는다. 효과가 있음을 알아차리는 것 자체가 거의 불가능하다. 여기에 늘거나 줄어든 일자리와의 인과관계를 밝히기 어렵다는 점까지 더해지면, 이것만큼 좋은 정쟁거리가 없다. 정치인들은 이따금 2+2=5라고 주장한다. 몇몇은 보는 사람이 당황스러울 정도로 너무 뻔뻔하다. 그런데 그들에게는 온갖 고용 변화의 책임을 NAFTA에 돌릴 자유가 있다. 누가 알겠는가? 그들의 말이 맞을 수도 있다. 그나저나 여러분은

NAFTA 시행 이후 전화 교환원, 여행사 직원, 릭 모라니스(1990년대 흥행 배우—옮긴이)를 위한 일자리가 급격히 감소한 것을 알았는가? 빌어먹을 NAFTA. NAFTA의 타격을 받지 않은 게 있던가?!

경제적 인과관계의 모호함과 대중의 관심 부족으로 인해 정치인들은 NAFTA에 자신이 원하는 꼬리표를 손쉽게 달아놓았다. 협정이 정치적 이슈로 계속 대두되는 가장 큰 이유는 누가, 무엇이, 어디의 노동자들이 이 협정으로 인해 대체되었는지와 관련이 있다. NAFTA로 인해 25년 동안 캘리포니아에서는 식당 종업원 10만 명이, 미시시피에서는 보육 전문가들이, 매사추세츠에서는 법률가들이 일자리를 잃었다. 그렇지만 오늘날 정치 지도자들은 아직까지 그들을 언급할 여력이 없다. 협정의 '패자'는 대부분 선거에서 중요한 주의 공장 근로자였다. 우리가 이 사실을 인정하는 게 마음이 편하든 편치 않든, 이는 NAFTA를 이야기하는 데 있어 엄청나게 중요하다. 못 믿겠는가? 트럼프를 포함해 많은 정치인이 석탄 광부들의 어려움에 대해 얼마나 상세하게 설명했는가? 미국 철강 노동자가 맞닥뜨린 운명을 다룬 감상적인 기사가 얼마나 많았는가?

현재 미국 석탄산업 종사자 추정치가 5만 800명[29]이고 철강 노동자는 14만 명[30]이라는 사실이 놀라운가? 그런데 미국 일자리 중 1600만 개를 차지하면서도 정치적 논쟁이라고는 찾아보기 힘든 소매업에서 2017년 한 해만 해도 12만 9000명의 여성이 일자리를 잃었다.[31] 여기 추악한 진실이 도사리고 있다. 그것은 바로 실직 문제에 사회적 관심이 쏟아질 때 그 대상은 언제나 백인 남성이라는 사실이다. 백인 남성은 수년 동안 제조업 일자리를 거의 독점해왔지만 여성과 유색인종이 교육 기회를 더 많이 얻게 되면서 제조업으로 진출하기 시작했고 그 결과 독점은 깨졌다. 이러한 변화는 임금 상승이 멈춘 때와 시기적으로 일치한다. 백인 남성은 무너진 지위와 권력을 되찾고자 노력했고, 유감스럽게도 많은 사람이 임금 정체만을 위협으로 봐야 하는 상황에서 두 가지 현상을 하나로 보기 시작했다. 이 현상은 오늘날까지도 계속되고 있다. 무역과 자동화에서 비롯된 경제적 응어리와 여성, 소수자, 이민자에게 동등한 기회를 주는 것에서 비롯된 문화적 응어리를 동일시하는 수많은 백인 남성 노동자 계급의 마음 속에서는 분노의 불길이 활활 타오르고 있다. 사실 여성과 유색인종은 변화하는 경제를 훨씬 더 유연하게 받아들인다. 그래야만 하기 때문이다. 그들은 사람들이 그들의 역경에 관심이 없다는 것을 알고 있다. 백인 남성 특권 사회는 "난 적응할 필요가 없어. 세상이 나한테 적응해야 해!"라고 말한다. 공정하지 않지만, 공장 하나가 폐업하는 것과 12개 아울렛이 폐업하는 것 사이에는 관심의 차이가 엄청나다는 것을 알아야 한다.

이 같은 요인들을 종합해보면 NAFTA가 왜 그렇게 오랫동안 국가적 이슈로 입에 오르내렸는지, 그리고 왜 유권자와 정치인 모두에게 최종 로르샤흐 테스트Rorschach Test(열 장의 잉크 얼룩 그림을 보여주고 환자가 그 그림을 어떻게 보는지를 통해 환자의 태도와 감정, 성격을 파악하는 투사심리 검사—옮긴이)가 되었는지 그 이유를 알 수 있다. NAFTA는 발효된 이후 줄곧 실제적이라기보다는 상징적인 존재였다. 자연보호운동의 결과로 목재 공급의 3분의 2가 중단되어 1995년 미국에서 가장 오래된 제재소가 문을 닫았을 때, 정치인들은 이를 NAFTA의 불공정 사례로 갖다붙였다(제재소의 전 공장장인 제리 클라크Jerry Clark는 이렇게 말했다. "통나무가 전혀 없습니다. (…) 누군가 이것과 NAFTA 간의 타당한 인과관계를 찾을 수 있다면 좋을 것 같습니다.").[32] 심지어 미국 정부는 협정이 발효되기 2년 전인 1992년에 공장을 멕시코로 이전해 실직한 874명에 대해서도 NAFTA 때문이라고 주장했다.[33] 마치 빅풋이나 설인처럼, NAFTA가 황무지에 도사리고 있다가 한밤중에 방심한 일자리를 낚아채기라도 하는 것 같다.

지난 25년 동안 선거 때만 되면 대부분의 정치인이 당선을 위해 NAFTA를 욕했다. 또 그 사반세기 동안에 같은 정치인들이 재임 기간에는 NAFTA를 정말로 옹호했다. 심지어 (로스 페로에게는 미안하지만) 역사상 가장 대표적인 NAFTA 반대파로 이름난 트럼프조차도 같은 궤적을 따랐다. NAFTA를 폐기하겠다 또는 '재협상'하겠다고 약속하고 몇 년이 흐른 후, 2018년 10월에 백악관은 멕시코 정부, 캐나다 정부와 NAFTA의 뒤를 이을 USMCAUnited States-Mexico-Canada Agreement, 미국-멕시코-캐나다 협정 협상을 타결했다고 공식 발표했다. 트럼프가 '완전히 새로운 협정'이라고 확언했음에도, USMCA는 NAFTA의 기조에서 조금도 벗어나지 않았다. USMCA는 NAFTA의 몇 가지 조항을 현대화했다. 저렴한 아시아 자동차 부품이 북미 공급사슬에 들어오는 것을 막으려고 원산지 규정을 강화했다. 또한 노동, 디지털, 지적재산권 보호 관련 규정을 개정했다. 특히 트럼프가 탈퇴한 TPP 협정에서 태평양 동맹국과 하려고 했던 것들을 캐나다 및 멕시코와 추진했다(심지어 지금까지 그렇게 비방했던 협정에서 거의 문자 그대로 베껴 오기까지 했다). USMCA는 미국 기술자나 공장장의 편에 서는 극적인 태도 변화를 보이지 않았다. NAFTA의 뒤를 이어 USMCA가 등장한 것은 아이폰 7 후속으로 아이폰 8이 출시되는 것과 맥락이 거의 같았다. 아이폰 8이 아이폰 7 후속으로 출시되었을 때 사람들은 반가워했으나 대담하고 새로운 전환이라고 볼 수는 없었던 것처럼, NAFTA의 뒤를 이은 USMCA도 마찬가지였다.

협정 명칭을 바꾸었다는 USMCA의 가장 큰 혁신이 NAFTA를 정치 세계와 완전히 선 긋게 해줄지는 아직 두고 볼 일이다. 그렇다고 명칭 변화가 중요하지 않다는 뜻은 아니다! 2019년 3월에 나는 새로 부임한 마르타 바르세나Martha Barcena 주미 멕시코 대사와 이야기할 기회가 있었다. 그녀는 협정 명칭에서 '북미North America'를 각국의 이름으로 대체한 것이 표면적 변화 그 이상이라고 통찰력 있게 분석했다. 즉 대륙 내 번영과 공동의 목표를 추구하는 것에서 미국이 다른 두 상대국보다 앞에 서는 것으로, 협정에서 철학적 전환이 일어났다는 것이다.

새로운 NAFTA가 어떻게 되든지 간에, 기적적으로 정치인들이 무역협정의 득과 실에 솔직해지기로 결정할 일은 거의 없다. NAFTA를 체결했을 당시 장기적으로 보면 미국과 미국인에게 이득이 되는 전략적 이유들이 많이 있었다. 이러한 이득이 많은 지역사회의 공장 근로자들에게 타격을 줄 수 있다는 사실을 깨닫자 미국은 스스로 그 협정을 만들었다는 사실을 인정하지 않았다. 미국은 손실을 얼버무리고 넘어갔고 그 후에는 태도를 전환해 비난하기 시작했다. 미국은 더 잘할 수 있었고 또 그래야만 했다.

NAFTA의 퇴장과 중국의 등판

12월 3일 미국 대통령은 최근 미중 간 갈등이 "중국 민족과 중국 정부 전통에 깊이 뿌리 박힌 반외국 정서에서 비롯되었다"라고 불평하며, 국제 무역 흐름에 대한 중국의 반응에 실망해 "다방면의 이익에 닥친 절박한 위험을 피하기 위해 중국 전역 대외무역에 있어 평등 대우를 보장하는 조치를 수용할 것"을 요구했다. 이 말을 트럼프가 했다고 생각할 수 있다. 그러나 사실 1900년 12월 3일 윌리엄 매킨리 대통령의 제4차 연두교서에서 일부를 따온 것이다.[34]

미국이 중국을 미심쩍게 보는 태도는 미국의 역사만큼이나 오래되었고 예부터 미국은 중국인의 특성에 대해 추한 고정관념을 가지고 있다. 지난 두 세기 내내 고립되었던 중국에 대한 배타적이고 잠재력 있다는 평판은 오래된 것이었다. 나폴레옹도 "여기 잠자는 거인이 있다. 자게 내버려두라! 중국이 깨어나면 세계를 흔들 것이다"라는 유명한 말을 했다고 알려져 있다. 알다시피 나폴레옹이 옳았다. 중국은 1976년 마오쩌둥이 사망하자 경제 체제를 서서히 개혁하기 시작해, 수십 년 동안 깨어날 그 순간을 준비하며 줄곧 미국 정치인들을 놀라게 했다.

미국의 시각에서 중국은 어떻게 다른가? 미국은 역사상 처음으로 한 나라를 진정한 정치적 적수이면서 동시에 경제적 적수로 맞닥뜨리고 있고, 그래서 대응하기가 훨씬 더 복잡하다. 양국의 경제는 상호 의존적이어서 협력하는 법을 알아야만 한다. 미국은 원한다면 그들에게 악당이라는 꼬리표를 달아줄 수 있다. 그런데 이 악당은 금세기 동안 진화하면서 그들 스스로 상당한 경제적 이득을 챙긴 그런 악당이다. 그리고 최대 교역 상대국의 주요 고객이 되어 생활비를 절감시켰고, 인플레이션도 억제해주었다. 그 나라가 바로 미국이다.

앞으로 더 살펴보겠지만, NAFTA 이후 계속되는 불만은 미국 정치에 줄곧 영향을 미치고 있다. 트럼프가 그 불만을 만들어낸 것은 아니지만 그것을 이용해 대통령에 당선되었다. 그 불만들이 모두 말도 안 되는 것은 아니다. 자유무역협정으로 기업들은 전보다 쉽게 세계화되었고 자국 내 투자가 확실히 감소했다. 기업들은 노사 간 협상이 싫다면 해외 이전이라는 카드로 상대를 더 확실히 위협할 수 있게 되었다. 한편 세계화로 인해 지역 학교, 4-H 클럽(head, hands, heart, health(지성, 근면, 덕성, 건강)를 모토로 하는 미국 농촌 청년 교육 기관—옮긴이), 교회 조직 등과 기업의 관계는 약화되었고, 결과적으로 지역사회와의 관계도 소원해졌다.

이 이야기에 대한 모든 진실을 밝히지 못한 우리의 실패는 현재 우리가 가장 중요한 통상 이슈, '중국의 부상'에 접근하는 방식에도 영향을 끼친다. 앞으로 어떤 운명이 펼쳐지든 NAFTA는 미국 정치 역사상 가장 중요한 변곡점 중 하나로 기록될 것이다. 미국의 정책이 바뀌었기 때문이 아니라(우리는 NAFTA 이전에도 자유무역주의자였고 앞으로도 계속 자유무역주의자일 것이다), 전과 달리 일자리가 대화의 주제가 되었고 미국인의 무역에 대한 사고방식이 완전히 바뀌었기 때문이다.

3장

무역에 관한 8가지 오해

우리 삶 곳곳에는 시간이 흐르면서 맹신하게 되는 것들이 있다. 그런 이야기와 추정은 사회적 통념으로 전승되지만 검증된 바는 없다. 무역도 다를 바 없다. 완강한 믿음들이 넘쳐나는데, 사람들을 무역에 무지한 채로 내버려둠으로써 혜택을 얻는 정치인과 이익집단이 그러한 믿음을 널리 전파하고 있다. 좀 더 심도 있는 이야기를 시작하기에 앞서 시간을 들여 끈질긴 오해들을 일단 처리해야 한다. 잘못된 믿음은 무역이 어떻게 이루어지는지 제대로 알지 못하게 하기 때문이다. 이제 무역 이야기를 할 때마다 자주 접하게 되는 잘못되고 짜증 나며 역효과를 낳는 여덟 가지 오해를 살펴보겠다.

오해 1 _ 무역 문제에서 중국은 언제나 악당이다

2001년 중국의 WTO 가입은 아마도 현대 경제학사에서 가장 중요한 사건일 것이다. 중국은 WTO 가입 이후 다른 경제 강국과 공평하게 경쟁하게 되었고, 다른 나라들과 동일한 조건에서 무역하고 수출하게 되었다. 당시 서구 열강들은 공식적으로 세계 시장에 통합된 중국이 경제자유화를 이루고 궁극적으로 더 민주화된 사회로 나아가기를 희망했다. 적어도 어느 정도는 그 바람이 실현되었다. 폐쇄국이었던 중국은 이제 캐나다와 멕시코에 이어 미국의 3위 교역 상대국이자 주요 관광객 송출국이 되었으며, 전에는 이익을 위해 어기기 일쑤였던 세계 무역 규칙과 규범을 따르기 시작했다.

처음에는 많은 사람이 안도의 한숨을 쉬었지만 뒤이어 생각지도 못한 일들이 발생했다. 2000년대 초반 미국은 이라크 전쟁에 정신이 팔려 중국이 얼마나 공격적으로 수출을 하고 있는지 미처 눈치채지 못했다. 10년 사이에 중국은 미국과 독일을 넘어서 세계 최대 수출국으로 부상했다. 얼마 지나지 않아 중국이 서방의 길을 따라 걸으리라는 소망은 물거품이 되었다. 중국은 중앙정부가 경제를 통제하는 그들만의 모델을 발전시켰고, 놀랍게도 소련과는 다르게 번창하는 결과를 보였다. 중국은 사유재산, 기업가 정신 등의 개념을 도입했지만 개인의 자유나 인권, 정치적 권리를 보장하는 데까지 나아가지 못했고, 미국은 이런 전개를 예상하지 못했다. 미국은 옳든 그르든 자본주의와 자유가 밀접하게 연관되어 있다고 믿었다. 그런데 이것이 사실이 아니라는 것이 드러났다. 2008년 금융위기가 발발하자 미국은 점점 번성하는 중국이나 다른 나라가 미국의 경제 모델을 따라야 한다고 주장할 명분이 없었다.

대부분의 국가가 중국에 영향을 주려고 했지만, 당황스럽게도 중국이 놀라운 저력을 과시하며 오히려 세계에 영향을 끼쳤다. 지구상 최대 노동력과 거대 국영기업, 고부가가치 제조업의 패권을 가져가겠다는 열망을 기반으로 중국은 순식간에 수출 분야에서 막강한 경쟁자로 부상했다. 새로운 도로, 공항, 발전소, 항구, 휴대전화 시스템 등이 필요한 개발도상국에서는 더욱 그랬다. 중국의 비교우위는 가격에서 두드러졌다(기억하라. 모든 무역의 근간을 이루는 경제 생산성 면에서 한 나라에 유리한 점을 비교우위라고 한다). 어마어마한 수의 가용 노동력을 기반으로 한 가격 우위는 중국의 WTO 가입이 다른 국가의 가입보다 훨씬 영향력이 크다는 것을 의미했다. 또한 세계는 독특한 경제 구조와 크나큰 규모를 가진 중국이 미국을 포함한 다른 나라들보다 시장을 독점할 수 있는 무기가 훨씬 많음을 알게 되었다.

한 가지 예를 들어보자. 내가 2009년부터 2017년까지 이끌었던 미국 수출입은행은 재정적으로 수출업체를 돕는 정부 기관이다. 피츠버그에서 정수처리 사업을 하는 작은 기업인 아콰테크Aquatech가 아시아와 라틴아메리카 고객들을 대상으로 폐수처리 기술을 팔고 싶어 한다고 해보자. 그 사업을 추진하기 위해서는 상당한 자금이 필요하다. 하지만 많은 기업이 영업 규모가 너무 크다, 너무 작다, 또는 너무 위험하다는 이유로 시중은행으로부터 대출을 받지 못한다. 그럴 때

기업은 수출입은행을 찾아와 외국 경쟁업체와 겨루는 데 필요한 정부 지원 보증이나 대출을 받을 수 있다. 미국 수출입은행은 1934년부터 이 일을 해왔다. 그런데 85년이 넘는 시간 동안 미국이 수출업체에 제공한 전체 대출액은, 중국의 4개 수출신용기관에서 2013년과 2014년 2년 동안 자국 수출업체에 제공한 금액보다 적다. 중국 기업이 미국 기업에 맞서 인도에 기관차를 팔고자 할 때, 중국 기업은 정부가 보증하는 매력적인 재정 지원책을 갖추고 경쟁에 참여하는 셈이다. 이는 즉시 강력한 이점으로 작용한다.

이처럼 공격적인 수출전략은 우위를 점하기 위해 사용된 다른 전술들과 함께 무역 악당으로서 중국의 이미지를 더 부풀렸다. 트럼프는 중국의 환율 조작을 비난하는 사람 중 하나다. 환율 조작이란 무엇인가? 간단히 말해서 정부가 타국의 화폐를 대량으로 매입해서 자국의 화폐 가치를 떨어뜨리는 것이다. 그럼 왜 이렇게 하는 걸까? 이렇게 하면, 수출시장에서 자국 제품은 가격이 더 낮아지는 반면 수입품은 국내에서 더 비싸진다. 한때 중국이 환율을 조작했을지도 모르지만 지금은 중국 통화가치가 공정하게 매겨지고 있다는 데 다들 동의한다.

중국은 자신들에게 유리하게 판을 짜기 위해 보조금과 의문스러운 관행들을 마음껏 활용했다. 예를 들어 중국은 자국 내에서 사업하는 외국 기업에게 기술 양도와 지적재산권 공유를 요구했다. 외국 기업으로서는 인구 14억의 매력적인 시장을 절대로 놓치고 싶지 않았고, 중국은 그것들을 받아 꿀꺽 삼켰다. 또한 국영기업에 저금리 대출을 해주고 외국 기업은 정부 사업에 입찰하기 어렵게 만들었다. 그러나 정직하게 말해서 미국이라고 크게 다르지 않다. 50개 주와 도시 대부분이 지역 내에서 사업이 진행되도록 유도한다. 그렇지만 연방정부는 중국 정부와 같은 방식으로 보조금을 주지 않는다. 이러한 특징에 중국이 야기한 어마어마한 경제적 위협과 오랜 외국인 혐오증이 더해져, 미국 정치인들이 중국에 불공정 국가라는 이미지를 씌우는 데 적합한 재료들이 갖추어졌다.

트럼프만 그러는 것은 아니다. 엘리자베스 워런Elizabeth Warren 매사추세츠 상원의원은 중국이 "미국 기술에 대한 접근권을 담보로 잡고 있다"라고 말했고, 버니 샌더스 상원의원 역시 심정적으로 이에 동의했다.[2] 척 슈머Chuck Schumer 민주당 상원 원내대표도 트럼프가 중국에 관세를 부과한 것을 지지했고,[3] 론 와이든Ron Wyden 민주당 상원의원도 중국이 "미국의 일자리와 산업을 훔치기 위해서 미국의 지적재산권을 도둑질했고 영업 기밀을 밝힐 때까지 미국 기업을 인질로 삼고 있으며 자국 시장을 조작하고 있다"라고 딱 잘라 말했다.[4] 반대편인 존 코닌John Cornyn 공화당 상원의원도 중국이 "사악한 목적을 가지고 미국 법망을 피해 투자 기회를 부당하게 이용하고 있다"라고 맹렬히 비난했다.[5]

중국의 몇몇 조치가 너무 과했던 것일까? 미국인의 관점에서 보면 그렇다. 그리고 많은 국가가 미국의 생각에 동의한다. 미국의 역대 행정부는 북한이나 이란, 기후 변화 같은 주요 안건에 대해 협조를 얻기 위해 중국이 어떤 식으로 기업을 운영해도 어느 정도 용인해주었다. 트럼프로서는 그런 안건들에서 합의를 이끌어내는 것이 그렇게 중요한 문제가 아니었기에 중국의 통상 전략에 강경책을 쓰는 데 전혀 거리낌이 없었다. 트럼프는 무역 분야에서 중국이 "미국을 강간하고 있다"라는 부적절하고도 노골적인 주장을 반복적으로 외쳤다. 실제로는 미국이 구태여 발을 뺐다. TPP 탈퇴는 미국이 세계 무역의 리더 자리에서 어떻게 멀어졌는지를 보여주는 가장 극명한 예다. 미국은 길의 규칙을 정하는 역사적 역할을 포기한 것이다.

이제 트럼프 행정부는 대통령이 통상 조건을 정하기 위해 노력했다는 주장으로 비난에 맞설 것이다. 중국이 규칙을 준수하지 않는다면 중국에 요구 사항을 말하고 관세를 부과하겠다고 경고하는 식으로 중국의 행동을 바꾸려 했다고 말이다. 세계는 중국이 다른 선진국과 좀 더 일치하는 방식으로 교역하면서 더 나은 역할을 하기를 바라는 미국의 뜻에 모두 동의한다. 오늘날까지 미국은 동맹국과의 동반자 관계 속에서 그 뜻을 펼쳐왔고 또 방향을 제시하는 식으로 리더십을 보여왔다. 트럼프 행정부는 중국에 영향력을 행사하기 위한 주된 수단으로 합동 작전을 펼치기보다 관세 전략을 사용하는 식으로 (일을 혼란스럽게 만들 수 있는 귀찮은 동맹국 없이) 혼자서 움직이는 것을 더 선호한다. 최근에 런던을 여행할 때 임피리얼 전쟁박물관에 적힌 윈스턴 처칠의 글을 보았는데 그 말을 인용하고 싶다. "동맹과 싸우는 것보다 더 나쁜 일은 동맹 없이 싸우는 것이다."

이제 우리는 중국이 다른 일련의 규칙에 따라 행동하기로 결정한다고 해서 놀랄 이유가 없다. 그들이 왜 만들어지는 데 아무런 역할을 하지 않았고, 미국 역시 따르라고 강요하지 않았던 규칙에 구애받겠는가? 공정하든 그렇지 않든, 중국은 수출에 미래를 걸었다. 미국 정치인들이 기만적이라고 말하는 그들의 행위는 그들 관점에서는 그저 생존과 번영을 위해서 필요한 것일 뿐이다.

오해 2 _ 양국 간 무역적자는 문제다

두 번째 오해를 놓고 이야기할 때, 이 믿음을 퍼뜨린 사람 중 누구 책임이 가장 큰지 가려내는 것은 그다지 어렵지 않다. 2018년 말 트럼프 대통령은 트위터에 무역적자에 관한 내용을 서른일곱 번이나 올렸는데, 이는 임금이나 메디케어 혹은 아들 에릭에 관한 글보다 훨씬 많았다.[7] 트럼프는 트위터에 무역적자 관련 글을 올릴 때마다 거의 매번 '어마어마하다massive'는 형용사를 썼다. 중국, 캐나다 등의 국가들로부터 비롯된 무역적자를 거론하며 '미국 제조업을 죽이는', '미국의 수백만 개 일자리를 대가로', '경제를 너무나 힘들게 하는', '최대 안보 위협'이라는 표현을 사용했고, 그 국가들이 '미국의 눈을 가리고 강탈해갔고' 또 '미국의 일자리를 훔쳐갔다'고 주장했다. 2016년 올랜도의 펄스 나이트클럽에서 49명이 사망한 총격 사건이 발생하고 5일 후에 트럼프는 "수년간 무역적자 최대! 올랜도에 이어 더 큰 충격이 올 것이다"라는 유독 방정맞은 트윗을 남겼다. 대통령이 되기 전에도 당선 후에도 트럼프는 연설과 성명, 트위터를 통해 곤란할 정도로 다양한 도전으로 다가오는, 실제의 그리고 가상의 무역적자를 비난하며 "일자리 문제를 빨리 해결하겠다!"고 종종 말했다.

좀 덜 의도적이었던 2012년으로 거슬러 올라가 그때 올린 특정 트윗을 살펴보면 무척이나 흥미롭다. "바로 지금 미국의 대중국 무역적자가 3000억 달러라는 어마어마한 액수에 이른다. 매년 그렇다. 중국은 미국에서 3000억 달러에 가까운 돈을 빼가고 있다. 강해져야 할 때다."[8] 그 당시 주장을 살펴보면, 트럼프가 무역적자에 대해 근본적으로 어떤 오해를 가지고 있는지 쉽게 알 수 있다. 자동적으로 (그리고 당연히) '적자'를 나쁜 소식이라고 여기는 수백만 명의 미국인은 이 주장을 그대로 받아들였다. 트럼프는 2018년 봄에 그가 제안한 철강·알루미늄 관세를 옹호하면서 취재진에게 다양한 무역적자에 관해 "지난 수년 동안 매년 8000억 달러의 적자가 발생했다. (…) 우리는 되찾아야만 한다"[9]라고 말하며 사람들의 오해를 고착화했다.

무역에 대해 잘 모르는 사람이 '무역적자'라는 단어를 듣고 돈을 잃었다고 생각한다면 그 사람을 탓할 수만은 없다. 예전에 나도 양자 무역적자가 문제라고 생각했다. 현실을 직시해보자. '적자'란 단어에는 긍정적인 의미가 없다. 훨씬 더 자주 쓰는 '재정적자'라는 말 역시 결국에는 재정 부족을 뜻한다. 그러나 무역적자는 완전히 다른 말이다. 간단히 말해 한 나라가 수출하는 재화와 서비스의 가치와, 그 나라가 수입하는 재화와 서비스의 가치의 차이를 말한다. 우리가 특정 나라로부터 수출한 것보다 더 많이 수입한다고 해서, 그것이 강함이나 약함, 지불 능력, 재정적 무책임이나 기타 등등의 척도가 되는 것

은 아니며, 돈을 '잃어버리는' 것도 아니다. 보수적인 통상 전문가 스
콧 린시컴Scott Lincicome은 〈뉴욕타임스〉 기고문에서 "슈퍼마켓을 상대
로 적자가 났다고 해서 내가 빚이 있는지 여부를 알 수 없는 것처럼,
다른 나라를 상대로 무역적자가 생겼다고 해서 경제가 어떻게 굴러
가는지 실제로 말해주지 않는다"라고 했다.[10] 전 재무장관이자 국가
경제위원회 의장이었던 래리 서머스Larry Summers의 말은 훨씬 더 직설
적이다. "무역적자는 경제정책을 평가하는 데 아주 형편없는 기준이
다."[11]

2017년 대중국 상품무역에서 발생한 미국의 무역적자는 3750억
달러를 조금 상회했다[12](혹은 트럼프가 계속 주장한 대로라면 5000억 달러
였다[13]). 뒤에서 이 문제를 더 구체적으로 다루어볼 텐데, 일단 이번
장에서는 그 의미가 무엇인지 기본적인 내용만 간단히 얘기해보겠
다. 3750억 달러를 갖다 버린 게 아니다. 미국 가정과 기업이 가전,
가구, 의류, 제조 장비를 구매하는 데 그 돈을 쓴 것이다. 미국 내에서
제품을 생산할 때 사용되는 비소비재나 부품 등 중간재도 거기에 속
한다. 또한 그 돈은 미국 내에서 생산하지 않는 제품에 사용되었다.
예를 들면 미국은 페니실린 전량을 중국에서 들여온다.

무역적자의 상당 부분은 미국 경제가 첨단산업, 특히 서비스업으
로 이동하면서 의도적으로 더 이상 생산하지 않는 제품을 구매하느
라 발생한다. 실제로 2017년 한 해 동안 미국은 중국을 대상으로 서
비스업에서 400억 달러의 흑자를 기록했다.[14] 지난 15년 동안 미국
경제는 발전을 거듭하면서 캐나다를 상대로 한 서비스 무역흑자가

3배 이상, 유럽으로부터는 7배, 한국으로부터는 거의 13배 늘었으며 중국으로부터는 16억 달러에서 400억 달러 이상으로 증가해, 무려 2475퍼센트 늘었다.[15] 중국에 대해 온갖 불평을 늘어놓을 수야 있겠지만, 중국은 미국의 제3위 고객으로 우리의 농업과 서비스업은 우리가 파는 많은 것을 사주는 중국에 의존하고 있다.

소프트웨어, 영화, TV, 음악, 뱅킹, 보험, 운송, 교육과 같은 서비스업이 경제 성장에 있어서 공장 생산 제품보다 전략적 가치가 훨씬 높아지는 세상에서는 상품 무역적자가 미국을 절대로 괴롭힐 수 없다. 무엇보다 서비스업은 현재 미국 일자리의 70퍼센트 이상을 차지하고 있고, 계속 비중이 높아지고 있다. 설사 제품 수입보다 수출이 많은 데 더 높은 우선순위를 부여한다 할지라도, 무역적자는 절대로 집착할 대상이 아니다. 무역적자란 양국을 오가는 제품의 가치를 측정하는 방법이며, 달러의 상대적 강세나, 투자 수준의 변화, 경제 성장 등 여러 요인에 의해 변동이 심하기 때문이다.

이제 양국 간 무역적자가 큰 문제가 되지 않는다는 것을 알았다. 그런데 한 국가가 아니라 전체 국가들을 상대로 누적된 총무역적자는 어떨까? 대외 무역적자가 통제 불능 상태라면 경제적 결과가 심각할 수 있다. 어떤 면에서 와인과 비슷하다. 저녁 식사 때 와인 두세 잔 정도면 괜찮지만 두세 병은 문제가 된다! 대외 무역적자가 GDP의 몇 퍼센트 이상으로 증가한다면 와인을 병째 들이켜는 것처럼 문제가 된다. 그런데 현재 미국은 한두 잔 정도 따랐을 뿐이다.

물론 대외 무역적자가 얼마나 유의미한지 알고 싶다면 다음의 표

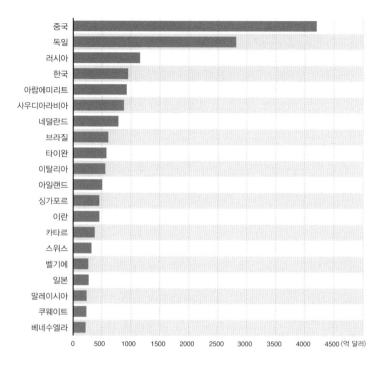

중국
독일
러시아
한국
아랍에미리트
사우디아라비아
네덜란드
브라질
타이완
이탈리아
아일랜드
싱가포르
이란
카타르
스위스
벨기에
일본
말레이시아
쿠웨이트
베네수엘라

0   500   1000 1500 2000 2500 3000 3500 4000 4500 (억 달러)

표 3-1 세계 무역흑자 상위 20개국(2017).

를 보면 된다. 2017년 세계 무역흑자 상위에 오른 20개국을 한번 살펴보자. 그중에는 확실히 경제 강국이 몇몇 있다. 하지만 미국 경제를 러시아나 이란 혹은 베네수엘라와 바꾸고 싶은가? 나는 그럴 거라고 생각하지 않는다. 사실 미국 경제를 목록에 있는 다른 어떤 국가와도 바꾸지 않을 거라고 확실히 장담한다.

앞으로 어떤 정치인이 무역적자가 생기도록 무책임하게 내버려두었다고 불평하는 소리를 듣는다면, 무역적자는 우리가 갚아야 할 채무, 누가 무역에서 '승자'인지 보여주는 점수판, 미국 경제의 등골을 빼먹는 것이 아니라는 점만 기억하면 된다. 어떻게 보면 우리 각자 역시 미용사에게 엄청난 무역적자를 보고 있다! 때로는 맘에 들고 때로는 후회하지만 실상 별것 아니다. 적자는 점점 더 깊이 연결되어가는 세상 속에서 자국으로 들어오는 것과 나가는 것 사이의 차이가 얼마인지 측정하는 또 다른 방법일 뿐이다.

오해 3 _ 관세는 외국이 치른다

트럼프가 줄기차게 주장하는 편견이나 거짓 진술 가운데 하나인 이것은 가장 이해할 수 없는 명백한 거짓인데도 가장 자주 언급되고 있다. 관세는 그 정의에 따르면, 한 나라가 외국 제품을 구입하는 자국 소비자와 수입업자에게 부과하는 판매세다. 미국이 판매세를 만들었다면 미국인이 미국 정부에 내게 된다. 이는 논쟁의 여지가 없는 단순한 사실이다. 그렇다고 트럼프 대통령이 말도 안 되는 논쟁을 계속하는 것을 막지는 못한다. 직접 계산해보니, 트럼프는 어느 특정한 주 동안 트위터에 거짓 주장만 아홉 번 변주해 올렸다. 그전이나 후에 있었던 다른 수많은 사례는 차치하고서도 말이다.

이 오해를 바로잡아야 한다는 생각에는 진기한 면이 있다. 트럼프의 완강한 지지자들조차도 그 주장이 터무니없음을 인정했다. 대통령 최고 경제고문인 래리 커들로Larry Kudlow는 트럼프의 트윗들로 한바탕 난리가 난 가운데 2019년 5월 12일 〈폭스뉴스 선데이〉의 크리스 월리스Chris Wallace와 한 인터뷰에서 자신의 고용주가 잘못 알고 있

Donald J. Trump ✔
@realDonaldTrump

Talks with China continue in a very congenial manner - there is absolutely no need to rush - as Tariffs are NOW being paid to the United States by China of 25% on 250 Billion Dollars worth of goods & products. These massive payments go directly to the Treasury of the U.S....

7:43 AM · 10 May 2019

Donald J. Trump ✔
@realDonaldTrump

....This money will come from the massive Tariffs being paid to the United States for allowing China, and others, to do business with us. The Farmers have been "forgotten" for many years. Their time is now!

7:29 AM · 14 May 2019

Donald J. Trump ✔
@realDonaldTrump

We are right where we want to be with China. Remember, they broke the deal with us & tried to renegotiate. We will be taking in Tens of Billions of Dollars in Tariffs from China. Buyers of product can make it themselves in the USA (ideal), or buy it from non-Tariffed countries...

5:06 PM · 12 May 2019

Donald J. Trump ✔
@realDonaldTrump

....The process has begun to place additional Tariffs at 25% on the remaining 325 Billion Dollars. The U.S. only sells China approximately 100 Billion Dollars of goods & products, a very big imbalance. With the over 100 Billion Dollars in Tariffs that we take in, we will buy.....

7:43 AM · 10 May 2019

"화기애애한 분위기에서 중국과의 대화가 계속된다. 서두를 필요가 전혀 없다. 현재 미국은 2500억 달러 상당의 중국 재화와 상품에 대해 25퍼센트의 관세를 부과했다. 이렇게 어마어마한 지불금은 바로 미국 재무부로 들어간다."

"이 돈은 우리와 비즈니스를 할 수 있게 해줌으로써 중국 및 다른 국가가 미국에 지불할 어마어마한 관세에서 나올 것이다. 농부들은 수년 동안 '잊혔다'. 이제 그들의 시대다!"

"우리는 중국과 함께 있고 싶었던 바로 그 지점에 있다. 기억하라, 그들은 우리와의 협정을 파기했고 재협상하려고 했다. 이제 중국으로부터 수백억 달러의 관세를 받게 된다. 수입업자는 (이상적인 경우) 미국에서 직접 만들거나 비관세국에서 구입하면 된다."

"나머지 3250억 달러에 추가 관세 25퍼센트를 부과하는 과정이 시작되었다. 미국은 중국에 1000억 달러가량의 재화와 상품만 판매할 뿐이니 엄청난 불균형이다. 우리는 관세에서 거둬들이는 1000억 달러 이상을 가지고 살 것이다."

그림 3-1 2019년 5월, 트럼프는 여러 차례 대중국 수입 관세와 관련해 트윗을 올리며 "중국으로부터 수백억 달러의 관세를 받게 된다"고 말했다.

음을 인정할 수밖에 없었다. 월리스는 '중국이 관세를 지불하는 것이 아니고 세금 증가분은 사실상 미국의 수입업자나 기업이 지불해야 하며 보통 미국 소비자에게로 넘어온다'는 사실을 상기시켜줬다. 커들로는 뭐라고 대답했을까? "양측 모두 지불할 것이다"라고 애매하게 얼버무리기에 앞서 "맞는 말입니다"라고 수긍했다.[16]

관세가 미국 가정에 미치는 영향에 관한 뉴스가 2019년에 상당히 주기적으로 보도되었다. 사실 그것만으로도 꽤 놀라운 일이다. 몇 년 전만 해도 관세를 부과한 결과는 미국인이 조만간 감당해야 할 것이라고 말하면, 사람들은 마치 소아마비나 밀레니엄버그 혹은 몽골족의 등장에 대처해야 한다는 말처럼 받아들였을 것이다. 언론에서 트럼프 관세를 보도할 때 상당수는 우리가 무역전쟁으로 부상을 자처해 생계수단에 타격을 입은 중서부 지역 대두 농장주에게 초점을 맞췄다. 그러나 이 오해가 낳은 피해들과 관세를 없애기 힘든 이유를 정말로 이해하기 위해서는 다른 각도에서 접근할 필요가 있다.

미국인의 절대다수가 부모 아니면 자녀라는 점을 감안하면, 미국에서 가장 대중적인 일용품 중 하나가 바로 아동 신발이라는 사실은 이해하기 쉽다. 지역이나 인종, 사회적 계급, 그 밖에 어떤 차이가 있든 모두 아동 신발을 산다. 어린이에 대해 조금이라도 안다면 다들 이해하겠지만, 시간이 흐르면 아이의 발 또한 커져서 공교롭게도 신발을 재구매해야만 한다(신발은 옷과 다르게 물려주기에 마땅찮다). 역사적으로 제화산업은 미국에서 중요했지만 현재 미국인이 구매하는 신발의 98퍼센트가 해외에서 수입한 제품이다.[17] 설사 '미국 제품'을 사고 싶다 하더라도 선택의 폭이 매우 제한적이다. 미국 내 제화 생산량은 매우 적어 보호무역론자의 관세 정책이 미국인의 구매 습관을 바꾸어놓지 못한다. 이 점을 고려한다면 미국인은 아동 신발에는 관세를 부과하지 않거나 아니면 수입 차나 수입 완구에 통상적으로 부과하는 1~2퍼센트 수준으로 관세가 최대한 낮기를 바랄 것이다.

그런데 놀랍게도 미국인이 아동 신발을 구매할 때 지불하는 관세는 최고 67퍼센트에 이른다. 수입 신발, 다시 말해 기본적으로 제화 전체에 부과되는 평균 세금은 11퍼센트로 이 역시 무척 높고, 모든 수입품에 대한 평균 관세의 약 10배다.[18] 아동 신발에 부과된 관세는 본질적으로 부모가 납부하는 세금이고, 비싼 신발일수록 관세가 보통 떨어진다는 점에서 역진세의 성격을 띤다. 이는 저소득 가구가 가장 큰 타격을 입는다는 뜻이다. 부모에게 부과하는 세금이 가장 번복하기 쉬운 세금 중 하나라고 생각하는가? 아니다. 아동 신발에 부과된 관세로 미국 정부 재정 수입의 120억 달러를 채우는데, 관세가 없다면 이 돈은 지출 삭감이나 다른 세금으로 메워야 할 테고 그건 정치인들이 끔찍하게 싫어하는 일이다.

이 모든 역설이 누구에게서 시작되었을까? 바로 트럼프다. 그가 당선되기 전만 해도 TPP는 중국 다음으로 미국에 신발을 가장 많이 수출하는 베트남과 미국 간의 거의 모든 관세를 없애려던 차였다.[19] 그런데 트럼프가 TPP 탈퇴를 선언함으로써 미국 가정들은 돈을 저축하지 못하고 신발에 지출하게 되었다. 그렇게 중국이나 다른 나라 사람이 아니고 바로 미국인이 신발 관세를 계속 부담하고 있다. 미국 정부가 미국인에게 부과하기로 선택한 여타의 모든 관세도 마찬가지다.

오해 4 _ **무역협정은 결국 일자리에 관한 것이다**

이 부분에 대해 여러분은 잘 알고 있다. 알다시피 무역, 그중에서도 수출은 일자리에 큰 영향을 주지만, 2장 NAFTA 관련 내용에서 보았듯이 무역협정은 꼭 그렇지 않다. 물론 무역협정이 종종 일자리 창출이라는 미명하에 추진되지만 성과가 썩 좋지만은 않다. 실제로 그보다는 외교적·지정학적 목표 혹은 순전히 경제 강화를 위한 국내 정책적 목표를 위해 시행될 때가 훨씬 더 많다. 그런데 무역협정의 가장 중요한 기능이 양국 혹은 여러 국가가 더 친밀해지는 것이라면 종이를 아껴서 딱 한 장만 서명하면 되지 많은 종이를 낭비하는 이유는 무엇일까? 다시 말해, 무역협정이 일자리에 관한 것이 아니라면, 그럼 무엇에 관한 것일까?

현대 무역협정이 무엇을 다루는지 보여주는 좋은 사례로 TPP만한 것이 없다. TPP는 오바마가 태평양에서 미국의 독보적인 지위를 공고히 하기 위해 제안했고, 트럼프가 폐기한 협정이다. 그 협정문은 5000쪽이 넘으니[20] 상당히 많은 분야를 다루고자 했다고 말할 수 있다(세계 전체 GDP의 5분의 2를 차지하는 경제를 통합하고자 계획되었으니 놀라운 일이 아니다). 먼저 TPP는 12개국 간 무역을 장려하기 위해 무역장벽을 낮추는 전통적인 무역협정의 역할을 수행했다. 보통 무역장벽을 낮춘다는 것은 관세를 낮춘다는 의미다. 하지만 2차 세계대전 이후 무역자유화의 바람을 타고 세계 대다수 국가에서 이미 관세를 낮춘 상황이었다(1947년에 마련된 관세 및 무역에 관한 일반협정, 일부러 헷갈리라고 기가 막히게 잘 만든 것 같은 약어 GATT로 쓰는 협정이 이미 그렇게 했다). 따라서 TPP는 그 대신에 국가들이 관세를 올리지 않고도 수출품의 국내 진출을 막기 위해 수년 동안 설치해놓은 여러 맹점을 타개하는 데 주로 초점을 맞추었다. 비관세 장벽이라니 얼마나 똑똑한가!

어떤 식인지 살펴보면 다음과 같다. 정부가 드러내놓지 않고 국내 산업을 보호하려고 한다면, 라벨 부착 요건, 기록 관리 규정, 환경과 노동 규정 등을 창의적으로 활용해 외국 기업과의 경쟁을 효과적으로 없앨 수 있다. 오스트레일리아는 자국 농부들을 보호하기 위해 볼리비아 농산품의 진출을 막으려고 남미 토양에서 발견되는(오스트레일리아에는 없는) 특정 광물을 금지하는 국내법을 제정했는데, 이 법이 볼리비아 농산물에 대한 관세나 쿼터제처럼 효과적으로 작용한다. 동시에 관세나 쿼터와 달리 특정 광물 금지는 적대적인 조치라기보다 건강에 관한 주제로 다루어질 수 있다. 국제 무역을 제한하는 것을 국내 안전이나 국가 안보를 위한 염려로 가장함으로써, 국제 감찰 조사를 치밀하게 피하는 것이다. 미국이라고 다를 바 없다! 미국에는 '바이 아메리칸Buy American', 즉 자국 물자 우선 구매 정책이 있어서 암트랙 노선이나 샌프란시스코-오클랜드베이교처럼 인프라 건설에 들어가는 외국산 원자재의 수량을 제한한다. 일본 같은 국가들도 국내 시장 활성화를 위해 냉동 쇠고기 위생 규제에 초점을 맞추고 있다. 관세에 대한 부정적인 여론이 높아지면서 전 세계에서 우후죽순처럼 생겨나는 이런 관행들을 잡아내고 제한하는 것이 TPP의 또 다른 목표였다.

TPP 같은 현대 무역협정이 관심을 기울이는 분야는 서비스 무역의 활성화다(주의: 일자리 얘기는 아직 나오지 않았다). 경제, 특히 미국 경제는 물리적 상품보다는 서비스 중심으로 진화해왔고, 금융 분야, 마케팅과 엔터테인먼트 관련 법률 분야에 속한 기업들은 국경 너머에 살고 있는 절대다수의 잠재적 소비자에게로 눈을 돌렸다. 서비스업이 경제 레이더망에 제대로 잡히기 전에 대부분의 무역 규칙이 만들어졌기 때문에, TPP 같은 새로운 무역협정의 주요 목표는 과거에 제철소나 제재소에 문호를 개방했듯이 컨설턴트, 클라우드 서비스 제공자, IT 지원, 엔지니어에 문호를 개방하는 데 있다.

'길의 규칙'을 현대화하는 데 많은 잉크를 썼지만, 단순히 서비스 수출에 대한 차별을 막는 차원을 넘어섰다. 무역의 성격 자체가 변화하는 것에 유연하게 대응하기 위해서, TPP는 전자상거래와 지적재산권에 대한 가이드라인을 새롭게 제정하고자 했다. 이제 사용자 데이터의 수집과 분석은 대기업에게 가장 중요한 자산이 되었다. 따라서 국가 간에 정보가 오갈 때 이를 책임지고 보호할 수 있는 시스템이 필요했다. TPP의 상당 부분이 (다시 말하지만, 일자리가 아니고) 여기에 기여하고자 했다. TPP는 주요 협정 중에 가장 먼저 정보 무역과 관련한 근거 규정을 확립했다. 또한 이 협정은 처음으로 전자상거래에서 발생 가능한 리스크를 인정하는 차원에서 소비자의 사생활 보호까지 규정에 포함한 협정 중 하나였다. NAFTA를 마련할 때 페이

스북, 구글, 아마존이 그 누구의 레이더망에도 잡히지 않았음을 기억하라. TPP는 특허 집행, 기업 기밀 보호, 저작권 기한 등과 관련된 규정을 강화했다. 또 규정이 제약 분야까지 확장되어 논란이 되었는데, 규정으로 인해 복제약 시장 출시가 지연되면 처방약 가격을 낮출 수 없기 때문에 국경없는의사회의 분노를 사기도 했다(한 가지 기억할 사항: 무역협정은 지나치게 친기업적이라고 좌파로부터 공격을 받는데, 그 비판이 반드시 부당한 것은 아니다).

그렇다고 TPP가 제약회사들을 위한 것만은 아니다! 자유무역협정의 전체 역사에서 가장 광범위하게 환경과 노동 기준 규정을 마련했다는 점은 칭찬할 만하다. 특별히 풍력발전용 터빈과 태양광 전지 분야는 관세를 상당히 많이 없앴고 야생동물과 멸종위기종의 보호 관련 규정을 강화했으며 해양 보존, 지속 가능한 어획, 벌목, 오염에 관한 논의를 심화할 것을 각국에 요청했다. 또 아동 노동에 대해 강경책을 마련하고 고용 차별 관련 규정을 제정했고, 작업장 환경과 최저임금에 관한 기본 규정을 제정하라고 요구했으며 노동자의 노조 가입과 단체교섭을 허가하라고 회원국에 압력을 가했다.

마지막으로, 무역은 명백히 세계 곳곳이 관여된 분야인 만큼 각국의 법률 및 규정과 충돌하게 되었다. 때문에 많은 국가가 참여한 현대 무역협정에는 모두 분쟁 조정에 관한 조항이 필수적으로 포함된다(그런데 우리는 아직까지 일자리 이야기를 하지 않았다). 이는 기업이 다른 나라에서 시장을 개척하고 투자하는 것을 돕도록 고안된 TPP에게는 특히나 까다로운 작업이었다.

"우리 나라에서 모든 것을 만들어 세계 다른 나라에 팔자"라는 말은 21세기에 더 이상 통하지 않는다. 모두가 자기 몫을 챙기고 싶어 하는데 그것은 다시 말해 자국에서 일자리를 만들기 원한다는 뜻이다. 따라서 갈등을 조정하기가 상당히 힘들다. 예컨대 포드는 21개국에 공장이 있는데, 미국 내에서 혁신을 이루고 노하우를 개발해도 포드가 세계 각국에 자동차를 팔려면 때때로 의회는 지역마다 다른 세관, 규정, 비용, 기호를 만족시켜야 한다. 미국은 그런 판매를 통해 어느 정도 일자리를 만들어낼 수 있었지만, 모든 것을 얻는 것은 이제 불가능하다. 게다가 기업이 해외 투자를 하고 다른 나라 사람들이 우리와 함께 일하며 미국을 알아갈 때(또 반대의 경우에도) 국제관계가 강화된다는 좋은 증거가 있다. 어떤 일을 함께 추진하면서 더욱 돈독한 친구이자 협력자가 되는 것이다.

좌파든 우파든 국제투자로 인한 합병증을 매우 우려하는 사람이 있다는 사실을 알아야 한다. 만약 국내 사업이 외국과 마찰을 일으키게 되면 해당 국가가 자국 내에서 모든 사안을 통제할 수 있는지에 대한 의문이 갑자기 고개를 든다. ISDS, 즉 투자자-국가 분쟁 해결 Investor-State Dispute Settlement은 기업들이 장기간의 법정 소송을 견디기보다 정부에 직접 소송을 걸어 중재 패널 앞에 정부를 앉히는 장치다. ISDS는 NAFTA를 계기로 우리 삶에 들어왔다. 미국 기업이 지나치게 정치화되고 부패했다고 여겨지는 멕시코 법정에서 공정한 심리를 받을 수 없다는 우려가 제기됐던 것이다. 결과적으로 ISDS는 이후 진행되는 모든 무역 협상에 포함되었고 세계 다른 국가들 역시 대부분 이를 적용했다. 미국 기업은 안전장치로 ISDS를 두기를 좋아하지만, ISDS가 모든 무역협정에 필요한지는 의문이다. 어쨌든 미국인은 우리가 통제할 수 없는 치외법권 조항을 따르는 데 회의적이고, 타당한 이유가 없는 것도 아니다.

워런 상원의원처럼 TPP에 비판적이었던 사람들은 무역협정의 이런 면에 크게 분노하며 외국 기업에게 임시 국제 사법제도를 통해 미국 정부의 결정에 도전할 수 있는 권한을 주게 되면, 미국 규정이 약화된다고 주장한다. 만약에 해외 기업이 미국의 환경법이 자신들의 투자에 부당한 해를 입혔다는 주장을 성공적으로 입증했다고 가정해 보자. 그러면 ISDS 중재 패널이 미국에 무거운 벌금을 부과하는 게 원칙적으로 가능하다. 이런 점 때문에 미국이 사전에 그 법들을 약화시킬 가능성이 있다. 한편 미국 기업이 해외 투자를 했는데 부당한 대우를 받는다면 ─예를 들어 펩시가 해외에 공장을 세웠는데 해당 정부가 몰수한다면 ─회사 입장에서는 투자를 보호해줄 제도가 필요하다. 이는 단순히 가정이 아니며, 실제로 아람코ARAMCO, 아라비안-아메리칸석유가 겪은 일이다. 캘리포니아에 본사를 뒀던 이 기업은 1950년대, 1960년대, 1970년대에 사우디아라비아의 지배를 받았고 나중에는 '사우디 아람코'로 알려지게 되었다.

전체적으로 봤을 때, ISDS를 시행하고 있는 무역협정이 전 세계에 수천 개이고 미국이 관여한 것이 약 50개 정도인데 모두 22회의 이의 제기를 받았을 뿐이다. 그리고 미국이 22건 모두 이겼으니 이 조항들이 미국에 큰 위협이 되지 않았음을 시사한다. 반면 ISDS가 아직 우리를 물어뜯기 위해 돌아오지 않았다고 해서 그 시행이 옳다는 의미는 아니다. 이는 노동자들은 사용할 수 없는 기업의 특권 조항으로 보인다.

그렇다면 일자리는 어떨까? TPP는 일자리에 관한 것이 아닌가? 5000쪽을 정독하기로 작정했다면(나는 추천하지 않겠다), 무역장벽 철폐, 서비스 수출을 위한 새로운 기준, 데이터와 디지털 정보 무역을 위한 보호책, 노동 조항, 환경 조항, 분쟁 조정 규정에 대해 알게 될 것이다. 무역협정은 장황하리만큼 길고, '일자리'라는 단어를 찾을 때까지 숨을 참고 있다가는 큰일 난다. 직접 확인해본다면, TPP 전문에 '일자리'가 정확히 8회 언급된다. 그중 두 번은 오스트레일리아와 일본의 노동자 관련 기관 이름을 언급할 때 등장한다. 그러니 6회 언급된 셈이다. 5000쪽 중에서 말이다. 그에 반해 화장품에 사용되는 호호바오일의 경우 11회 언급되었다.[21]

오해 5 _ 무역전쟁은 효과 있다

"한 나라(미국)가 거의 모든 국가와의 교역에서 수십억 달러를 손해 보고 있다면 무역전쟁은 좋다. 이기기 쉬우니까." 2018년 3월 2일 아침 일찍 미국 대통령이 올린 트윗 내용이다. 한 달이 지나고 트위터에 "우리는 중국과 무역전쟁을 하지 않는다"라는 주장이 올라왔다. 그리고 급기야 6월 2일, "교역에서 8000억 달러 가까이 손해를 보고 있다면 무역전쟁에서 져서는 안 된다!"라고 올렸다. 2주가 채

되기 전에 백악관은 의료기기, 비행기 부품에서 섬유나 생선에 이르기까지 500억 달러 이상의 중국산 제품에 광범위한 관세를 부과하겠다고 선언했다. 중국 상무부의 말에 따르면 '경제사상 최대 무역전쟁'으로 확대될 수 있는 기습공격이었다.[22]

무역적자가 재정적자와 전혀 다른 것처럼 무역전쟁이 무자비한 실제 전쟁과 전혀 다르다고 말할 수 있어 다행이다. 그렇다고 희생자가 없다는 말은 아니다. 무역전쟁과 실제 전쟁의 가장 큰 차이는 무역전쟁에선 일반적으로 승자가 없다는 점이다. 트럼프가 중국 제품에 첫 일격을 가하자 중국은 미국산 대두, 돼지고기, 알루미늄 등에 대한 관세를 올려 캔자스의 농부와 미시간의 자동차 공장 근로자에게 심각한 타격을 주는 식으로 대응했다. 2018년 9월 17일 트럼프는 2000억 달러 규모의 중국산 수입품에 훨씬 높은 관세(다시 말해 세금)를 부과함으로써 이에 보복했다. 그러자 중국은 바로 다음 날 600억 달러 규모의 미국산 제품에 10퍼센트 추가 관세를 부과하겠다고 발표했다. 물론 문제는 타국의 관세가 단순히 미국 수출업체에만 타격을 주는 것이 아니라는 점이다. 미국의 관세가 자국 내 소비자 물가를 상승시켜 자국 가정에 손해를 입히고 있다. 관세의 또 다른 이름은 세금이다. 승자는 없다. 단지 피해자만 있을 뿐이다.

중국과 미국은 2018년 12월부터 무역 분쟁을 완화하려는 움직임을 보였지만 이미 큰 타격을 입은 후였다. 일단, 미국 대두 수출량의 절반 이상이 중국에 팔리는데, 이 선호 시장에 접근하는 것이 일시적으로 제한되자 2018년 여름 미국의 대두 농가는 농작물 가격이 큰

Donald J. Trump ✔
@realDonaldTrump

When a country (USA) is losing many billions of dollars on trade with virtually every country it does business with, trade wars are good, and easy to win. Example, when we are down $100 billion with a certain country and they get cute, don't trade anymore-we win big. It's easy!

5:50 AM - 2 Mar 2018

"한 나라(미국)가 거의 모든 국가와의 교역에서 수십억 달러를 손해 보고 있다면 무역전쟁은 좋다. 이기기 쉬우니까. 예를 들어 우리가 어떤 나라에서 1000억 달러를 손해 보고 그들이 약삭빠르게 군다면 더 이상 교역을 하지 마라. 우리가 크게 이긴다. 쉽다!"

그림 3-2 트럼프는 2018년 3월 '무역전쟁은 이기기 쉽다'는 트윗을 올리면서 선전포고를 했다.

폭으로 하락하고 그해 수익이 크게 줄어드는 것을 지켜봐야만 했다.[23] 사실 많은 농가가 어쩔 수 없이 대두를 헐값에 멕시코와 캐나다의 중간상인에게 넘겼다. 무역전쟁과 상관없는 그들을 통해 우회적으로 중국에 대두를 판매할 수 있었고 그렇게라도 해서 수익을 지켰다. 무역전쟁이 발발할 때마다 되풀이되는 이야기다. 양국의 수출업자와 소비자는 시장이 닫힘으로써 나타나는 부정적인 효과(매출 손실과 가격 상승)를 해결하고자 노력하는 반면, 각국 정부는 점점 더 무거운 페널티를 서로 부과하며 벼랑 끝 전술을 펼친다. 무역전쟁은 다른 나라들에게 변덕스러운 무역 파트너와 계속 투자하고 교역해도 될지 의구심을 갖게 하는 등, 불안감을 유발하면서 장기적으로 상황을 더 악화시킬 수 있다.

최악의 시나리오는 이러한 분쟁이 더 심각한 충돌로 번지는 것이다. 1812년 전쟁과 아편전쟁, 대공황을 생각해보라. 무역전쟁에서 유혈사태와 파산이 발생하지 않도록 노력한다 해도 그 결과는 매우 파괴적일 수 있다. 미국과 가장 가깝고 언제나 한결같은 동맹국인 캐나다를 예로 들어보자. 몇 년 전 재해로 플로리다 오렌지가 피해를 입자 다른 나라들은 브라질산 오렌지를 사는 것 외에 다른 선택의 여지가 없었다. 그러나 아주 충실한 벗인 캐나다는 재해가 끝나자마자 (플로리다 농가의 회생을 돕기 위해) 바로 미국 시장으로 돌아왔다. 트럼프가 북쪽 이웃과 철강·알루미늄 등의 재화를 두고 무역전쟁에 돌입하자 이제는 캐나다마저도 그런 행태에 신물이 났다. 캐나다는 바로 미국산 오렌지에 관세를 새로 부과했고 감귤류 파트너로 브라질을 선택했다. 그 결과 캐나다 내 오렌지 가격이 상승할 수 있음에도 말이다. 플로리다 오렌지 산업에 고용된 7만 5000명은 허리케인과 농작물 질병 발생과 더불어 인재人災까지 걱정해야 한다. 캐나다와 소원해지자 이미 수백만 달러의 미국산 오렌지와 셀 수 없이 많은 일자리가 타격을 입었고 오렌지 산업은 파산 직전에 놓였다. 진정한 '미국 우선주의'다.

오해 6 _ 수입은 적게 할수록 좋다

경제학에는 간단한 금언이 있다. '쓰는 돈보다 버는 돈이 더 많아야 한다'는 것이다. 만약 내가 태양광 전지 생산자인데 예금계좌를 불리고 싶다면, 다른 사람에게 태양광 전지를 최대한 많이 팔 수 있도록 가능한 모든 일을 다 하고 내가 다른 사람들로부터 구매하는 재화와 서비스의 양은 최소화하는 것이 당연한 이치다. 이 완벽한 개념을 무역에 적용해보고 싶은 생각이 굴뚝같지만, 경제학자들은 국가의 수출입 정책은 개인의 예산을 세우는 것보다 더 복잡하다고 말할 것이다.

많은 정치인, 특히 트럼프 대통령은 외국으로부터 적게 사들일수록 미국이 더 강성해진다는 주장을 편다. 이 주장은 여론을 쉽게 움직일 수 있고, '국산품'이라는 낭만적인 생각과 원만하게 섞인다. 어쨌든 자국이 어렵게 번 돈을 지키고 자국 노동자를 지지하고 싶지 않은 사람이 누가 있겠는가? 미국 물건을 사겠다는 생각은 아무런 잘못이 없다. 하지만 미국이 자국민에게 필요한 모든 것을 생산하고 세계에 판매하되 수입은 적게 한다는, 솔직히 말해 그럴 수 있다는 신념은 현대 세계 경제의 기본 원리를 무시하는 것이다.

서론에서 말했듯이 내일 갑자기 국가 간 교역이 모두 중단된다면 미국은 다른 어떤 나라보다 생존하기 가장 좋은 조건을 갖추었다. 생존할 수 있을까? 그렇다. 잘살 수 있을까? 아니다. 미국이 수입 없는 세상에서 생존할 수는 있을지 몰라도 엄청 즐기며 살 수는 없을 것이다. 국내에서 모든 것을 생산한다면 미국은 바나나 한 개에 10달러, 셔츠 하나에 100달러에, 계절마다 음식이 제한되는 나라가 될 것이다. 사람들은 정신을 딴 데 쏟게 만드는 아이폰이나 TV에 연결할 수 있는 노트북을 갖지 못한다(〈왕좌의 게임〉, 〈홈랜드〉, 〈부통령이 필요해〉 같은 프로그램도 못 보게 된다). 또 혼다나 폭스바겐 대신 쉐보레, 포드하고만 거래하면 된다고 생각한다면, 클래식한 미국산 모델로 생각하는 자동차 역시 작동하려면 셀 수 없이 많은 해외 부품이 필요하다는 사실을 떠올릴 필요가 있다. 타이어 하나만 봐도 고무 공급 부족으로 대기자 명단이 끝이 없을 것이다. 뿐만 아니라 미국이 혁신의 선두에 서고 싶다면 반드시 수입해야 할 자원들이 있다. 예를 들면 스크린디 바이스, 광섬유 케이블, 연료전지, 암 치료제 등에 사용되는 희귀광물 들은 미국 내 매장량이 전혀 없다.

2부에서 이러한 제품에 얽힌 뒷이야기를 살펴보겠지만, 지금은 블 루베리만 다루어보겠다. 미국에서 블루베리가 여름 별미이던 시절이 있었다. 블루베리를 먹어본 사람이 적어 수요가 많지 않기 때문이 다. 미국과 다른 계절과 기후를 가진 국가에서 블루베리를 수입하기 시작했지만(예를 들면 칠레산 블루베리는 현재 미국에서 수입하는 블루베리 양의 절반 이상을 차지한다[24]), 미국 생산자는 망하지 않았고 다른 나라 가 소비자들에게서 달러를 싹 쓸어가지도 않았다. 1년 사시사철 공 급되어 미국인들이 블루베리를 즐겨 먹게 되자 오히려 국내 생산자 들의 판매량 상승으로 이어졌다. 미국인의 블루베리 소비는 2001년 대비 2배 이상 늘었고, 블루베리 수입도 급상승했다. 블루베리에서 무역은 제로섬 게임이 아니라는 교훈을 얻을 수 있다. 수입이 언제나 국내 산업에 타격을 주는 것이 아니라 시장을 발전시키고 혁신을 촉 진해 더 높은 차원으로 성장시킬 수 있다.

21세기 경제는 갈수록 복잡해지는 상품이 특징이고, 대부분은 어 느 한 기업이나 한 국가가 단독으로 상품의 모든 부품을 공급할 수 없다. 더불어 제품의 효용성과 가격에 대한 소비자의 기대는 점점 까 다로워지는데, 미국 내에서 사람들에게 필요한 모든 것을 만들고 팔 수 있다는 생각은 이치에 맞지 않는다. 중국산 알루미늄 구매를 중단하고 싶은가? 그래도 되지만… 저렴한 원자재 의존도가 높은 미국 자동차 회사, 건설 회사, 항공기 제조사는 제조, 판매, 고용이 힘들어지고 경쟁력이 확실히 떨어질 것이다. 식료품 가게에서 외국산 제품이 미국 제품을 밀어내는 것을 더 이상 보고 싶지 않은가? 좋다, 연중 언제나 먹을 수 있는 아보카도와 작별하고 싶다면 말이다. '계절 과일'이라는 말이 없어진 지금, 여러분은 제철 식품만 먹을 수 있는 그 시절로 정말 돌아가고 싶은가?

기본적으로 사람들은 우리 친구와 이웃 국가로부터 파는 것보다 더 많이 사들이는 것을 탐탁지 않게 여긴다. 그러나 경제 내부를 들여다본다면 수입이 우리 삶의 질을 높이고 한 국가가 지닌 강점을 최대한 잘 활용할 수 있도록 한다는 점을 부인할 수 없다. 그리고 우리가 다른 나라에서 구매하고 또 그들 경제가 성장하면, 결국 그들이 우리 물건을 더 많이 살 수 있게 되고 미국 내 일자리 창출과 산업에도 도움을 줄 수 있다는 점을 잊어서는 안 된다. 헨리 포드가 직원들에게 임금을 두둑이 주고 모델 T를 저렴하게 책정한 이유가 바로 여기에 있다. 자동차를 만드는 직원들이 자기 자동차를 구매할 수 있게끔 한 것이다. 더 많이 팔고 싶다면 고객이 당신이 만든 제품을 구매할 능력을 갖추도록 돕는 게 좋다.

오해 7 _ **무역은 윈윈이다**

경제는 윈윈이 아니다. 무역도 아니다. 하지만 전 세계적으로 무역협정과 관련된 기자회견을 보면 윈윈만큼 흔한 말도 없다. 2010년으로 돌아가보면, 오바마 대통령은 '양국 간 윈윈'이라고 미국과 한국의 FTA를 적극 홍보했다.[25] 일본의 경제산업상은 2016년 러시아와 새로 맺은 협정을 공표하며 '윈윈'이라고 높이 평가했다.[26] 그리고 2018년 USMCA 체결을 공표했을 때 멕시코 대통령[27]과 캐나다 총리[28] 모두 '윈윈윈'이라는 드문 표현을 썼다. 사실 협정을 체결하면서 '윈윈'이라고 표현하지 않는 무역협정을 찾기가 더 어려울 것 같다.

한발 물러나서 큰 그림으로 보면 모든 무역협정이 체결 당사국들에게 '윈'이 되는 것은 아마 사실일 것이다. 다들 알다시피 무역장벽이 낮아지고 국제 판매가 증가할 때마다 GDP가 상승하고 소비자 물가가 하락하며 시장이 다각화된다. 개발도상국이 무역을 위해 시장을 개방하면 할수록 이 같은 '윈'은 더욱 분명해진다. 현재 개발도상국이 세계 무역의 절반을 차지하고 있지만 20년 전에는 4분의 1도 채 되지 않았다. 마찬가지로 세계 최빈 지역의 사람들이 무역의 결실을 맛볼 수 있게 되자 (하루 2달러의 생활비로 살아가는) 극빈층의 수가 절반으로 줄었다.[29] 이러한 수치를 통해, 우리는 지난 20년 동안 빈곤에서 벗어난 사람의 수가 세계 역사상 그 어느 때보다 많았으며 무역이 중요한 역할을 했음을 알 수 있다. 그렇다. 무역으로 인해 미국 내 노동자, 우리가 고심하여 다루지 못한 부분들에 타격을 입었다. 하지만 우리가 살아가는 이 세상에는 이로운 일이었다. 그리고 더 잘 다루지 못할 이유도 없다.

세계 경제 전반의 건강에만 주목한다면, '윈윈'을 주장하는 사람들의 말이 옳다는 데 의심의 여지가 없다. 무역은 사회 전반에 실제로 좋은 일을 한다. 그러나 좀 더 안으로 깊숙이 들여다보면 그 그물 안에 구멍이 여럿 있음이 분명하게 보인다. 무역은 효율을 높이고 혁신을 이끌어냄으로써 대다수에게 혜택을 준다. 미국이 자국에서 채굴하는 비용보다 더 저렴하게 구리를 해외에서 구매할 수 있다면 구리와 관련된 방위, 전자, 건설 사업이 활성화되고 각각의 산업은 구리 수입으로 절약한 돈을 성장과 일자리 증대, 가격 하락으로 돌려줄 것이다. 반대론자들은 그렇게 절약한 돈이 늘 소비자에게까지 흘러가지 않고, 때로는 기업 수익을 증대시키는 데 그친다고 비판한다.

서류상으로 보면 무역은 미국에게 분명한 '윈'이고 경제 성장, 고용, 소비자 구매력 등의 성장 지수에서 이를 확인할 수 있다. 하지만 새로운 무역협정이 개선한 '비효율성'이란 추상적인 것들이 아니다. 바로 개인, 가족, 지역사회, 여기서는 구리 광부들을 뜻한다. 삶의 수준이 전반적으로 향상되고 광산에서 줄어든 일자리보다 전기공학 분야에서 더 많은 일자리가 생겨난다고 해도 한 산업의 쇠퇴를 촉진할 가능성이 매우 높다. 교육과 지리적 여건, 그리고 다른 여러 이유로 인해 광부 대다수가 새로운 반도체 공장과 HVAC공기 조화 기술 회사에서 일할 기회를 얻지 못하기가 쉬울 것이다. 광산촌을 둘러싼 지역사회가 일자리가 사라짐에 따라 텅 빌 수도 있다. 무역에 따른 혜택은 보통 광범위한 사람들에게 작은 이익으로 쪼개져 전달되지만, 그 부작용은 흔히 급성이고 중증인 데다 애초에 고군분투하고 있던 작은 지역사회에 국한되어 나타난다.

당연히 정치인들은 이런 '윈윈' 협정을 맺은 결과 누가 손해를 보는지에 대해 허심탄회하게 이야기하지 않는다. 그러나 누군가는 항상 대가를 치른다. 승자와 패자를 만들어내는 모든 무역협정은 무역 자체에 대해 논쟁하지 않는다. 적어도 무역이 전반적으로 사람들의 삶을 더 풍요롭게 해주는 한, 그에 관한 논쟁은 바람직하지 않다. 사실 우리는 이런 종류의 결과물을 언제나 환영한다. 잘 작성된 보고서를 통해 미국에서 지난달 일자리가 35만 개 증가했고 실업률이 몇 포인트 하락했다는 것을 알게 되면 사람들은 모두 환호한다. 그러나 그냥 딱 일자리가 35만 개 증가할 수는 없다. 지난달에 500만 명이 일자리를 떠나고 535만 명이 일자리를 구했을 가능성이 훨씬 높다. 일자리를 떠나거나 잃거나 바꾼 500만 명 모두가 만족한 것은 아닌데도 미국인들은 여전히 전체적인 증가를 좋은 소식으로 생각한다.

무역도 다를 바가 없다. 좋은 의도로 협정을 체결했을지라도 언제나 낙오되는 사람이 생긴다는 사실을 인정하면 무역을 이해하기가 한결 쉬워진다. 우리가 득과 실에 대해 진실된 태도를 취한다면 마침내 가장 정직하고도 어려운 대화, 윈윈 협정의 패자들과 그들의 지역사회를 다시 일으켜 세우는 데 필요한 도움을 줄 수 있는 대화가 이루어질 것이다.

오해 8 _ **트럼프가 무역에 대해 말한 것은 모두 틀렸다**

서프라이즈! 이런 오해를 한다고 해서 여러분을 비난할 생각은 없지만, 오해가 맞는다. 트럼프는 무역적자에 집착하고 '관세맨'이라고 자칭하며, 경제 동맹국을 겨냥해 비판하고, 소모적인 무역전쟁에 착수했으며, '세계화는 헛소리'[30]라고 조롱하고, 과거의 협정들에 부당하게도 악의적 프레임을 씌웠다. 그렇다, 그런 트럼프도 무역에 대해 맞는 말을 할 때가 있다.

우선 트럼프는 '공정함'을 둘러싸고 무역에 관해 불평을 털어놓으면서 어떤 진실을 공격하기는 했다. 물론 다른 국가가 미국을 '불공정하게' 이용한 것은 아니지만(유권자들이 알건 모르건 미국은 세계 최대 강국으로서 전략적이고 명민하게 협정을 체결해왔다) 무역 지형에는 불평등이 내재되어 있다.

미국은 노동권, 인권, 임금, 환경보호에 엄격한 기준을 적용하는 자본주의 국가다. 미국이 세계 시장에서 경쟁할 때 이러한 가치 또한 함께 따라간다. 다른 체제로 운영되는 국가들은 기대 임금 수준을 낮추거나 노동자 탄압을 용인할 여지가 있는데, 이런 면들은 미국이 그들과 불공평한 경쟁의 장에서 싸우게 만든다. 또한 그들에게는 종종 '국가대표 기업'이 있다. 정부가 민영기업이나 준민영기업을 지원하기 위해 손을 써서 국제 경쟁력이 높아지는 경우다. 일본의 도시바와 토요타가 그러하고 프랑스의 에어버스가 그렇다. 나는 2013년 9월 오타와에서 수출신용금융을 논의하기 위해 열렸던 회의를 아직도 생생히 기억하는데, 다른 국가에서 온 참석자들은 미국은 그런 식으로 접근하지 않는다는 말을 듣고 크게 놀랐다. 국가대표 기업이 없는 미국은 자유기업 제도를 믿고 미국 기업이 공평한 경쟁의 장에서 성공할 수 있다고 생각한다. 다른 많은 국가는 조금 불공평해도 개의치 않는다. 미국은 다른 가치와 목표를 가진 상대와 함께 협상 테이블에 앉는다. 다른 방식으로 운영되는 국가들과 일을 할 때마다 미국은 그들이 국가대표 기업을 자주 염두에 두고 협상에 임한다는 사실을 고려해야만 한다. 이렇듯 어느 정도의 불공정함은 늘 존재하며, 세상은 이데올로기나 각국의 권리와 경제 발전 측면에서 결코 완벽하게 동맹을 맺을 수 없다.

다음으로 트럼프의 세계화에 대한 비판에도 일리는 있다. 수많은 노조원, 중서부 지역 거주자들, 정치적 좌파와 우파 진영에게 그의 말은 때때로 사실처럼 들린다. 이러한 비판은 안타깝게도 전달 과정에서 노골적인 국수주의, 암묵적인 반유대주의, 반이민과 반소수주의 정서의 수렁에 빠진다. 2016년 트럼프가 선거 유세 광고에서 '세계화'의 주역으로 금융인 조지 소로스George Soros, 전 연방준비제도이사회 의장 재닛 옐런Janet Yellen, 골드만삭스 CEO 로이드 블랭크파인Lloyd Blankfein을 콕 집어, 이 세 사람이 "자기 주머니에 돈을 챙겼다"[31]라고 비난했던 것은 우연의 일치일까? 음, 아마도 대부분의 유권자에게 친숙하지 않은 이 세 사람의 공통점은 무엇일까(세 인물 모두 유대계다—옮긴이)? 이야기가 샛길로 빠졌다.

트럼프는 2016년 펜실베이니아 선거 유세에서 다음과 같이 말했다. "세계화는 아주 부유한 금융 엘리트를 만들어낸다. 그렇지만 수백만 우리 노동자들은 아무것도 가지지 못한 채 가난과 심적 고통을 겪고 있다. 보조금을 받은 수입 철강이 덤핑으로 미국 시장에 들어와 우리 공장들을 위협해도 정치인들은 아무것도 하지 않는다. 수년 동안 그들은 우리 일자리가 사라지고 우리 지역사회에서 불황 수준의 실업 사태가 발생하는 것을 옆에서 방관해왔다."[32] 물론 실제 이야기는 그렇게 간단하지 않다. 세계화에 의해 전 세계의 소득 수준이 향상되자 세계 제2위의 수출국인 미국은 엄청난 혜택을 누리게 되었다. 소득 수준이 올라가자 사람들은 더 나은 음식, 인프라, 자동차 등을 원하게 되었는데, 미국은 이런 것들을 기꺼이 수출함으로써 자국 내에 많은 일자리를 창출했다. 그렇지만 세계화가 우리에게 혜택을 가져다준다고 할지라도 그 혜택들이 모두에게 골고루 돌아가지 않는다는 점은 부인할 수 없는 사실이다.

경제 세계화로 10억 명 이상이 빈곤에서 벗어났는데, 그중 상당수가 인도와 중국에 집중되어 있다. 이들 국가는 인구가 엄청나게 많고 극빈 상태에서 경제가 고도성장을 이루었다. 물론 이것은 좋은 일이다. 하지만 이 엄청난 성공 스토리 때문에 세계 다른 곳에 미치는 세계화의 영향이 모호해졌다. 엄청나게 많은 사람이 농촌을 떠나 제조업 분야에 합류함으로써 가난에서 벗어났지만, 다른 한편으로는 노동력 공급 증가로 의도치 않게 전 세계적으로 임금이 하락했다. 열렬한 무역 지지자들은 세계화 시대에 전 세계적으로 수입 불평등이 감소했음을 즉각 지적한다. 하지만 방정식에서 중국과 인도를 제한다면 상황은 흐릿해진다. 가진 자와 못 가진 자의 격차는 더 커졌고, 국제적으로도 그렇고(부자 나라와 가난한 나라 사이에서) 미국이나 다른 서구 국가들 내부적으로도 그렇다.

대체로 세계화는 부자 나라의 부유한 사람, 가난한 나라의 부유한 사람, 가난한 나라의 가난한 사람, 세 부류의 사람들을 돕는다. 부자 나라의 가난한 사람을 위해 세계화를 승리의 명제로 만드는 일에 우리는 취약하다. 이는 대기업, 정치적으로 강력한 이익단체, 부유층처럼 영향력 있는 집단들이 무역협정에 너무나 자주 영향을 주기 때문이기도 하다. 애초에 세계 무역 흐름에 직격탄을 맞을 사람들이 협상 테이블에 앉을 가능성은 매우 낮다.

꼭 이렇게 될 필요는 없다. 무역 반대론자들이 세계적인 바닥 치기 경쟁race to the bottom(가격 경쟁력 확보를 위해 시장이나 자유무역에서 야기된 경쟁이 비경제적 기준을 바람직하지 않은 수준으로 추락시키는 현상—옮긴이)을 비난하는 것은 마땅하다. 어떤 나라는 노동자에게 최저임금을 지급하고 법인세는 최저 수준으로 부과해 세계 경제의 이득을 축적한다. 트럼프 대통령이 무역이 미국 인구 대다수뿐만 아니라 다른 선진국의 저소득 노동자에게 영향을 끼친다고 한 말은 옳다. 트럼프가 이런 문제를 만든 것도 아니다. 그저 화려한 표현으로 드리워진 커튼을 젖힌 것뿐이다. 가능한 한 많은 사람에게 혜택이 돌아가게 하기 위해서, 국가들은 법과 정책이 어떻게 불평등을 증가시키고 무역의 긍정적 영향을 감소시키는지 면밀히 살펴봐야 한다. 각국은 세계화의 혜택을 누리지 못한 국민을 보호하기 위해 더 많은 일을 해야 한다. 뒤에서 이와 관련해 더 많은 주장들을 살펴보도록 하자.

2부

—

무역은 개인의 삶을
어떻게 바꾸는가

6가지 물건으로 알아보는 일상 속 무역

지금까지 미국 무역의 전체 역사를 빠르게 훑어보면서 시간에 따른 무역정책의 발전사(그리고 궤도 이탈)를 알아봤고 무역과 관련해 끊임없이 들려오는 오해들을 불식시켰으니, 이제 재미있는 부분으로 들어가보자. 무역이 중요하다는 것은 다 아는 사실이다. 미국 건국 이후 거의 150년 내내 무역은 주된 정치적 담화 주제였고 줄곧 재쟁점화되었다. 우리는 무역이 논쟁을 불러일으키고, 서로 다른 이데올로기적 신념을 가진 사람들 사이에 감정이 격해지게도 한다는 사실을 안다. 하지만 아직까지 각자의 삶에서 무역이 어떤 것인지에 대한 이야기는 나오지 않았다. 그런데 이것이 가장 중요하지 않을까?

　무역에 관한 국가적 담론만 보면 무역은 추상적인 것처럼 여겨진다. 산업 전체에 번영을 가져다주거나 파괴할 수 있는 불가사의하고 막강한 힘이 저 멀리 높이 어딘가에서 영향을 끼치는 것만 같다. 달처럼 말이다. 하지만 실제로 우리의 삶에서 무역이 변화시키거나 가능케 한 것은 대부분 소소한 것들로, 너무 일상적이어서 인식하기조차 힘들다. 무역은 여기저기서 절약되는 돈, 넓어진 선택의 범주, 무역이 아니고서는 접할 수 없었던 상품 등을 통해 거의 알아차릴 수 없는 방식으로 우리 삶에 영향을 미친다. 우리가 모르는 사이에 무역은 오늘날 우리의 일상 어떤 부분에, 어떤 경험과 결과에 영향을 주었을까. 이제 이런 점들을 함께 알아보려 한다.

2부에서는 지극히 평범한 여섯 가지 제품을 좀 더 자세히 살펴볼 것이다. 모두 여러분이 아주 친숙하게 여기고 자주 이용하는 것들이다. 이 제품들에 관한 이야기는 GDP나 제조업 생산량, 취업률 등 미국 노동통계국이 내놓는 자료들로는 측정할 수 없다. 이는 여러분의, 나의, 그리고 다른 모든 사람의 이야기로, 무역이 우리 일상의 크고 작은 경험들에 어떤 영향을 미치는지에 대해서 다룬다.

4장

겨울에도 샐러드를 먹을 자유

1950년대에는 남부 캘리포니아에 사는 사람이 정통 멕시코 요리를 먹고 싶다면 애너하임리조트 지구의 작은 회백색 어도비 벽돌집을 찾아갔을 것이다. 그보다 20년쯤 전에 샌안토니오의 제과업자인 엘머 둘린C. Elmer Doolin은 텍사스의 한 주유소에서 멕시코 오악사카에서 온 과자 판매원 구스타보 올긴Gustavo Olguin을 우연히 만났다. 구스타보의 튀긴 옥수수칩을 먹어본 둘린은 바로 그에게 특허를 내고 모양을 찍어낼 기계를 만들자고 제안했다.[1] 둘린은 그렇게 만들어진 신제품을 디즈니랜드(달리 어디겠는가?)에서 선보였다. 그리고 카사 데프리토스 레스토랑에서는 둘린과 그의 팀이 몇 년 동안 혁신을 거듭해 그의 시그니처 칩(프리토)에 각각 다른 특징을 더했다. 프리토 샐러드 드레싱, 프리토 미트소스, 프리토 파이, 그리고 (스페인식 명칭을 흉내

낸 도리토스라는 이름을 가지고) 최초로 널리 시판된 미국식 토르티야 칩 등이 그것이다. 그중에서도 사람들에게 가장 인기 있었던 것은 컵에 담은 타코 요리로, 둘린이 이름도 잘 지은 타컵Tacup이었다. 타컵은 정말로 간단해서, 프리토로 만든 먹을 수 있는 그릇에 블랙빈, 간 쇠고기, 슈레드치즈, 사워크림을 담아 냈다. 이렇게 디즈니랜드에서 간단히 먹던 간식이 발전해 이제는 사람들이 즐겨 먹는 타코 샐러드가 되었다.

물론 타컵, 도리토스, 엘머 둘린 등 카사 데프리토스의 그 어떤 것도 멕시코 '정통'인 것은 없다. 미국인들은 둘린의 개발을 통해 멕시코 요리에서 '영감을 얻은' 음식을 맛볼 수 있었고, 이제 타코샐러드는 미국 어딜 가도 먹을 수 있는 요리가 되었다. 미국은 이민자들 덕분에 비할 데 없이 다양한 요리를 맛볼 수 있다. 또한 둘린처럼 진취적인 사람들 덕분에(혹은 그들 탓에) '미국화'되고 대중화된 다양한 외국 요리를 맛볼 수 있다. 궁극적으로 미국은 무역 덕분에 누구라도 어느 계절이든 로드아일랜드에서 팟타이를, 디모인에서 티카 마살라를, 알래스카에서 타코샐러드를, 심지어 마트에서 초밥을 주문할 수 있게 되었다. 이런 일이 가능하리라고는(게다가 맛있으리라고는) 얼마 전까지만 해도 상상하지 못했다.

소비자의 시대, 다양성의 시대

무역은 미국에 수년 동안 놀라운 혜택을 가져다주었다. 가장 완강

그림 4-1 디즈니랜드 프런티어랜드에 있는 카사 데프리토스 레스토랑의 상표. '정통 멕시코 음식Authentic Mexican Food'을 내세우고 있지만 이곳의 어떤 것도 멕시코 정통인 것은 없다.

하게 무역을 반대하는 사람일지라도 그 결점이 무엇이든 간에 무역이 물가를 낮추고 새로운 산업의 장을 열었으며 전반적으로 국가경제를 더 발전시켰음을 인정할 수밖에 없을 것이다. 하지만 삶의 순수한 즐거움의 측면에서 무역의 성과를 꼽자면 신선한 스시롤, 한밤중에 먹는 부리토, 누텔라 토스트보다 더 만족스러운 것이 있을까. 오늘날 우리가 당연하게 여기는 많은 식재료가 무역이 아니었다면 식료품 코너나 별 다섯 개짜리 레스토랑, 좋아하는 패스트푸드에서 빠질 것이다. 팔라펠이나 페스토는 사소한 것처럼 보이지만, 바로 지난 70년 동안 미국을 만들어온 선택 중 하나였다.

소비자의 시대가 시작된 이후 다양성보다 더 간단명료하게 미국을 정리한 단어는 없다. 추방자와 반대자가 구축한 이 나라는 '자유'의 약속을 기반으로 건설되었고 세계 각국에서 온 이민자와 난민의 물결을 타고 발전했다. 미국이야말로 수백만의 선택지가 있는 땅이 아니겠는가? 현대 미국인의 자유는 언론의 자유, 투표의 자유, 집회의 자유에만 국한되지 않는다. 여기에는 12월에 망고를 먹을 자유, 많은 치즈 중 하나를 선택할 자유, 과카몰리를 추가할 수 있는 자유가 포함된다. 2차 세계대전 이후 몇 년 동안 미국은 그 운명을 충실히 이행했다. 소득이 있는 젊은 신세대 가정이 급증했고 그들은 가정용품이나 자동차, 다양한 식료품에 주목했다. 서방세계가 무역장벽을 낮추기 시작했으나 아직 첫 자유무역협정을 체결하기 전인 1975년에 미국의 마트는 평균적으로 9000개 미만의 상품을 취급했다. 그 수는 급격히 늘어나 2008년에는 거의 4만 7000개에 이르렀다.[2]

많은 사회학자는 소비자 선택지의 폭발적 증가가 미국인의 정체성에 어떤 영향을 주었는지를 연구했다. 미시시피대학의 역사학자이자 작가인 테드 온비Ted Ownby는 이를 '아메리칸 드림'의 네 가지 관점에서 설명한다. 첫 번째는 '풍요의 꿈'으로, 미국을 식료품 저장실과 선반에 물건이 가득한 '물질 천국', 풍요의 땅으로 보는 시각이다. 두 번째는 '상품 민주주의의 꿈'으로, 다양한 배경의 사람들이 각자 구매하고 소유한 물건들을 통해(모두가 청바지를 입는 식으로) 자신의 신분을 초월할 수 있게 되고 이로써 서로의 다름을 해소할 수 있다는 생각이다. 세 번째는 '자유로운 선택의 꿈'으로, 4만 7000종류의 상품을 구비한 마트에서 상품을 선택함으로써 얻는 해방을 뜻한다. 온비 교수는 다음과 같이 말했다. "상점에서 직접 쇼핑하는 것을 좋아하든 아니면 카탈로그를 보고 쇼핑하는 것을 좋아하든 간에, 사람들은 쇼핑을 통해 어떻게 새로운 사람이 될 수 있는지 상상하게 된다. 물건을 고르는 과정에서 자기 자신을 새롭게 발견하는 기쁨을 누리는 것이다." 마지막으로 '새로움의 꿈'에는 이국적 과일이나 외국 패션을 통해 혹은 아이폰 8을 아이폰 X으로 업그레이드하는 식으로 새로운 것을 경험하고 싶어 하는 욕구가 담겨 있다. 온비는 이 네 가지 꿈이 진보를 이룬 미국의 미래를 보여준다며, 다양성이 풍요로움과 포괄성, 선택 가능성, 그리고 단일한 아메리칸 드림으로 나아가는 추진력이 가득한 미래를 만든다고 말했다.[3]

슈퍼마켓이 쏘아 올린 소련 해체의 신호탄

미국인의 삶에 다양성이 얼마나 중요한지 1989년 가을에 발생한 사건보다 더 적절하게 입증해주는 사건은 없을 것이다. 소련의 포퓰리스트 정치인으로 나중에 러시아 최초의 민주선거를 통해 대통령에 당선된 보리스 옐친이 널리 홍보된 친선순방을 위해 미국을 방문했을 때였다. 9일간의 일정 중에 그는 인디애나의 돼지 농장을 방문했고 대학 세 곳에서 강연했으며 〈굿모닝 아메리카〉에 출연했고 헬리콥터로 자유의 여신상을 두 번 돌았다(옐친은 보좌관에게 빈정거리는 말투로 '2배 자유로워졌군'이라고 했다).[4] 존슨우주센터를 돌아보고 텍사스를 떠나려던 차에 옐친은 즉흥적으로 휴스턴 공항 근처에 있는 랜들스Randalls라는 슈퍼마켓에 들렀다. 옐친의 전기를 쓴 레온 아론Leon Aron은 그다음에 무슨 일이 일어났는지 다음과 같이 묘사했다.

소련에서 온 손님들은 슈퍼마켓 밖에서 으레 볼 법한 인파와 대기 줄을 찾아보았지만 보지 못했다. 안에 들어서자 '빛의 향연'에 눈이 부셨고 '만화경 같고' '매혹적인' 다양한 색채에 마음을 빼앗겼다. 옐친은 직원에게 얼마나 다양한 상품을 취급하는지 물었다. 그러자 직원은 3만 개 정도라고 대답했다. 그들은 치즈와 햄을 살펴보고 소시지 종류가 몇 개인지 세어보려 했지만 '세는 도중에 잊어버렸다'. 사탕과 케이크는 '눈에 다 담기 어려울 정도로' 많았다. (…) '뉴욕'도 아닌 '시골'의 한 상점에서 상상도 못했던 장관이 펼쳐지는 것을 보고 옐친은 '충격'을 받았다. (…) 마이애미로 향하는 비행기에서 장시간 동안 그는 두 손으로 머리를 감싼 채 꿈쩍도 하지 않고 앉아 있었다. 긴 침묵이 흐른 뒤 그는 말했다. "그들은 우리 불쌍한 사람들에게 무슨 짓을 한 거지?"[5]

옐친의 고문인 레프 수하노프Lev Sukhanov는 계획에 없던 랜들스 방문을 '옐친이 고수해온 볼셰비키주의의 마지막 보루가 무너진' 순간으로 여겼다.[6] 15개월 후, 철의 장막 뒤에서 수년간 경제가 부패해온 소련이 공식적으로 해체되었다. 소련 멸망의 주된 원인은 옐친이 강경하고 단호하게 혁명을 이끌면서 공산당 정권에 압박을 가한 것이다. 수년 후 한 동료가 이제는 대통령이 된 옐친에게 그를 키운 소련 체제에 맞서게 된 가장 큰 요인이 뭔지 묻자, 옐친은 단도직입적으로 이렇게 답했다. "미국과 미국의 슈퍼마켓."[7]

미국 쿠키의 다양성이 실제로 소련을 무너뜨렸을까? 음, 꼭 그런

그림 4-2 랜들스 슈퍼마켓에 들른 옐친의 모습. 소련 해체 후 한 동료가 소련 체제에 맞서게 된 가장 큰 요인을 묻자, 옐친은 "미국과 미국의 슈퍼마켓"이라고 답했다.

건 아니고, 당연히 전체 이야기는 훨씬 더 복잡하다. 그러나 옐친의 일화는 다양성이 얼마나 강력한 힘인지, 또 우리 문화의 중심을 얼마나 차지하고 있는지, 그리고 폐쇄경제를 전부로 알고 있다가 개방경제의 (문자 그대로) 열매를 보는 것이 어떤 느낌인지 보여준다. 우리가 제대로 인식하고 있는 방식이든 그렇지 못한 방식이든 간에 다양성은 매일 우리 삶에 영향을 준다. 외제 차를 운전할 때(뒤에서 살펴보겠지만 실제로는 '미국 차'일지라도), 외국 음식을 먹을 때, 혹은 다양한 선택지를 놓고 새 노트북이나 휴대전화를 고를 때 우리는 세계화의 혜택을 조용히 누리고 있다.

무역 없는 세계에서의 샐러드

다시 한번 타코샐러드를 생각해보자. 모든 사람이 타코샐러드가 정통 히스패닉 스타일이 아니라는 것은 몰라도 맛있다는 것은 다 안다. 트럼프도 2016년 대통령 선거 유세 기간 동안 이런 인상적인 트윗을 남겼다. "즐거운 #신코 데마요! 타코샐러드는 트럼프타워 그릴에서 만든 게 최고죠. 히스패닉 사랑해요!"[8](신코 데마요Cinco de Mayo는 멕시코 최대 기념일 중 하나다―옮긴이) 촙수이, 콘비프와 양배추, 포춘쿠키, 하겐다즈 아이스크림처럼 타코샐러드는 외국 요리를 가장하는 미국 음식의 오랜 전통을 따랐다(심지어 미국인은 이탈리안 레스토랑에서 올리브오일에 빵을 찍어 먹었고, 나중에 이탈리아가 이것을 따라 했다). 타코샐러드의 재료를 보면 다양성이, 특히 소스의 다양성이 우리 삶의 즐거움을 배가하는 숨은 방법들을 더 잘 이해할 수 있다. 더불어 가격을 낮추고, 새로운 선택지를 소개하고, 미국 내 생산을 보완하고, 미국 농업 분야에서 계절에 따른 공백을 메움으로써 무역이 다양성을 가능케 했다는 것도 알 수 있다.

채식주의자, 유당불내증 환자나 칼로리에 신경을 쓰는 사람에게는 미안하지만, 일반적으로 타코샐러드에는 조개 모양의 토르티야 안에 블랙빈, 간 쇠고기, 로메인 상추, 토마토, 양파, 아보카도, 슈레드치즈, 사워크림이 들어간다(편의상 다른 재료나 향신료는 생략하겠다). 엘머 둘린이 잘 알고 있었듯, 아홉 가지 재료 중 어느 것 하나도 수입할 필요 없이 미국 내에서 생산이 가능하다. 일단 멕시코 요리에서 아이디어를 얻은 다음에는(그리고 우선 정말로 멕시코 요리는 아닌 요리를 만든 다음에는), 아이오와 옥수수, 노스다코타 콩, 몬태나 쇠고기, 애리조나 로메인, 캘리포니아 토마토와 아보카도, 위스콘신 치즈와 크림으로 구색을 갖출 수 있다. 그런데 겨울에도 그렇게 할 수 있을까? 미국 전역에서 타코에 빠진 수억 명의 수요를 충분히 충족시킬 수 있을까? 다시 말해 소비자가 미국인으로 태어나면서부터 누려온 권리인 다양성을 보장해줄 수 있을까?

어림없다. 미국에서 두 번째로 많이 소비되는 채소인 토마토(감자 다음이다. 토마토가 과일이 아닌 채소로 분류된 것은 대법원 판결 때문이지만, 이는 다른 책에서 다룰 법한 주제다)부터 시작해보자.[9] 미국에서도 토마토를 많이 생산하지만 소비량의 60퍼센트를 수입하고 그 대부분이 NAFTA 회원국인 멕시코와 캐나다에서 온다.[10] 게다가 미국인은 수입 토마토를 갈수록 더 좋아한다. 2000년에 약 70만 톤의 토마토를 들여왔는데, 2016년에는 2배가 훨씬 넘는 160만 톤 이상을 수입했다.[11] 상대적으로 값이 싼 토마토의 유입은 생산량에서 캘리포니아에 버금가는, 그렇지만 겨울에는 토마토를 재배할 수 없는 플로리다주의 감소분을 상쇄하고도 남았기 때문에 타코, 피자, 파스타 소스, 케첩, 기타 등등 미국인의 끝없는 토마토 수요를 만족시킬 수 있었다. 무역을 하지 않았다면 미국은 그만한 수요를 감당할 만큼 토마토를 충분히 조달하지 못했을 것이다.

이제 무역 덕분에 언제든 먹을 수 있어 주식이 되어버린 로메인 상추 이야기를 해보자. 미국 내 생산량은 360만 톤 이상으로[12] 수출이 수입의 2배 가까이 된다.[13] 그런데 로메인 재배의 약 99퍼센트가 2개 주에 집중되어 있기 때문에[14] 가뭄이나 질병이 발생했을 때 국내 공급에 차질이 생길 수 있다. 실제로 얼마나 위협 요소로 작용하는지 알아보려고 굳이 옛날 일을 들출 필요가 없다. 바로 얼마 전인 2018년에 애리조나주에 있는 인구 9만 5000명의 조용한 도시 유마 인근에서 재배한 로메인으로 인해 대장균 사태가 확산됐었다. 일반적으로는 큰 문제가 되지 않았겠지만, 11월에서 3월까지 미국에서 소비되는 로메인의 10분의 9가 유마 지역에서 생산된다[15]. 2018년에 타코샐러드나 다른 종류의 샐러드를 먹을 수 있었던 것은 바로 멕시코산 녹색 채소가 제때 도착했기 때문이다. 여기서 얻을 수 있는 교훈은 무엇일까? 국내 생산량이 충분한 상품이라 할지라도 무역은 예기치 않은 공급 부족 사태에 대비할 수 있게 해준다는 것이다.

다른 재료에서도 유사한 사례가 있다. 미국은 국내에서 생산된 양보다 더 많은 양의 쇠고기를 소비한다(예상했겠지만 미국은 사육과 소비 모두 세계 1위다).[16] 따라서 미국은 타코샐러드에 쇠고기를 충분히 집어넣기 위해서 오스트레일리아, 뉴질랜드, 캐나다에서 쇠고기를 수입한다.[17] 또 미국은 매년 대략 1만 4000톤의 블랙빈[18]과 45만 톤의 양파[19]를 수입한다. 양파의 경우 대부분 FTA 상대국인 페루와 칠레, 멕시코에서 온다. 옥수수의 경우 재밌는 사실을 발견할 수 있다. 미국은 옥수수 생산량이 단연코 세계 1위로, 전용 재배지가 9000만 에이커가 넘는다. 매년 무려 3억 6000만 톤 이상을 재배하는데 그중 대부분이 유전자 조작 옥수수다.[20] 미국에서 재배한 옥수수는 거의 대부분이 동물 사료(미국이나 해외에서), 기름, 연료, 옥수수 시럽 같은 감미료로 쓰인다. 미국 소비자들은 유전자 조작 식품에 비판적이어서 국내 수요를 충족시키기 위해서는 루마니아, 터키, 네덜란드 등지에서 옥수수를 수입해야 한다. 조개 모양의 토르티아에 사용되는 옥수수 역시 수입산이다.

사워크림과 치즈의 경우 수입량이 확실히 적다(적어도 타코샐러드에 들어가는 치즈라면 그렇다). 한편으로는 미국 내 우유 생산량이 소비량보다 훨씬 더 많기 때문이고, 다른 한편으로는 낙농업이 다른 산업과 비교할 수 없을 정도로 높은 수준의 정부 보호를 받기 때문이다.

그렇다. 2차 세계대전 이후 관세가 대체로 환영받지 못하게 된 와중에도 미국은 외국 소와의 경쟁을 물리치기 위해 창조적인 행동을 전혀 하지 않았다. 미국이 주로 사용한 방법 중 하나는 'TRQ관세율 할당'이다(어려운 용어들을 계속 나열해서 미안한 마음이다). 특정 상품에 대해 할당량을 정해 매우 낮은 관세를 부과하지만(그래서 노골적인 보호주의로 보이지 않는다) 할당량을 초과하는 물량에 대해서는 관세를 매우 높게 책정하는 방식이다. 예를 들어 수입산 버터는 세금이 전혀 없다가 할당량을 초과하면 파운드당 80센트의 세금을 부과하는데 이는 시장 가격의 3분의 1을 웃돈다.[21] 이처럼 경쟁이 치열한 미국 낙농 시장에서는 TRQ를 초과하면 근본적으로 수입품의 유입을 차단한다. 할당량도 유제품 생산량의 2퍼센트 정도로 상당히 낮은 수준을 유지해, 수요가 많은 외국 치즈를 제외하고는 대부분의 유제품이 미국 항구와 상점에 들어오지 못하도록 막는다.[22] 여러분이 맛있는 프랑스 치즈나 이탈리아 치즈, 스페인 치즈를 좋아한다면 다행이다. 하지만 동네 가게에서 외국 우유를 본 적이 없다면 바로 이런 이유 때문이다.

아보카도, 무역이 낳은 스타

이제 아보카도가 남아 있다. 아보카도는 미국에서 무척 대중화되어서 충분히 공급되지 못한다는 건 상상하기 힘들다. 그렇게 대중적이긴 해도 내 어머니가 즐겨 드시지는 않았다. 얼마 전까지만 해도 아보카도는 계절적, 지역적 별미였다. 1990년대 말까지만 해도 캘리포니아를 벗어나면, 그것도 여름이 아니면 아보카도를 보기 힘들었다. 그렇게 무명에 가까운 세월을 보내던 아보카도는 갑자기 인기를 끌게 되었다. 2000년에 미국인은 10억 개 이상의 아보카도를 소비했다. 2005년에는 그 수가 거의 2배로 늘었고, 2015년에 또 2배가 되어 42억 5000만 개의 아보카도를 먹었다.[23] 아보카도가 로스앤젤레스의 별미에서 미국 전역의 일상적인 음식으로 자리를 잡기까지 급속하고도 지속적인 상승세는 무엇으로 설명할 수 있을까? 당연히 무역이다.

캘리포니아는 샌타바버라의 한 판사가 멕시코산 아보카도 나무 세 그루를 구한 1871년 이후부터 아보카도를 제한적으로 재배해왔다.[24] 반세기 후 고등학교를 중퇴한 위스콘신 출신의 한 남자가 잡지에 실린 아보카도 나무 삽화를 보고 마음을 빼앗겼다. 청년은 가진 돈을 모두 털어(동생에게 빌린 돈까지 들어) 로스앤젤레스 옆 동네인 라하브라하이츠의 땅을 조금 샀다. 따로 교육받은 적 없이 완전 초짜였던 청년은 기존의 여러 아보카도 종자를 접목하여 맛이 향상되고 더 단단한 품종을 개발했다. 2002년에 76년의 생을 마감한 한 그루의 나무로 거슬러 올라가는 그 품종[25]이 지금이 북미에서 소비되는 아보카도 양의 95퍼센트를 차지한다.[26] 이 모든 것의 시작은 위스콘신 출신 청년 루돌프 하스Rudolph Hass의 행운과 기발함이었다.

하스 아보카도는 자신의 뿌리인 멕시코로 돌아갔다. 그런데 리오그란데강 남부 천혜의 성장 환경 덕분에 미국인보다 멕시코인이 훨씬 많이 더 오랫동안 이 맛있는 개량종을 즐기게 된다. 1970년부터 1999년까지 미국은 세계 2위의 아보카도 생산국으로 해마다 15만 톤 이상을 재배했지만 연평균 53만 톤을 생산하는 멕시코 앞에서는 명함도 못 내밀 수준이었다.[27] 최근 몇 년 동안 미국인이 아보카도 사랑에 눈을 떴음에도 생산량은 해마다 감소하고 있다. 2017년에는 생산량이 13만 2000톤에 그쳐 오랫동안 지켜온 세계 2위 자리를 내주고 10위로 떨어졌다.[28] 공급량이 입맛을 따라가지 못했지만 수입품이 이를 대신했다.

미국인의 아보카도 사랑에 어떻게 불이 붙었는지에 대한 진짜 이야기는 NAFTA로 거슬러 올라간다. 무역협정을 맺기 전 몇 년 동안 미국은 멕시코산 과일 수입을 엄격히 제한했다. 새롭게 파트너십을 맺은 후에는 무역장벽을 완화했는데, 1990년 후반에 시작해 2007년에 모든 관세와 할당량을 완전히 철폐했다.[29] 무역 규제 완화는 미국

내 아보카도 대중화와 거의 보조를 같이했다. 무역장벽이 낮아질수록 먹어본 사람의 수와 수요가 증가했다. 2000년에 미국에서 소비된 아보카도 10억 개 중 멕시코산, 도미니카공화국산, 콜롬비아산, 페루산은 40퍼센트에 불과했지만, 2015년에 소비된 40억여 개의 85퍼센트가 수입산이었다.[30]

멕시코산 과일―대규모 협정의 아주 소소한 부분―에 대한 정책적 변화가 가져온 효과는 아무리 말해도 지나치지 않는다. 버거킹에 가건, 맨해튼의 고급 레스토랑에 가건, 힙한 아이스크림 가게에 가건, 스크럽 화장품 가게에 가건, 이제 미국 어디를 가도 아보카도를 만날 수 있다. 업계에서는 미국 슈퍼볼 선데이 단 하루 동안 과카몰리를 만들기 위해 6만 4000톤에 가까운 아보카도가 소비되는 것으로 추정한다.[31] 아보카도 토스트만큼 밀레니얼 세대와 밀접한 음식은 없다. 오스트레일리아의 백만장자 팀 거너Tim Gurner가 〈60분〉과의 인터뷰에서 밀레니얼 세대의 주택 보유율이 낮은 까닭은 요즘 인기 있는 호사스러운 브런치를 좋아하기 때문이라고 주장한 덕분이다(이 영상은 조롱을 받으며 온라인상에서 넓게 퍼졌다).[32] 현재 미국인 한 명이 해마다 평균 3킬로그램 이상[33]의 아보카도 혹은 하스 아보카도 20개 정도를 먹는다. 20년 전과 비교하면 거의 3배 이상 증가한 수치다.[34] 그리고 오늘날 미국인들은 체리나 라즈베리, 아스파라거스, 배보다 아보카도를 더 자주 먹는다.[35] 이 버터 같은 녹색 알을 어찌나 흔히 볼 수 있는지 아보카도에 대한 피로도가 올라갔을 지경이다. 온라인 미식가들은 이에 대한 반발로 힙한 과일로서의 아보카도 유행이 이미 끝났

다며 '오버카도over-cado'라고 할 정도다.[36]

본질적으로 미국 문화 속에서 아보카도의 급부상은 전에도 수백 번 반복된 이야기가 현대화되고 가속화된 형태로 재현된 것이다. 초콜릿, 커피와 차가 사치품으로 수입되던 때가 있었다. 이국적인 이름의 파인애플, 커민, 펜넬, 스리라차는 미국 역사 속 어느 순간에는 진귀한 것들이었다. 이 이야기는 무역협정보다는 무역 자체에 관한 것으로 볼 필요가 있다. 미국은 공식적으로 자유무역협정을 맺지 않은 베트남 같은 국가에서 음식과 제품을 많이 들여온다(그리고 정기적으로 수입한다). 많은 미국 제조업이 세계화로 타격을 입었던 것과 달리, 이렇게 수입했다고 해서 미국 농업이 위축된 것은 아니라는 점도 주목할 만하다. 오히려 미국 농부들은 95퍼센트의 해외 소비자에게 접근할 기회를 얻음으로써 엄청난 혜택을 누리고 있다.

우리는 매일 국경을 넘는다

무역은 미국 문화를 정의하는 다양성을 창출함에 있어 이름 없는 영웅이 되었다. 우리가 먹는 음식에서만이 아니라 사용하는 제품, 운전하는 자동차, 즐기는 엔터테인먼트, 하는 일에서도 마찬가지다. 여러분이 사는 지역의 식료품점에 들어가 옐친이 했던 방식으로 가게를 둘러보라. 브라질너트 옆에 중국 호두, 그 옆에 인도 캐슈너트가 있다. 페루 당근이 멕시코 브로콜리와 나란히 있다. 뉴질랜드 양고기와 캐나다 연어가 있다. 세계 각국에서 온 향신료가 있다. 이러한 선택지는 개방되고 세계화된 경제에서만 존재할 수 있다. 무역이 외국과의 경쟁을 불러일으켜 국내 산업을 약화하는 어떤 해악을 끼친다 해도, 다양한 제품과 식품이 놓인 진열대 역시 그 방정식의 일부임에 틀림없다. 이것이야말로 풍요의 꿈, 상품 민주주의 꿈, 자유로운 선택의 꿈, 새로움의 꿈이 하나로 합쳐진 것이다. 다만 유감스럽게도 이 꿈들이 모든 미국인에게 접근 가능한 것은 아니다. 그러나 좋든 싫든 이 꿈들은 오늘을 살아가는 미국인의 삶을 그 무엇보다 잘 정의해주고 있다.

이러한 발상을 너무나 잘 이해했던 사람이 있는데, 바로 윈스턴 처칠이다. 젊은 윈스턴 경은 1차 세계대전 발발 직전에 해군장관이 되자 영국 군함이 독일 함대의 화력에 대항할 수 있는 능력을 키우는 데 온 신경을 다 쏟았다. 어뢰가 출현한 이후로 공격용과 방어용 장비가 더해져 함정이 무거워지면서 운행 속도가 중요해졌다. 처칠은 연료로 계속 자국에서 대량으로 생산하던 석탄을 사용할지 아니면 석유를 사용할지를 놓고 고민했다. 석유를 사용하면 더 오랫동안 운행이 가능하고 증기를 더 빨리 발생시키며 연기를 덜 배출하게 된다. 따라서 함정들이 동시에 빠르게 가속할 수 있고 적에게 멀리서부터 쉽게 포착되는 것을 피할 수 있다. 유일한 문제는 영국에서는 석유가 전혀 나지 않는다는 사실이었다. 처칠이 영국 군함의 연료를 국내 석탄에서 수입 석유로 바꾸기로 결정했을 때 당시 군 지도부를 포함해 많은 사람이 그를 비난했다. 대다수 영국인은 객관적으로 더 나은 선택을 위해 국가 자립도를 포기하는 것을 생각조차 할 수 없었다. 그럼에도 처칠은 의회를 설득했고 얼마 지나지 않아 영국에서 새로 건조된 선박은 모두 수입 석유를 연료로 사용하게 됐다. 이 결정 덕분에 1차 세계대전 기간 동안 연합국은 독일을 확실히 제압할 수 있었다.[37]

처칠, 옐친, 타코샐러드의 교훈은 모두 같다. 성공의 선두에 서고 싶다면, 다양성·힘·행복한 삶의 선두에 서고 싶다면, 국경 너머를 바라봐야 한다. 수입을 해야 한다. 다양한 문화권에서 최상의 요소를 통합함으로써 얻는 강점과 유연성이 있다. 이는 아무리 자급자족하거나 완강한 국가라도 자국 내에서 결코 이룰 수 없는 것이다. 아이오와 옥수수, 몬태나 쇠고기, 캘리포니아 토마토, 그런 것들로 만든 미국식 타코샐러드라는 개념에는 무언가 애국적인 요소가 담겨 있을지 모른다. 하지만 석탄을 포기하고 석유를 선택한 영국 군함처럼, 지금의 결과물이 더 낫다. 루마니아 옥수수, 멕시코 토마토, 페루 양파, 기타 등등을 사용하면서 더 구하기 쉽고 가격이 더 적당하며 더 믿을 만한 타코샐러드가 되었다. 가장 좋은, 그리고 공급이 유연한 재료들을 세계 각지에서 가져와 한데 섞었기에, 모두가 선택의 자유와 다양성을 누리게 되었다. 이보다 더 미국적인 게 과연 무엇이 있겠는가?

5장

어떤 차가 미국 차일까

지금까지 토마토, 양파, 아보카도, 로메인 상추에 대해 이야기해봤고, 이제 레몬 차례다. 그런데 노란색 과일을 말하는 게 아니다(노란색 과일은 다음 장에서 다룰 것이다). 감귤류 레몬이 아니라 시트로엥(그리고 포드, 쉐보레, 크라이슬러)을 말하는 것이다(네덜란드어로 citroen이 레몬이다—옮긴이). 1960년대 이전에 태어난 사람이라면 아마도 레몬 차종을 기억할 테지만, 그 이후에 출생한 사람이라면 도대체 무슨 이야기인가 싶을 것이다. 잘 모르는 사람들을 위해 잠깐 설명하자면, 레몬은 대리점에서 막 나온 신차지만 제조상 결함이 너무 많아 불량품이나 다름없는 차를 말한다. 오늘날에는 상상할 수 없지만, 놀랍게도 1970년대 중반까지는 이런 일이 비일비재했다.

미국에서 결함이 있는 차를 왜 레몬이라고 부르기 시작했는지 확실히 아는 사람은 없지만, 아마도 20세기 초 영국 속어에서 유래된 것으로 보인다(그리고 이런 경험을 하게 되면 확실히 입안이 시금털털할 것이다). 나는 나이를 먹을 만큼 먹어서 레몬이 어쩔 수 없는 현실이었던, 자동차 대리점에 갈 때 그런 차가 걸리지 않기만을 바랐던 그 시절을 기억한다. 불행하게도 그런 경험을 한 사람이라면 당시 기억이 생생할 것이다. 시동을 걸면 엔진에서 연기가 나고, 집으로 가는 길에 차가 고장이 나고, 며칠 만에 부품이 작동을 안 하던 그런 기억들 말이다. 1965년에 나는 뷰익 스카이라크 컨버터블을 샀는데, 시동을 끄면 몇 분 동안 털털거리다가 삐걱거리는 소리가 난 다음에야 끼익 하고 간신히 멈췄다. 차 색이 '샴페인 미스트champagne mist'였는데, 친구들은 내 차가 '확실히 실수certainly miss-(t)'라며 대놓고 낄낄거리곤 했다. 아버지가 타던 1957년식 머큐리 스테이션왜건 역시 별 차이가 없었다. 오랫동안 그런 상황이 계속되었지만 사람들이 할 수 있는 일이라곤 거의 없었다. 그저 비용을 다 부담하면서 불운을 탓할 뿐이었다.

1975년 소구권이 생겼다. 제럴드 포드 대통령이 매그너슨-모스 보증법Magnuson-Moss Warranty Act('레몬법'이라 불린 첫 법률이다)에 서명하면서, 소비자는 구매 차량이 판매자의 품질보증에 부합하지 못할 경우 법적 제재를 강구할 수 있게 되었다. 1982년 코네티컷에서 기준을 훨씬 강화해 가장 먼저 그 법을 통과시켰고, 이제 50개 주 모두 불운한 구매자를 보호하는 조치를 취하고 있다. 그러나 레몬법은 불만에 찬 자동차 구매자가 환불받을 수 있는 길을 열어줬을 뿐이지, 자동차의 품질 개선에는 전혀 손대지 않았다. 정확히 말해서 레몬은 평판이 좋은 자동차 회사의 제조상 결함에서 초래된 것이지, 작정하고 소비자를 기만해서 생긴 문제는 아니었다. 그런데 왜 레몬은 이제 과거의 유산이 되었을까? 그 질문에 대한 답이 아름다운 두 글자, '무역'이라고 답한다면 어떤가? 놀라운가?

혼다는 어떻게 미국 시장을 영원히 바꾸어놓았나

미국에 처음으로 자동차를 수출한 회사는 폭스바겐으로 알려졌다. 폭스바겐은 2차 세계대전이 종식되고 4년이 지난 1949년에 처음으로 미국에 비틀을 가지고 와서 그해에 총 2대(2대가 맞는다)를 팔았다.[1] 1950년대 초 영국의 재규어, 오스틴힐리, MG 등이 합류했고, 1950년대 말에 토요타와 닛산이 조용히 바다를 건너와 미국 시장에 진출했다.[2] 1955년이 되자 비틀의 운이 트이기 시작했다. 미국 폭스바겐 그룹이 설립되면서(북미 본사가 처음에는 뉴저지에 있었다) 판매량이 1949년 2대에서 1957년 5만 대로 껑충 뛰어올랐다.[3] 내 아버지가 그 지긋지긋한 머큐리 스테이션왜건을 넘기고 1961년식 빨간색 폭스바겐 버스(영화 〈미스 리틀 선샤인〉에 나온 패밀리밴)를 샀을 때, 길에서 볼 수 있는 차들 중에 그 차가 거의 유일한 외제 차였다. 그 차는 가격이 저렴했고 기름값을 아낄 수 있었으며 머큐리보다 짐을 더 많이 실을 수 있었다. 또 머큐리는 연료계가 없어서 대시보드에 카드를 붙여놓고 주행거리를 적어서 언제 기름을 넣어야 할지 어림잡아 계산해야 했다(다행히 미국 자동차 회사도 나중에 미니밴을 받아들여 혁신을 더해 미국식 밴을 탄생시켰다). 하지만 당시 대다수 미국인은 여전히 미국 차를 선호했다. 1960년에 빅3(GM, 포드, 크라이슬러)가 미국 시장의 90퍼센트를 차지했다. 심지어 아메리칸모터스 같은 다른 미국 기업들을 제외하고서도 말이다. 1970년이 되자 점유율은 82퍼센트로 다소 하락했고, 요즘은 40퍼센트대까지 떨어졌다.[4]

실제로 레몬이 사라진 것은 법 때문이 아니라, 1970년대 외국과의 경쟁이 치열해지고 선진화된 제조기술이 미국 내 뿌리를 내렸기 때문이다. 해외 경쟁으로부터 격리된 세월 동안 미국 자동차 기업은 게을러졌다. 일본과 독일이 미국에 진출하기 전까지는 비용을 통제하거나 품질을 향상시켜야 할 동기가 없었다. 이제는 고인이 된 내 친구이자 포드와 크라이슬러 사장을 지낸 폴 버그모저Paul Bergmoser는 미국 자동차 기업 경영진이 시장 지배에 대한 자신감이 너무 지나친 나머지, 일본 자동차 기업 경영진을 데리고 조립공장을 둘러보는 데 전혀 거리낌이 없었다고 말한 적이 있다. 해외 경쟁 기업이 자신의 파이를 먹어치울 수 있다는 걱정은 조금도 하지 않았던 것이다! 물론 이러한 태도는 근시안적인 것이었고 수년 동안 미국 소비자들은 자유 경쟁이 촉발하는 혁신의 혜택을 전혀 누리지 못한 채 그 피해를 고스란히 떠안아야만 했다.

일본 자동차 기업이 진출해 어떻게 미국 시장을 변화시켰고, 디트로이트를 어떻게 활성화했는지에 대해서는 1장에서 이미 논의했다. 1970년대 중반 혼다, 토요타, 닛산, 마쓰다, 스바루는 미국 자동차 바이어들의 마음속에 품질의 상징으로 자리 잡았다. 하지만 정말 혁명적인 점은 수입차 모델 그 자체가 아니라, 정밀기계를 사용하고 로봇공학의 도움을 받으며 엄격한 품질 관리를 통해 자동차를 생산하는 방식이었다. 또 그들은 직원들에게 권한을 주었다. 직원들에게 '가이젠kaizen'과 같은 개념을 불어넣었는데, 이는 '개선'이라는 의미로 직원들이 제조공정 개선안을 제안할 수 있도록 격려하는 원칙을 말한다. 안돈 코드Andon cords(시내버스에서 정차를 요청할 때 당기는 줄과 유사한 방식의 줄)를 이용해, 직원 모두에게 문제가 발견되면 조립라인을 중단시킬 수 있는 권한을 주기도 했다. 더불어 미국 내 일본 자동차 회사들은 혼합 생산라인을 가동해 한 조립라인에서 다른 종류의 모델들을 생산할 수 있게 했다. 이렇게 하지 못해서 여전히 포드와 GM의 많은 조립라인이 가동을 멈추고 있다. 사실상 설비 사용이 중단되고 안 쓰는 생산력이 생기는 주된 원인이 바로 이것이다.

　미국은 수입품이 미국 시장에 진출해 국내 제품과 경쟁하는 것을 정책적으로 허가했고, 미국인들은 일본과 독일 같은 나라의 자동차가 훨씬 더 매력적이라는 사실을 알게 되었다. 이제 미국이 버틸 수 있는 유일한 방법은 모방이었다. 1990년대까지 계속 따라잡기 급급하긴 했어도, 디트로이트의 생산 능력은 급속도로 향상되어 더 정교해지고 자동화 수준도 높아졌다. 이 과정에서 미국의 수많은 자동차 공장 근로자들이 일자리를 잃었지만, 결과적으로 품질이 더 좋고 더 믿을 만한 국산 차가 생산되었고 마침내 레몬은 기억 저편으로 사라졌다. 이러한 변신은 새로운 제조 방식 때문에 밀려난 많은 근로자와 그들의 가족에게는 가슴 아픈 일이었다. 그렇지만 이 변화의 물결이 미국 자동차 기업을 혁신하고 더 경쟁력을 갖추도록 이끌었다. 그랬기에 해외 경쟁 기업에 완전히 추월당했을 수도 있었을 미국 자동차 산업과 관련 일자리들을 지켰음은 틀림없다.

지금의 자동차가 얼마나 경이로운지 우리는 쉽게 잊고 살아간다. 일본, 독일, 한국, 영국, 미국 같은 나라의 자동차 기업은 지난 시간 동안 고객 확보를 위해 서로 겨뤘고, 그런 경쟁이 각자를 발전시켰음을 알게 되었다. 전에는 상상할 수 없을 정도로 안전성과 성능이 개선되었으며, 이제 기본적으로 10만 마일(16만 킬로미터) 이상 달린다. 승용차는 아마 대다수 미국인에게 수입품이나 수출품 하면 가장 먼저 떠오르는 제품일 것이다. 또한 세계 무역이 어떻게 제품의 품질을 향상시키는지 완벽한 예를 보여준다. 더 좋고 더 안전하고 내구성이 더 뛰어난 차를 만들기까지 우여곡절이 많았고, 그 과정에서 '미국차'라는 개념은 사라졌다.

가장 미국 차에 가까운 차 1위는?

포드 머스탱. 쉐보레 콜벳. 캐딜락 엘도라도. 이런 고전적이고 순전히 미국제인 차보다 더 강력하게 20세기 미국인의 삶을 상징하는 것을 찾기는 힘들 것이다. 자동차는 미국 문화의 중심 그 이상으로, 정말 낭만적인 존재다. 수십 년 동안 영화, 음악, 문학, 미술은 차에 대한 집착에 불을 붙였다. 자동차는 '명백한 운명Manifest Destiny'(미국이 북미 전역을 지배할 운명을 가지고 있다는 주장—옮긴이)의 현대화된 모습이자, 미국의 독특한 국가적 야망과 탐험에 대한 애착과 가장 미국적인 자유, 즉 열린 길이라는 자유를 보여주는 기념비적인 존재다. 미국인들은 국산 차를 얼마나 사랑할까? 만약 2018년 가장 미국제에 가까운 차가 무엇이었는지 묻는다면, 다시 말해 국내 부품, 노동력, 조립 비중이 가장 높은 차량이 무엇이냐고 묻는다면, 아마도 당신은 포드나 쉐보레 외에 다른 이름은 생각도 못 할 것이다. 미국 고속도로교통안전국(매년 미국제 차량의 등급을 발표하는 연방 기관)에 따르면, 2018년 미국제에 가장 가까운 차는 두구두구두구, 제발… 바로 혼다 오딧세이었다고 한다.[5]

그렇다. 혼다 오딧세이였다! 앨라배마주 링컨의 심장부에서 미국산 엔진·변속기와 함께 조립된 오딧세이는 2018년 미국산 부품 사용률에서 75퍼센트로 1위를 차지했다. 음, 엄밀히 따지자면 별난 규정 때문에 미국산 부품과 캐나다산 부품이 모두 포함된 수치다. 이는 미국의 공급사슬과 제조공정의 원활함을 시사한다고 볼 수 있다. 미국 정부마저도 어디서 왔는지 구분할 수 없을 정도로 부품이 두 나라 사이에서 자유롭게 교역되는 것이다. 목록을 쭉 훑어보면 시빅, 파일럿, 아큐라 MDX 등 여섯 종의 혼다 자동차가 상위를 차지하고 있고 그 뒤를 독일 차 메르세데스벤츠 C 클래스 세단이 잇는다. 그다음에야 '미국 차'가 처음으로 2018년 미국제에 가장 가까운 차 목록에 이름을 올리는데, 다름 아닌 쉐보레 콜벳으로, 훌륭하게도 미국산 부품을 67퍼센트나 사용했다.[6] 목록을 더 살펴봐도 같은 양상이 나타난다. 혼다, 토요타, 현대, 닛산, 메르세데스가 이어지며 가끔 포드나 뷰

제조업체	브랜드	모델명	미국·캐나다산 부품 사용률
혼다	혼다	오딧세이	75%
혼다	혼다	릿지라인 AWD	75%
혼다	혼다	릿지라인 FWD	75%
혼다	아큐라	MDX AWD	70%
혼다	아큐라	MDX 2WD	70%
혼다	아큐라	TLX AWD	70%
혼다	혼다	시빅 2D	70%
혼다	혼다	시빅 2D	70%
혼다	혼다	시빅 2D	70%
혼다	혼다	파일럿	70%
혼다	혼다	파일럿	70%
메르세데스벤츠 USA	메르세데스벤츠	C 클래스 세단 (C300/C300-4M)	70%
제너럴모터스 LLC	쉐보레	콜벳	67%
제너럴모터스 LLC	쉐보레	볼트	66%
혼다	아큐라	RDX AWD	65%
혼다	아큐라	RDX FWD	65%
혼다	아큐라	TLX AWD A-Spec	65%
혼다	아큐라	TLX FWD	65%
혼다	아큐라	TLX FWD	65%
혼다	아큐라	TLX FWD A-Spec	65%
포드	포드	F150	65%

표 5-1 미국 고속도로교통안전국이 발표한 미국·캐나다산 부품 사용률 순위(2018). 목록에서 우리가 '미국 차'로 알고 있는 차는 단 3종뿐이다.

익이 올라 있다.

한편 혼다 릿지라인은 2017년 디트로이트 오토쇼에서 그해의 북미 트럭으로 선정되었다. 오딧세이와 마찬가지로, 릿지라인 역시 앨라배마에서 조립하고 남부 캘리포니아에서 디자인했다. 엔진과 변속기 모두 미국산이고 엔지니어링과 테스트 역시 현지 직원이 1600명인 오하이오주 레이먼드의 혼다 R&D 아메리카에서 진행됐다. 릿지라인은 포드 F시리즈만큼 많이 팔리지 못했지만, 픽업트럭이라는 지극히 미국적인 세계에 딱 맞아떨어져 1위에 등극했다. 미국인이 '미국의 것'으로 여기는 자동차와 미국에서 생산한 부품을 가지고 미국에서 만들어진 자동차가 다른 이유는, 현대 경제에서 간과되기 쉽지만 가장 중요한 요소 중 하나인 국제 공급사슬 때문이다.

공급사슬, 혼자 만드는 물건은 없다

공급사슬은 핵심만 간단히 말하면, 제품이 만들어지기까지 거치는 경로를 말한다. 원자재, 천연자원, 부품, 재료, 노동력, 그리고 완제품이 시장에 출시되기까지 거쳐야 하는 여타의 모든 요소의 네트워크다. 연구개발, 엔지니어링 등 비물리적 요소까지 모두 포함된다는 사실을 반영하기 위해 갈수록 공급사슬 대신 '가치사슬'이라는 표현을 더 많이 쓰고 있다. 이는 혼다 릿지라인 같은 트럭, 아이폰 같은 전자기기, 그리고 우리가 사용하는 다른 복합제품에 모두 적용된다. 나는 미국 수출입은행장으로 일하며 에티오피아 항공이나 케냐 항공에 미국 항공기를 판매하도록 금융 지원을 해주었다. 그러자 사람들은 수출입은행의 지원이 세계 최대 기업 중 하나인 보잉사의 일자리를 늘리는 데에만 도움을 주었다고 오해했다. 그런데 비행기는 시카고에 있는 회사 사무실이나 시애틀 교외에 있는 공장에서 다 만들어 짜잔! 하고 나타날 수 없다. 항공기를 제조하기 위해 보잉사는 미국 전역의 1만 3000개가 넘는 공급업체와 협력한다. 이들 업체 중 상당수

는 소기업으로, 결과적으로 보잉사에서 주는 큰 수주에 의존해 지역 사회에서 직원을 채용하고 성장한다.[7]

항공기 하나를 만드는 공급사슬에는 뉴욕주의 플레인뷰(콕스앤드컴퍼니가 전기 제빙 설비를 생산하는 곳), 오리건주 맥민빌(메깃폴리머스가 휠 웰에 쓰이는 고무 봉인재를 생산하는 곳), 미주리주 세인트찰스(나도 방문한 적이 있는 LMI 항공우주 공장에서 날개 플랩을 제조하는 곳), 오하이오주 캔턴(캔턴 드롭포지에서 착륙 장치 부품을 주조하는 곳) 등 수천 곳의 고리가 연결돼 있다.[8] 또 여기에는 존디어 트랙터 외부에 사용되는 금속부품처럼, 완성품으로 조립되어 판매되기까지 미국과 멕시코 사이를 몇 번씩 왕복해야 하는 수많은 부품도 포함된다.

우리는 아이들 장난감에서 스마트 TV, 자동차, 항공기에 이르기까지 많은 제품에 날이 갈수록 더 복잡한 하드웨어와 소프트웨어가 들어가는 시대를 살아가고 있다. 공급사슬을 제대로 인식하는 것은 우리가 사용하는 물건이 실제로 어디서 왔는지를 이해하는 데 중요하다.

국제 공급사슬의 개념은 전혀 새로운 것이 아니며 18세기로 거슬러 올라간다. 몇몇 사례는 상당히 추악하다. 세계 최악의 공급사슬은 서아프리카 사람들을 납치해 카리브해 사탕수수 농장에서 노동하도록 강요했을 때 시작되었다고 할 수 있다. 그들이 만든 설탕은 당밀로 액화된 다음 럼주를 생산하는 뉴잉글랜드의 양조장으로 보내졌다. 이렇게 생산된 럼주는 유럽으로 운송돼 다른 상품과 교환되었고, 그 상품은 다시 서아프리카의 노예들을 물물교환하는 데 사용되었다. 이 같은 악순환이 계속되었다.

산업혁명을 지나며 덜 사악한 공급사슬들이 인기를 얻기 시작했다. 증기선과 다른 형태의 운송 수단이 발달하면서 다른 나라에서 구할 수 있는 요소들을 사용하는 게 훨씬 용이해졌기 때문이다. 한편으로는 훨씬 저렴해지기도 했다. 정기 운항 일정이 도입되어 무역과 수송에 안정성이 더해지자, 1840년과 1910년 사이에 대서양을 횡단하는 화물 운송비가 70퍼센트 하락했다.[9] 그러나 실제 돌파구는 훨씬 최근에 마련되었다. 2차 세계대전이 끝난 이후 기술, 무역협정, 경제통합이 함께 어우러져 국제 공급사슬이 거의 완벽해졌다. 보잉 737의 경우 미국 전역의 작은 마을에 있는 업체들의 부품만 사용하는 것이 아니다. 무역과 수송의 용이성 덕분에 중국 톈진에서 갑판 패널을, 네덜란드에서 전선을, 독일에서 창문 봉인재를 공수할 수 있다.[10]

물론 그 반대의 경우 역시 사실이다. 우리가 '외제'라고 생각하는, 그러니까 외국에서 외국 기업이 판매하는 많은 제품 역시 미국 부품이나 서비스, 천연자원을 사용해 생산하면서 미국의 일자리 안정에 도움을 주고 있다. 사우스캐롤라이나주 리치버그에 위치한, 직원이 300명 이상인 폴리에스테르 제조·재활용 업체 선파이버Sun Fiber를 지나가면서, 이 회사가 규모가 훨씬 더 큰 중국 저장의 JN파이버스JN Fibers의 자회사이자 공급업체라는 사실을 알아차리기 힘들 것이다.[11] 조지아주 실베이니아는 인구가 2500명인 도시로, SV피티SV Pittie 섬유 공장이 이곳에 있다. 최근에 7000만 달러 규모의 이 공장이 건설되면서 지역사회에 일자리 250개가 생길 것으로 예상된다.[12] 'SV피티'라는 이름은 인도 라자스탄에 위치한 100년 역사의 대규모 섬유 기업 쉬리발라브 피티ShriVallabh Pittie에서 온 것으로, 조지아의 공장이 이 기업에 노동력과 면제품을 공급하게 된다. 미국 내에서 주로 외국 기업에 납품하는 중소기업은 부지기수다. 또한 이들 외국 기업이 미국 사회에 미치는 영향은 길 건너 '미국' 공장이나 농장만큼이나 실제적이다.

어느 방향으로 흐르건 간에 국제 공급사슬은 단순해 보이는 제품까지 포함해 모든 제품군의 표준이 되었다. 예를 들어 미국 연필 제조업체가 브라질 삼나무, 중국 페인트, 인도 흑연을 사용해 비용을 절감하는 것은 드문 일이 아니다.[13] 간단한 제품을 생산할 때에도 해외 부품을 사용하면 효과적으로 비용을 절감할 수 있거니와, 최신 자동차처럼 복잡한 기계 생산에서는 두말할 나위 없다. 자동차의 차대번호를 확인해보면 내가 무슨 말을 하는지 알 수 있다. 대개 대시보드나 운전석 도어잼, 후드 아래 부착되어 있는 차대번호의 첫 번째 숫자는 자동차가 어디에서 조립되었는지 알려준다. 1, 4, 5라면 미국에서 만들어진 차량이다. 포드 퓨전, GMC 테레인, 링컨 MKZ라면 첫 번째 숫자가 아마 3일 텐데 보통 멕시코에서 조립한다. 포드 포커스 운전자는 첫 번째 숫자 자리에 W가 있는 걸 보고 깜짝 놀랄 수 있다. 이는 특정 모델이 종종 독일에서 조립되기 때문이다(여기서 W는 '서독'이라는 뜻으로, 차대번호 코드가 우리가 생각하는 것만큼 자주 개정되지 않음을 보여준다). 포드 엣지와 쉐보레 이쿼녹스는 2로 시작하는데 캐나다에서 만들어졌다는 뜻이다. 캐딜락 CT6에서 L로 시작하는 차대

번호는 중국에서 조립되었다는 뜻이다.[14]

9·11 테러 후 자동차 생산이 멈춘 까닭

폭스바겐은 가장 먼저 글로벌 소싱의 혜택을 알아차리고 일찍이 1961년에 멕시코에 조립공장을 짓기 시작했다. 얼마 후 주요 경쟁 기업 대부분이 그 뒤를 따랐다. 무역량이 증가하고 수입 장벽이 낮아졌으며, 더 효율적이고 성능이 뛰어나고 가성비 좋은 차량을 만들기 위한 경쟁이 치열해짐에 따라, 가동부라는 흥미로운 퍼즐이 맞춰지기 시작했다. 포드 머스탱 같은 전형적인 미국 차는 중국산 변속기를 사용하게 됐다. 2018 뷰익 카스카다(GM의 독일 자회사가 생산한 명목상 미국 차)는 한국산 변속기와 헝가리 엔진을 가지고 필리핀에서 조립되었다.[15]

2018년에 거리에서 볼 수 있는 가장 대표적인 '미국 차'가 혼다 오딧세이만은 아니었다. 5년 연속 미국에서 가장 많이 수출된 차는 다름 아닌 BMW(여기서 B는 미국 볼티모어가 아니라 독일 바이에른을 뜻한다)로, 돈 주고 살 수 있는 최상의 독일 SUV 중 몇 종류가 사우스캐롤라이나주 그리어에 있는 공장에서 생산된다.[16] 그렇다. 독일 시민이 BMW SUV를 사려는데, 이 차를 미국에서 수입해 가져와야 한다는 사실을 알면 얼마나 놀라겠는가! 또한 자동차 기업이 언제든 중국의 변속기나 멕시코 엔진을 사용할 수 있듯, 그러한 부품 안에 미국을 포함해 다수의 나라에서 만든 더 작은 부품들이 들어갈 수도 있다.

자동차 제조 과정은 이미 세계화되어서 한 나라에서 전적으로 책임지고 품질도 좋고 믿을 만한 자동차를 생산하는 것은 현실적으로 불가능하다. 9·11 테러 발생 후 국가 안보 위협으로 인해 국경이 일시적으로 닫혔을 때, 미국은 그런 현실의 어두운 일면을 경험한 바 있다. 외국 엔진, 변속기, 완충기, 그 외 수많은 다른 부품을 들여오지 못하면서 3일 만에 미국 제조업체는 더 이상 차량을 조립할 수 없게 됐다. 미국의 자립심과 자동차에 대한 로망과는 별개로, 해외 부품이 있기에 궁극적으로 미국 차가 전보다 더 좋아지고 저렴하고 더 믿을 만해진다는 사실을 기억해야 한다. 더불어 진정한 '미국 차'가 존재한 적이 있긴 한지도 아직 의문이다. 모델 T가 그 자격을 갖추었다고 할 수도 있지만, 1차 세계대전 직후 포드는 캐나다에 제조공장을 건설하기 시작했다.[17]

국산이라는 환상의 끝

이렇듯 자동차 생산이 완전히 세계화되면서 수입차와 국산 차를 구분하기가 어려워졌다. 이 같은 진화는 자동차 산업뿐만 아니라 일상적인 구매 목록 대부분에서 '바이 아메리칸' 정책을 완전히 다시 생각하게 한다. 상당수의 미국 가정이 의식적으로 '바이 아메리칸'에 노력을 기울여왔기에, 이는 상당히 중요한 변화다. 〈컨슈머 리포트 Consumer Reports〉에서 실시한 설문조사에 따르면 미국인의 78퍼센트가 미국산으로 생각되는 제품을 더 사려 한다고 응답했다.[18] 오바마 행정부의 한 고위층 인사는 나에게 혼다 오딧세이를 선호하는 그의 아내(네 번 연속 혼다를 구매했다)에게 얼마나 자주 불평을 했는지 털어놓았다. 그는 아내에게 이렇게 말하곤 했다. "멋진 쉐보레나 포드를 사면 안 되겠어?" 내가 교통부에 따르면 오딧세이가 가장 '미국 차'에 가깝다고 말해주자, 그는 벌써부터 저녁때 아내가 뭐라고 할지 두렵다고 말했다.

미국산 제품을 사겠다는 애국심은 별로 깊이가 없다. 세계화가 가장 이슈가 되었던 2016년 대통령 선거 기간에 실시된 AP통신 여론조사에 따르면, 미국인 대부분이 '미국산'이라는 라벨보다 저렴한 가격을 더 중요하게 여긴다는 사실이 밝혀졌다. 응답자 4분의 3이 미국 제품을 사고 싶다고 했지만 설문조사에 따르면 실제로 그렇게 노력하는 사람은 9퍼센트에 불과했다.[19] 85달러짜리 미국산 바지와 50달러짜리 외국산 바지 중 무엇을 선택하겠냐는 질문에, 소득 수준에 상관없이 3분의 2가 더 저렴한 바지를 선택하겠다고 응답했다.[20] 돈을 절약하고자 하는 경향이 뚜렷하지만 그럼에도 미국산 제품을 사려는 생각은 여전히 확고하다. 이는 개개인의 뚜렷한 성향뿐만 아니라, 제품을 생산하는 국가라는 미국 정체성의 중요한 일면을 보여준다.

그렇다면 자동차는 말할 것도 없고, 연필조차도 세계 곳곳의 재료로 만드는 시대에 진정한 미국 제품이란 과연 무엇일까? 이 질문에 대한 답을 얻기 위해, 나는 코고드 비즈니스스쿨의 국제경영학부 학장인 프랭크 두보이스Frank DuBois와 이야기를 나누었다. 그는 '미국 차'에 대한 정의를 명확히 하기 위해 2012년 코고드 미국산 자동차

인덱스라는 대안적 순위를 마련했다. 두보이스 교수의 연구는 미국인이 차를 살 때 아무도 완벽한 미국산을 살 수 없다는 증거를 추가적으로 제시했다. 2018년도 코고드 인덱스든 교통부 목록이든 미국(혹은 캐나다!) 부품이 76퍼센트 이상인 자동차는 한 대도 없었다. 두보이스 교수는 중국, 인도, 태국의 자동차 부품 생산과 수출이 크게 증가하고 갈수록 많은 기업이 그 혜택을 누리고 있어 그 비율은 훨씬 더 낮아질 것으로 예상했다. 궁금해할 사람들을 위해 말하자면, 미국 차라고 생각하지만 '미국 차'로서의 요소가 가장 적은 차는 쉐보레 스파크로, 미국이나 캐나다 부품을 무려 1퍼센트나 사용했다![21]

이런 사태가 나타나는 것은 지극히 당연한 일이다. 미국이 자력으로 강력한 기계를 만들어내는 능력을 상실했다는 점을 유감스럽게 생각할 수도 있다. 이제 미국은 더 이상 '혼자 힘으로' 할 수 없다고 말이다. 나는 다르게 생각한다. 2019년 초에 라시니Rassini를 방문한 적이 있다. 라시니는 자동차 브레이크 제조업체이자 '미국' 픽업트럭에서 많이 볼 수 있는 판스프링 생산 세계 1위 기업이다. 라시니의 최첨단 시스템은 GM이나 다른 미국 자동차 업체가 판매하는 차량을 더 안전하고 혁신적이며 더 저렴하게 만들었다. 미국 운전자들에게 확실히 필요한 이 회사는 멕시코 푸에블라에 있다. 라시니의 사례를 통해 우리는 '혼자 힘으로'라는 말을 들으면 왕년의 카우보이가 떠오를지언정 지금은 말이 안 된다는 사실을 잘 알 수 있다. 국제 공급사슬에 의존하는 우리를 비롯한 모든 나라가 더 나은 물건을 만들고 훨씬 더 저렴하게 만드는 데 기여한다.

다시 또 일자리 문제로

이는 연필, 자동차, 항공기에 국한되지 않고 엄청나게 많은 재화와 서비스에 적용된다. 2000년도쯤 고객 지원 콜센터를 이전하는 움직임이 본격적으로 일어나면서 논란이 많았는데, 이 역시 앞서 말한 현상의 일부다. 이렇게 이전함으로써 기업은 지역별로 시차가 있는 미국에서 쉽게 할 수 없었던 연중무휴 지원이 가능해졌다. 물론 이것은 '아웃소싱'의 전형으로, 기업들이 돈을 아끼기 위해 미국의 일자리를 해외로 옮기는, 사람들이 매우 싫어하는 행태다.

기업의 입장에서 보면, 생산라인이나 콜센터의 일자리를 아웃소싱하는 것은 포드 에코스포츠에 인도 첸나이에서 생산한 엔진을 쓰는 것과 별반 다르지 않다. 결국 둘 다 저렴한 해외 부품이나 노동력이 주는 이점을 누리기 위해 공급사슬을 바꿔 원가를 절감하는 방식이다. 미국은 자국의 철강과 흑연만 대체하는 것이 아니라 우리 지역사회에 사는 사람을 지구 반대편에 사는 사람으로 대체하고 있다. 국제 공급사슬은 미국 가정에서 널리 사용되는 훌륭하고 저렴한 제품을 생산하는 데 중요해졌다. 그러나 제품의 성능을 향상시키고 이윤을 증대하기 위해 종종걸음을 치다 보니 기업들은 종종 교체 가능한 미국산 부품을 다루듯 미국 노동자를 대하곤 한다. 변화 속도가 무서울 정도로 빨라지고 미국 노동자가 '다른 누군가', 다시 말해 외국인 노동자로 대체됨에 따라 많은 미국인이 세계화에 더 많은 두려움과 분노를 느끼게 된 실정이다.

이 마지막 지점이 정치적 우파든 좌파든 세계화에 반대하도록 부추기고 있다. 무역 반대론자들이 미국인의 일자리를 보호하려고 하는 것은 당연한 일이며 허시나 시보이건 주민들의 성공을 인도 하이데라바드나 중국 선전 주민들의 성공보다 우선시한다고 비난할 수 없다. 무역 지지자들은 자신들 역시 미국의 일자리를 보호하고 있다며, 때때로 저임금 일자리를 다른 나라로 옮기지만, 이는 첨단기술 분야처럼 다른 분야의 일자리를 더 창출하기 위해서라고 주장한다. 안타깝게도 친무역 정치인들이 일자리 문제에 있어서 언제나 솔직한 것은 아니었고, 솔직해져도 대개 좋은 평가를 받지 못했다. 예를 들어 빌 클린턴이 1992년 대선 토론에서 18세 미국인은 평균적으로 '평생 동안 직업을 여덟 번 바꾸게 될 것'이라고 얘기했을 때 대중의 반응은 시큰둥했다.

우리가 세계 경제의 흐름을 틀어막고 싶다 하더라도 사실상 그렇게 할 수 없다. 오늘날 미국의 모든 산업은 세계 다른 나라와 돌이킬 수 없을 정도로 깊이 얽혀 있다. 포드, GM 등 자동차 회사들은 외장 도색에 사용하는 검은색 페인트조차 일본 후쿠시마에서 수입한다 (2011년 원자력 발전소 사고로 수입이 잠시 중단되었다). 모든 외국 회사의 진입을 금지하고 외국 철강에 높은 관세를 부과하는 것만으로도 보호무역주의를 실행하고 일시적으로나마 미국 자동차 노동자의 일자리를 보호할 수 있다면 손쉬울 것이다. 그러나 경쟁력을 유지하기 위해 해외 금속에 많이 의존하는 곳은 혼다와 닛산이 아니라 포드와 쉐보레다. 또 켄터키주 조지타운에서 생산되고 금세기 들어 거의 매년 미국에서 가장 많이 팔린 차 순위에 오르는 토요타 캠리가 다른 어떤 자동차 회사보다 국내 조립라인 일자리를 더 많이 만들어내는 것으로 보인다. 2011년 ABC 뉴스 조사 결과, 캠리가 100대 팔릴 때마다 미국 내 제조업 일자리가 20개씩 생겨나는 반면 포드 이스케이프의 경우에는 13개씩 생겨난다고 한다.[22] 또한 '외국' 자동차 기업이 약 13만 명의 미국인을 고용했는데, 대부분 켄터키, 오하이오, 미시간, 테네시, 사우스캐롤라이나에 집중되어 있다.[23] 만약 수입을 제한하거나 세계와 거리를 둔다면 그들은 어떻게 될까?

관세가 일자리를 지켜줄까?

이야기는 다시 보호무역주의자들이 230년 넘게 선택해온 무기인 관세로 돌아간다. 기본적으로 미국의 유일한 세수였다는 점을 고려하면, 관세는 미국 건국 초기에 상당히 효과적이고 필수 불가결한 도구였다. 해밀턴과 그의 동조자들이 관세를 주장하던 때로 돌아가보면, 외국 경쟁 기업을 막기 위해 장벽을 세워야 했던 분명한 이유가 있었다. 미국 산업은 누에고치 속의 애벌레처럼 아직 시작 단계여서 스스로 날 수 있을 만큼 충분히 강해지기 전까지는 보호를 받아야 했다. 물론 당시의 생산품들은 그렇게 복잡하지 않아서 노동력을 포함해 모든 재료를 국내에서 조달할 수 있었다. 상품은 단순하디 단순해서 생산 과정에서 국경을 넘는 경우가 드물었다. 하지만 선진화된 현대 사회에서 경쟁이 매우 치열한 미국 산업은 길고도 복잡한 국제 가치사슬을 필요로 하며, 국내 다른 집단에게는 피해를 주지 않으면서 일부 노동자 집단에 도움을 주는 관세는 상상하기조차 힘들다.

예를 들어 철강에 관세를 부과한다고 해보자. 2018년에 트럼프 대통령이 한 것처럼 말이다. 그때 트럼프는 무거운 관세를 부과하면 철강 수입에 부담이 가중되어 "기업들이 근로자를 해고하지 못하게 된다"라고 주장했다.[24] 그가 옳았다! 관세는 실제로 기업들이 근로자를 해고하지 못하게 했다. '철강' 기업들은 말이다. 2018년 11월, 인디애나주 포트웨인에 있는 스틸다이내믹스는 새로운 평판롤 제철소 건설 계획을 발표했다. 그렇게 되면 남서부 지역에 600개의 신규 일자리가 생길 터였다. 그 주에 트럼프는 다음과 같은 트윗을 올렸다. "내가 예측한 대로 철강 일자리가 돌아오고 있다."[25] 하지만 트럼프는 관세가 다른 종류의 기업들, 더 정확히 말해 미국 기업이 제품을 판매하고 미국 노동자를 고용하는 데 의존하는 국제 공급사슬에 미칠 영향은 예측하지 못했던 것 같다.

가장 두드러진 예가 미국 자동차 산업이다. 스틸다이내믹스가 사업을 확장하는 길을 열어준 수입 장벽이 GM과 같은 기업에게는 타격을 입혔다. GM은 자동차 생산에 꼭 필요한 원자재에 새로 관세가 부과된 결과, 생산원가가 10억 달러 증가했다.[26] 2018년 6월 GM은 트럼프 행정부에 이러한 관세와 그 필연적인 결과인 무역전쟁이 '투자 감소, 일자리 감소, 임금 감소'로 이어질 것이라고 경고했고,[27] 백악관 무역자문인 피터 나바로Peter Navarro는 사실을 왜곡하지 말라고 경고를 일축했다.[28] 몇 달 후인 11월 26일, 스틸다이내믹스의 신규 제철소 건설 뉴스가 보도된 바로 그날 경고는 사실이 되었다. 그날 아침 GM은 미국 내 공장 4개를 닫고 1만 4000명의 근로자를 해고하겠다고 발표했다. 해고된 근로자 수는 스틸다이내믹스의 제철소 건설로 생겨날 일자리의 거의 25배에 달했다.[29] GM이 그런 결정을 내리기까지 여러 원인이 작용했겠지만, 관세 역시 한몫했다. 핵심은 이 무역전쟁으로 일자리 600개가 늘 예정이지만, 1만 4000개가 사라졌다는 것이다. 이게 과연 좋은 생각인지 한번 계산해보라. 다음 날 트럼프는 "GM에 깊이 실망했고 GM에 대한 모든 보조금 삭감 방안을 강구할 것"이라는 트윗을 올렸다. 그런 보조금이 존재하지 않는다는 점을 고려하면 정말 이상한 위협이었다.[30]

물론 철강 관세는 스틸다이내믹스와 GM에 국한되지 않고 더 광범위하게 영향을 주었다. 먼저 6월에 미국의 최대 못 제조업체가 미주리에서 60명을 해고했다. 여름 무역전쟁이 발발하자 밀워키에 기반을 둔 할리데이비슨은 생산기지를 해외로 이전할 계획을 세웠다. 유럽에 오토바이를 판매할 때 한 대당 생산원가가 2200달러 급증하는 것을 피하기 위해서였다.[31] 스웨덴 자동차 회사 볼보(중국 기업의 자회사다)는 사우스캐롤라이나주 리지빌에 첫 번째 미국 제조공장을 세운 직후, 트럼프의 철강 관세로 인해 미국 현지에서 신규 일자리 4000개를 창출하겠다는 약속을 번복하게 되었다고 발표했다.[32] 규모가 더 작은 기업이나 공급업체 역시 관세 후폭풍을 피하지 못했다. 인디애나주 제퍼슨빌에서 잔디 관리 장비를 제조하는 180년 전통의 브린리하디의 제인 하디Jane Hardy 대표는 〈워싱턴포스트〉와의 인터뷰에서 관세 여파로 75명을 감원한다며 자신의 회사와 직원들이 "2차 피해"를 입고 있다고 말했다.[33] TV 제조업체인 엘리먼트 일렉트로닉스는 "최근 중국에서 수입하는 많은 상품에 예상치 못한 관세가 새로 부과됨에 따라" 사우스캐롤라이나주 윈스버러에 있는 공장을 닫고 126명을 내보냈다.[34] 이렇듯 다수의 크고 작은 기업이 관세로 인해 감원과 공장 폐쇄를 발표했다. 그리고 미시간의 도어록 제조업체, 노스캐롤라이나 전기자전거 디자인 업체부터 플로리다키스의 바닷가재 잡이에 이르기까지 더 많은 영역에서 투자나 확장 계획을 연기했고 근로시간을 줄이거나 직원 일부를 일시 해고했다.[35] 이 모든 사실을 종합해보면, 관세로 인해 미국 내 17만 명의 철강산업 노동자가 보호를 받았고, 철강 관련 직종에서 일하는 650만 명의 노동자가 타격을 입었다.

관세 부과로 미국 내 일자리가 얼마나 사라지고 생겨날지 정확하게 집계할 수는 없지만, GM의 수치만 봐도 사라지는 일자리가 훨씬 많음을 알 수 있다. 참고로, 미국 상공회의소에서는 2018년 트럼프 행정부가 취한 무역 조치로 궁극적으로 260만 개 일자리가 사라질 수 있다고 추정했다.[36] 철강과 알루미늄만 놓고 보면 서로 좀 다른 추정값이 나온다. 자유무역을 지지하는 세계무역파트너십Trade Partnership Worldwide의 경제학자들은 일자리 순손실을 47만 개로 예측하지만,[37] 보호무역주의 기조의 경제정책연구원Economic Policy Institute 경제학자들은 사라지는 일자리가 5000개에 불과할 거라고 주장한다.[38] 그러나 트럼프 대통령이 주장하듯 관세 부과가 일자리 순증가로 이어진다는 것을 보여주는 진지한 연구나 예측은 이제껏 없었다.

이것이 바로 현대 경제의 실체다. 대다수의 상품과 서비스를 생산하는 방식이 서로 너무 얽혀 있어 다른 분야에 예상치 못한 결과를 불러일으키지 않도록 차단하면서 모종의 행동을 취하는 것은 거의 불가능하다. 미국이 '미국 우선주의'라는 명목으로 국제 공급사슬을 끊는다면, 빠르게 번져가는 들불처럼 영향을 미치리라고는 생각지도 못했던 경제 영역까지 불사를 것이다. 또 미국은 비즈니스 상대로 믿을 수 없고 예측 불가능한 대상이 되는 위험도 감수해야 한다.

무역은 제로섬 게임이 아니다

그렇다면 과연 이 모든 것들이 '바이 아메리칸'의 미래와 무슨 상관이 있을까? 먼저 이는 무엇이 '미국 것'이냐에 대한 정의를 다시 내려야 한다는 것을 뜻한다. 미국 내 일자리를 지키는 쪽을 선택하고 싶다면, 현대 상품을 구성하는 사슬의 모든 연결고리에 대해 좀 더 깊이 생각할 필요가 있다. 혼다 오딧세이에서 시작하는 것도 좋겠다. 또한 경제를 더 이상 제로섬 게임으로 생각해서는 안 된다. 경쟁자가 타격을 입었다고 해서 자연스럽게 우리의 승리로 이어지지 않는다. 항구에서 영국 선박을 돌려보내거나 중국산 철강을 수입 금지하는 식으로 미국 산업의 이익을 증대시키던 단순한 시대는 끝이 났다.

이제 경제 세계화가 계산을 바꾸어놓았다. 물론 우리는 여전히 다른 국가와 경쟁하며 살지만, 점점 더 많이 그들의 성공에 우리의 성공을 의존하고 있다. 이 같은 상호 의존성 때문에 세계화가 진행되고 있으며, 경제적 부를 함께 일궈간다는 생각이 안정과 평화를 증진시켰다. 세계 2위의 수출국인 미국은 다른 나라의 성공으로 막대한 이득을 보고 있다. 전 세계적으로 중산층이 많아질수록 그들은 미국에서 더 많은 것을 사고, 이는 미국 내 일자리와 부의 증가로 이어진다. 최상의 경우 무역은 모든 배를 띄우는 만조滿潮와 같다는 점을 전제로 할 때, 오늘날 국제 공급사슬은 서로의 배를 묶어둠으로써 그 효과가 더 확실히 나타나게 한다. 품질과 가성비가 향상된 자동차도, 성능이 좋아진 미국 연필도, 이러한 연결성이 강점임을 보여준다.

6장

바나나 가격의 비밀

당신은 오늘 아침으로 무엇을 먹었는가? 시리얼? 오트밀? 그렇다면 과일을 넣어 먹었을 가능성이 크다. 베리류나 바나나, 다른 무엇이든 상관없다. 국제 무역은 우리가 으레 먹는 아침 식사 토핑과 관련이 있다고 장담한다. 당신은 '어떻게?'라고 물을 수 있다. 그럼 이제 미국 국민 과일의 역사에 대해 한번 훑어보도록 하자.

유나이티드프루트의 악명

바나나 공화국이라는 말을 들으면 군장을 하고 선글라스를 쓴 독재자 이미지나 무법지대인 열대 섬나라, 정치적 부패와 혼란이 연상될 것이다. 이 단어의 기원은 1901년으로 거슬러 올라간다. 1901년은 저명한 미국 작가 오 헨리(나도 그의 작품을 고등학교 때 배웠던 기억이 난다)가《양배추와 왕들Cabbages and Kings》이라는 단편집을 출판한 해다. 단편집에는 하나의 작물에 경제가 지나치게 의존하는 가상의 중앙아메리카 국가 앵추리아Anchuria에 관한 작품인〈제독The Admiral〉이 수록되어 있다. 오 헨리는 온두라스에서 6개월간 머물렀던 경험을 바탕으로 앵추리아를 '바닷가의 작은 바나나 공화국'으로 그렸고, 이후 이 용어는 독자적인 생명력을 가지고 계속 사용되었다.

일반적인 생각과 달리, 혼란스럽고 부패했으며 불안정하다는 이유만으로 바나나 공화국이 될 순 없다. 그 단어는 구체적으로 단일 수출품에 너무 의존한 나머지, 문제의 작물을 통제하는 민간기업에 좌지우지되는 국가 경제를 말한다. 그렇게 되면 소득 불균형 문제가 극심해지고, 재배 작물과 노동자에 대한 착취가 만연해진다. 기업은 정부 관료, 기업가, 장성 등 상위 계층에게 거액의 돈을 건네고, 그들은 기업이 노동자 계급을 쥐어짜고 자신들의 삶에 돈줄이 되어줄 작물을 가지고 무엇을 하든 용인해준다. 이렇게 기업은 권력을 유지한다. 엄밀히 말해, 이러한 특성을 가져야만 진정한 바나나 공화국이다. 오 헨리는 구체적으로 한 회사를 염두에 두고 바나나 공화국이라는 단어를 만들었다. 바로 유나이티드프루트컴퍼니United Fruit Company라는 회사로 나중에 치키타Chiquita로 이름을 바꿨다.

한 세기 전 유나이티드프루트는 세계 경제에서 온갖 교활한 짓은 다 했다. 가장 먼저 등장한 성공적인 다국적 기업 중 하나인 이 기업은 뉴욕의 사업가인 마이너 키스Minor Keith로부터 시작됐다. 키스가家

는 코스타리카 정부로부터 수도인 산호세부터 위험한 정글을 통과해 동쪽 항구 도시인 리몬까지 연결하는 철도 건설권을 따냈다. 작업 조건은 끔찍했다. 이 건설 프로젝트에 참여한 700명(그중 상당수가 키스가 배로 실어 온 뉴올리언스 교도소 재소자였다) 중 25명만이 리몬까지 오는 먼 여정에서 살아남았다고 한다.[1] 키스는 인부들의 밥값을 아끼려고 노선을 따라 바나나를 키웠다. 그런데 코스타리카 경제가 붕괴되어 정부가 더 이상 공사비를 대줄 형편이 안 되자 철도 건설의 운명이 불투명해졌다. 키스는 돈 대신에 철도 운영 99년 임대권과 함께 전체 비과세로 코스타리카의 땅 80만 에이커를 주겠다는 프로스페로 페르난데스 오레아무노 대통령의 제안을 받아들였다.

키스 팀은 1890년에 공사를 마쳤지만 당연히 승객들은 몰려오지 않았고, 철도 건설은 공연한 짓으로 판가름 났다. 그러나 키스는 자신에게 광대한 비과세 바나나 농장이 있고 빈 기차로 해안까지 바나나를 실어 날라 돈을 벌 수 있음을 이내 깨달았다. 그는 존경할 만한 인물은 아니지만 수완이 좋은 사람이었다. 오늘날 중국이 아프리카를 개발하며 천연자원이 많은 곳에 들어가기 위해 철도를 건설했던 키스의 전략을 그대로 따르고 있다는 것도 눈여겨볼 만한 대목이다. 당시에는 매력적이지 않은 전략이었지만 지금은 상황이 완전히 달라졌다. 키스는 바나나 수출을 목적으로 3개의 회사를 설립했고 사업을 카리브해 연안 전체로 점차 확장했다. 나중에 보스턴에 기반을 둔 다른 수입업자가 그의 왕국에 합류하면서 유나이티드프루트컴퍼니가 설립됐다.

지역 곳곳에 있는 땅을 다 합치면 350만 에이커로 코네티컷만 했으며, 방대한 라디오와 철도 네트워크를 소유하고 콜롬비아, 온두라스, 자메이카, 벨리즈(당시 영국령 온두라스) 등 많은 국가의 주요 일용품을 거의 장악했기에, 유나이티드프루트는 중앙아메리카와 카리브 연안 국가 정치에 강력한 영향력을 미치게 된다. 과테말라에서는 최대 지주였으며 국가 우편 서비스까지 운영했다. 지금은 월마트에 그 타이틀을 넘겨줬지만, 중앙아메리카 전체에서 직원이 가장 많은 기업이기도 했다. 현지에서는 이 회사를 '엘풀포El Pulpo'라고 불렀는데, 에스파냐어로 '문어'라는 뜻으로, 그 회사가 지역 곳곳에 뻗어 있었기 때문이다. 그들은 새로운 시장에 진입할 때마다 대통령과 독재자를 마음대로 주무르기 위해 협박, 리베이트, 뇌물 등 온갖 비도덕적인 시도는 다 했고, 노동자들을 무지막지하게 착취했지만 아무도 그들에게 뭐라고 하지 않았다. 이들의 바나나를 찾는 최대 고객은 누구였을까? 바로 미국이다.

바나나는 어떻게 국민 과일이 되었나

바나나가 미국에서 가장 대중적인 과일[2]이 되기 바로 몇 세대 전만 해도 바나나를 아는 사람은 소수에 불과했고, 색다르고 진귀하며 이국의 땅에서 자란 특이한 작물로 여겼다. 유나이티드프루트가 냉장 화물 열차와 화물선을 최초로 도입하기 전까지는 신선한 과일을 대량으로 저 멀리 다른 지역에 운송하는 것은 사실상 불가능했다. 바나나는 손으로 일일이 따야 하고 다른 과일에 비해 쉽게 상해서 더더욱 운송이 어려웠다. 유나이티드프루트는 이러한 문제를 해결하기 위해 국제 공급사슬을 활용했는데 때론 무자비할 정도였다. 그들은 땅과 노동력, 기차, 미디어, 바나나 생산을 감독하는 정부를 통제했을 뿐만 아니라 상품을 미국까지 안전하고 빠르게 운송하려고 회사가 소유한 진짜 함대까지 집결시켰다. 식민주의적 색채에도 불구하고, 배들은 '위대한 백색 함대Great White Fleet'로 불렸다.

자신의 회사 보스턴프루트컴퍼니를 마이너 키스의 회사와 합병해 유나이티드프루트를 세운 앤드루 프레스턴Andrew Preston은 생소한 과일인 바나나가 미국인들에게 "사과보다 대중적인 과일"이 될 수 있을 것이라 믿었는데, 그의 생각이 옳았다.[3] 미국 전역에 광대한 냉장 보관 창고 네트워크가 갖춰지자 신선한 제품을 널리 유통할 수 있게 되었고, 아이들에게 초점을 맞춰 끈질기게 마케팅을 한 덕분에 바나나는 건강에 좋다는 이미지가 각인되었다. 결정적으로, 바나나가 막 미국에 들어왔을 때보다 가격이 현저히 저렴해졌다. 유나이티드프루트가 바나나를 생산하는 사람들과 지역을 완전히 장악했기에 가능한 일이었다. 미국은 풍부하고 저렴한 과일을 즐길 수 있게 되었지만, 대가가 따랐다. 단지 그 대가를 미국이 치르지 않았을 뿐이다. 중앙아메리카 국가들이 바나나 공화국으로 전락함에 따라 폭동, 쿠데타, 유혈사태, 그리고 경제 성장 위축이 이어졌다. 그러는 동안 미국은 미국 역사상 가장 성공적인 수입품이라 할 만한 바나나의 매력에 흠뻑 빠져들었다. 식민주의의 그림자가 길게 드리워진 이래, 미국이 많

그림 6-1 유나이티드프루트의 증기선 여행 광고 포스터. '위대한 백색 함대'는 바나나뿐만 아니라 승객도 실어 날랐다.

은 라틴아메리카 국가와의 관계에서 어려움을 겪은 것은 어쩌면 당연한 일이었는지도 모른다.

앤디 워홀의 바나나와 네루다의 바나나

바나나가 미국에 미친 영향과 라틴아메리카에 미친 영향은 전혀 달랐다. 만조가 모든 배를 띄워주지는 않았고, 예술 분야에서 그 증거를 찾을 수 있다. 1923년에 나와 굉장한 인기를 누린 재밌는 노래 '그래요! 우린 바나나가 없어요Yes! We Have No Bananas'부터 해리 벨러폰테가

그림 6-2 유나이티드프루트의 광고. "먹성 좋은 아이? 으깨라 바나나!"라는 문구와 함께 바나나로 할 수 있는 간단한 요리들을 소개하고 있다.

1956년도에 재해석해 부른 '바나나 보트송Banana Boat Song(Day-O)'에 이르기까지, 미국에서 바나나는 가볍게 즐기는 대중문화의 소재가 되었다. 벨러폰테 노래의 원곡은 선창과 응창 형식의 훨씬 더 엄숙한

포크송으로, 유나이티드프루트의 자메이카 농장 노동자들이 즐겨 부르던 노래였다. 바나나 껍질은 슬랩스틱 코미디에서 가장 유용한 소재로 활용되었고 조지 거슈윈부터 그웬 스테퍼니까지 음악가들은 대중가요에 바나나를 집어넣었으며, 앤디 워홀의 바나나 팝아트가 들어간 〈더 벨벳 언더그라운드 & 니코The Velvet Underground & Nico〉 앨범 커버는 역대 가장 유명한 앨범 커버 중 하나다. 1940년대 할리우드에서 가장 유명한 스타 중 한 명이었던 브라질 출신 연예인 카르멘 미란다가 버스비 버클리의 뮤지컬 영화 〈휴양지 대소동The Gang's All Here〉에서 바나나 송이로 만든 모자를 쓴 모습도 인기를 끌었다.

이는 미국 문화에서 아주 유명한 장면으로, 유나이티드프루트는 바나나 모자를 쓴 미란다의 모습을 일러스트로 그려 로고로 채택했다. 반세기가 흐르고 소유권이 여러 번 바뀐 후에 회사는 미란다 캐릭터를 기념하며(여러 세대에 걸쳐 이미 '미스 치키타'로 불리고 있었다) 사명을 바꾸었다.

바나나를 우걱우걱 먹는 미국에서는 그 우스꽝스러운 이미지가 강해져가는 동안, 그 재배 지역에서는 바나나가 비극의 영감을 불러일으켰다. 노벨 문학상을 받은 콜롬비아 작가 가브리엘 가르시아 마르케스는 세간의 극찬을 받은 소설 《백 년의 고독》(1967)에서 악독한 미국 과일회사에 학살당한 바나나 농장의 파업 노동자들을 주요한 배경으로 삼는다. 그 바탕이 된 게 바나나 학살Masacre de las Bananeras이라는 실제 사건으로, 1928년 콜롬비아 시에나가에서 파업 중이던 유나이티드프루트 소속 노동자 수천 명이 살해된 사건을 말한다. 남미에서

그림 6-3 유나이티드프루트의 광고 책자인 〈치키타 바나나의 레시피북〉. 유나이티드프루트는 1970년 합병을 통해 유나이티드브랜즈컴퍼니United Brands Company로, 다시 1990년 치키타브랜즈컴퍼니로 이름을 바꿨다.

가장 존경받는 예술가 중 하나인 칠레 시인 파블로 네루다는 시 〈유나이티드프루트사La United Fruit Co.〉(1950)에서 바나나 산업의 영향을 한층 더 신랄하게 비판했다. 그 시의 일부를 인용하면 다음과 같다.

유나이티드프루트사는
가장 기름진 땅을 손에 넣었다.
내 조국의 중부 해안을,
아메리카의 감미로운 허리를.
그들은 그 땅을 새로이

'바나나 공화국'이라 이름 붙이고는

(…)

자유의지를 짓밟고,

시저의 왕관을 씌워주었으며,

시기심을 드러내고, 파리 떼의

독재를 불러왔다.

(…)

피에 굶주린 파리 떼 사이로

유나이티드프루트사가 상륙해,

자신들의 배에 커피와 과일을,

물속에 가라앉은 우리 조국의

보물을 쓸어 담고

쟁반처럼 미끄러져 갔다.

(…)

몸뚱이 하나가 굴러 떨어진다.

한낱 이름 없는 물건,

나뒹구는 하나의 번호,

쓰레기 더미에 내동댕이쳐진

썩은 과일 한 송이.•"

• 《네루다 시선》, 파블로 네루다 지음, 김현균 옮김, 지식을만드는지식, 2014

세계 무역을 좋게 비추지 않는데도 이 이야기를 하는 이유는 무역의 여파로 때때로 발생한 인간과 국가적 비극을 이해하고 해결하려고 노력할 필요가 있기 때문이다. 유나이티드프루트가 남긴 유산은 단순히 바나나가 어떻게 미국인들의 아침 식탁에 올랐는지 그 과정을 알려주기만 하지 않는다. 이를 통해 우리는 무역의 가장 어두운 잠재적 교환물을 직시하게 된다. 그중 상당수는 실제로 정말 끔찍했고 지워지지 않을 상처를 남겼다.

오늘날 세계 무역에 반대하는 사람 중 일부는 전통적인 보호무역주의자이고, 일부는 분노를 조장하려는 정치인이며, 일부는 자기 나름의 이유가 있는 국수주의자다. 하지만 상당수는 신중하고 합리적인 반대자로, 이런 이야기에 '다국적 기업들과 정부 무역정책이 얽히면 실제로 일어나는 일이다'라고 말한다. 이 말이 틀린 것은 아니지만 그렇게 간단하지 않다. 또한 바나나 이야기나 대서양 노예무역처럼 과거에 일어났던 최악의 무역 사건들을 이해할 때, 우리는 비로소 세계 경제의 미래를 책임감 있게 계획할 수 있다. 무엇보다 우리 역시 이 이야기의 일부임을 기억해야 한다. 적어도 이번 달에 바나나를 구매할 96퍼센트의 미국 가정에 속한다면 말이다. 이런 사건들은 앞으로 모든 사람의 인간성과 존엄성을 최우선시해야 함을 상기시켜준다. 그런 미래를 어떻게 만들 수 있는지, 그 방법들에 대해 뒤에서 좀 더 자세히 다루어보겠다.

바나나를 못 먹게 하는 가장 간단한 방법

미국인이 가장 좋아하는 과일은 안타까운 경로를 통해 우리 해안에 도착했다. 하지만 일단 도착하고 나자 야구나 애플파이처럼 지극히 미국적인 것으로 여겨지게 되었다. 영양성분이 우수해서든 디저트로 적당해서든(1904년 바나나스플릿을 개발한, 펜실베이니아주 러트로브의 젊은 수습 약사에게 감사를 표한다), 바나나가 우리 삶에 얼마나 깊숙이 들어와 있는지 모른다. 미국인 한 명당 연평균 바나나 12킬로그램을 먹는다는 연구 결과도 있다. 엄청나지 않은가! 우리는 아침으로 바나나 하나를 들고 집을 나서고, 아기에게 으깬 바나나를 먹이고, 주말 오후에는 바나나빵을 굽고, 맥도날드에서 딸기바나나 스무디를 주문한다. 나는 무역에 관해 이야기할 일이 생기거나 강의를 하게 되면 바나나를 가져가곤 한다. 그러면 사람들이 좀 더 생생하게 수입의 효과를 인지할 수 있고, 한 주 동안 바나나를 먹은 사람이 몇인지 물으면 거의 모두 손을 들어 올리기 때문이다. 게다가 19센트로 살 수 있는 교보재로 바나나 말고 또 무엇이 있겠는가.

미국인의 일상에서 바나나의 역할 중 가장 중요한 것이 바로 마지막 부분이다. 한 세기 넘게 미국과 함께해온 다른 많은 제품과 달리, 바나나는 대량으로 수입하기 시작한 그 순간부터 값이 쌌고 시간이 지날수록 더 저렴해졌다. 미국 노동부에 따르면 1947년 미국에서 바나나의 평균 가격은 1파운드(약 0.45킬로그램)당 15센트[5]였고, 지금 시세로 치면 1.7달러 정도였다. 물론 지금 바나나값으로 1.7달러를 지불한다면 바가지 쓴 것이다. 2017년 바나나 가격은 1파운드당 고작 56센트로 70년 전의 3분의 1도 안 된다. 그리고 바나나는 시간이 흐르면서 가격을 낮추기 위해 성능을 향상시키거나 좀 더 효율적으로 제조하는 컴퓨터나 전자레인지와 다름을 기억해야 한다.[6] 1950년대에서 2018년으로 건너온 사람이 마트에 갔을 때 충격받지 않을 유일한 점은 바나나 1개당 고작 19센트라는 가격 안내판일 것이다.[7]

놀랍도록 일관된 가격이 가능한 주된 이유는 바나나 자체가 놀라운 일관성을 가졌기 때문이다. 휴가로 인도네시아의 작은 과일 농장에 가지 않는 한 당신이 먹어본 바나나는 모두 유전자가 정확하게 같은 복제품일 가능성이 높다. 왜냐하면 50년 넘는 시간 동안 미국에서 구할 수 있는 유일한 품종이 밝은 노란색의 캐번디시 바나나이기 때문이다. 캐번디시 바나나는 수확과 포장이 용이할 뿐만 아니라, 대부분의 과일이나 꽃과 달리 무성 생식을 해서 품종이 다양하지 않다. 다시 말해 캐번디시는 조상들과 같은 속도로 성장하고 숙성되며 맛도 똑같다. 이렇듯 생장 과정을 예측할 수 있기에 낮은 가격대를 유지할 수 있는 것이다. 바나나가 모두 동일하다는 사실을 믿지 않는 사람들을 위해 말하자면, 바나나의 품질이나 외관상의 차이는 바나나를 언제 땄는지, 얼마나 오래 선반에 뒀는지, 수확 이후에 온도나 기타 요인이 어땠는지에 따라 나타날 뿐이다.[8]

우리 모두 어디든 바나나가 있는 게 당연하다고 여기는 것처럼 바나나 가격이 싼 게 당연하다고 여긴다. 미국에서는 실제로 그렇다. 그런데 만약 그렇지 않다면 어떨까? 바나나를 통해 배울 수 있는 가

그림 6-4 한 마트의 바나나 매대. '이보다 저렴할 수 없다'는 문구와 함께 개당 19센트(약 200원)라는 안내가 쓰여 있다.

장 중요한 사실 중 하나는 우리의 무역정책이 다른 방향으로 기울어질 때 세계가 어떻게 될지에 관한 것이다. 과테말라, 에콰도르, 콜롬비아, 코스타리카, 온두라스(미국은 이들 5개국에서 바나나 대부분을 수입한다)와의 무역 관계가 틀어지면, 미국인들의 일상은 갑자기 삐거덕거리게 될 것이다. 미국인에게서 바나나를 빼앗을 진짜 방법은 한 명 이상의 중남미 국가 지도자가 미국이 그들을 벗겨 먹고 있다고 고발하는 것이다. 트럼프가 주기적으로 다른 나라에게 시비를 걸듯 말이다. 만약 미국과 콜롬비아가 무역 갈등이 생겨 서로 상대국의 주요 수출품에 관세를 부과하기 시작한다면, 미국으로 수입되는 바나나의 수가 즉각 감소할 것이다. 공급이 감소하면 가격은 다소 오를 것이다. 무역전쟁 와중에 바나나 수요가 증가하면 가격은 더 뛰어오르게 된다. 아마 많은 미국인이 바로 알아차리지는 못할 것이다. 그러나 마트의 바나나 가격이 19센트에서 슬금슬금 올라 1달러에 가까워지면 몇몇 가정에서 저렴한 대안을 선택하기 시작할 것이다.

시간이 더 흘러 마트 재고량이 떨어지고 가격이 계속 오르면, 바나나는 값싸고 흔한 과일에서 파파야나 키위처럼 특산품 과일로 그 지위가 달라질 것이다. 결과적으로 저소득 가구는 주된 식료품으로서의 바나나에 대한 흥미를 완전히 잃어버릴 것이고, 다른 바나나 수출국들은 다른 곳, 즉 캐나다처럼 무역에 좀 더 호의적인 국가와 거래를 하는 게 낫다는 결정을 내리게 될 것이다. 유나이티드프루트의 후신인 치키타는 어쩔 수 없이 노스캐롤라이나주 샬럿에 있는 본사 직원을 감축해야 할 테고, 그러면 근로자 2만 명의 생계가 위협받게 된다(보라, 수입은 확실히 일자리를 창출한다). 주요 경쟁사인 캘리포니아의 돌푸드컴퍼니 역시 어려움을 겪게 될 것이다. 얼마 지나지 않아 미국은 바나나 공급 격감으로 식단을 조정하고, 미국의 대표 과일이던 바나나는 예전처럼 사치품이 될 것이다. 노래나 스플릿, 스무디, 학교 점심 도시락에서 바나나는 사라질 것이다. 그리고 이렇게 바나나는 10달러짜리가 될 것이다.

이 모든 이야기가 SF처럼 들릴지 모르지만 이와 비슷한 일이 이미 현실에서 일어나고 있다. 바나나의 아침 단짝인 오렌지는 바나나처럼 미국이 원산지가 아님에도 한 세기 이상 미국의 대표 수출품으로

자리 잡았다. 크리스토퍼 콜럼버스가 1493년(1942년이 아니고 다시 왔을 때다)에 북미에 처음으로 오렌지 씨를 가져왔다고 알려져 있다. 그러나 오늘날 플로리다 대표 작물의 미래가 아주 불투명하다. 2005년부터 오렌지 껍질이 녹색으로 변하는 감귤녹화병이 미국을 강타했는데, 이 병에 걸린 과실은 먹을 수가 없다. 이후 10년 동안 플로리다 오렌지 생산량이 50퍼센트 이상 감소했다.[9] 오렌지 공급량이 갑자기 급감하자 플로리다 오렌지주스는 상당히 큰 타격을 입어 가격이 갤런당 4.5달러에서 6.71달러로 껑충 뛰어올랐다.[10] 금세기 초부터 줄곧 오렌지 생산량은 곤두박질치고 가격은 천정부지로 뛰고 질병과 자연재해로 플로리다 작물이 훼손되었다. 2017년에는 허리케인 어마가 강타하면서 플로리다 오렌지 공급량이 절반으로 감소하기도 했다.[11] 한때 플로리다의 자랑이었던 오렌지는 10달러짜리 바나나의 예상 시나리오를 따라가고 있다.

그렇다고 미국인이 오렌지를 먹지 않는다는 뜻이 아니다. 브라질이 세계 최대 생산국이자 가장 인기 있는 수출국으로 부상해 그 빈자리를 채우고 있다. 브라질 기업은 미국의 오렌지 산업 쇠퇴로 반사이익을 얻었고, '미국' 오렌지주스 시장을 독식하기 위해 플로리다 오렌지주스 관련 기업들의 주식을 상당량 매입했다. 미국의 2대 오렌지 회사인 펩시의 트로피카나와 코카콜라의 미닛메이드의 주스 공장과 가공 공장 모두 브라질 자본에 매각되었다.[12] 결과적으로 플로리다 오렌지주스는 플로리다산이 아니라 브라질산을 사용하는 경우가 훨씬 더 많고, 이제 몇몇 회사가 '플로리다 오렌지주스' 라벨을 슬쩍

떼어내는 단계만 남았다. 100퍼센트 플로리다 오렌지주스 가격이 미국 내에서 한 팩당 6달러나 7달러로 올랐을 때 기업들은 용기 크기를 몰래 줄였고, 마트에서 7온스(약 200밀리리터)나 줄어든 경우가 발견되기도 했다.[13]

게다가 플로리다 오렌지의 수출은 벼랑 끝에 내몰려 있다. 2018년 중국, 캐나다, 유럽을 상대로 시작된 무역전쟁으로 미국은 가장 믿을 만한 파트너들을 브라질 오렌지 산업의 품에 넘겨주었다. 미국은 2010~2011년 시즌에 오렌지주스 15만 1000미터톤을 수출했는데, 대략 8온스 유리컵 3억 3500만 개 분량으로 미국인 모두가 한 잔씩 마실 수 있는 양이다. 그런데 2017~2018년 시즌에는 수출 규모가 3분의 1 이하, 대략 4만 5000미터톤으로 감소했다.[14]

엄밀히 말해서 무역정책 때문에 플로리다 오렌지 산업이 위축된 것은 아니다. 그러나 한때 번영했던 산업의 운명을 보면서 우리는 무역장벽이 높은 세계가 어떨지 예상할 수 있다. 무역 분쟁, 쿼터제, 무역전쟁이 브라질 오렌지의 수입을 막는다면, 플로리다 오렌지 산업의 현 추세가 계속된다면, 오렌지가 10달러인 나라, 아니 오렌지가 전혀 없는 나라가 되는 상상을 하는 것도 무리는 아니다. 트럼프 대통령의 감시하에 시작된 것처럼, 미국이 보호무역주의로의 회귀를 계속한다면, 가격이 갑자기 오르거나 우리 일상에서 아예 사라져버리는 것은 비단 미국의 국민 과일뿐만이 아닐 것이다. 미국 문화에서 너무나 흔하게 볼 수 있어서, 실제로는 수입에 의존하는데도 불구하고 지금은 완전히 미국 것으로 여겨지는 수많은 물건이 같은 길을 가게 될 것이다. 부품을 수입하지 못하면 미국 내 자동차 생산이 얼마나 금세 중단되는지 앞서 얘기한 바 있다. 노트북, 휴대전화 역시 구하기가 어려워질 것이다. TV, 와이셔츠, 바비인형이나 성조기는 찾기도 힘들어진다. 이런 제품은 대부분 해외에서 선적해오기 때문이다. 거버 이유식, 롤링스 야구공, 컨버스 운동화, 펜더 일렉 기타, 리바이스 청바지는 '미국'을 대표하는 상품이지만 전적으로 해외 생산에 의존한다.[15] 무역장벽이 높은 세계에서 이 제품들은 미국 내 상점에서 모두 사라지거나 터무니없이 비싼 미국산의 형태로 새롭게 단장해 가끔 나타날 것이다.

우리가 무역을 오해할 수밖에 없는 이유

미국은 수입에 관해 이야기하는 것을 금기시해서 국가적 담론으로 이 문제를 다룬 적이 없다. 정치인들은 수입에 관해 이야기하는 것을 꺼린다. 미국은 기본적으로 외국 제품을 선호하는 것을 반미행위처럼 느끼도록 대중을 세뇌해왔다(엘리트 세계주의자가 아닌 이상 다들 그렇게 생각한다). 미국인은 저렴한 수입품이 미국 내 일자리와 미국산 제품이 설 자리를 빼앗는다고 생각한다. 정치인들은 무역의 장점을 이야기할 때 개당 25센트도 안 되는 바나나, 1년 내내 즐길 수 있는 토마토, 전보다 저렴해진 의류와 장난감과 전자제품 등 수입품의 가치를 내세우는 대신, 무역 방정식에서 훨씬 더 인기 있는 부분에 집중한다. 바로 사람들이 미국의 일자리 문제와 동일시하는 수출 문제다.

하지만 나도 이해는 한다. 나는 미국 수출의 강력한 지지자이자 협상가 중 한 명으로 정부에서 8년 동안 일했는데, 당시의 성공담을 나누는 것만큼 행복한 일이 없다. 하지만 수입품이 어떻게 가격을 낮추고 인플레이션을 막아 우리 삶의 질을 높이는지를 증명하려는 사람은 없기에 시간이 흐를수록 수입품에 대한 부정적인 감정만 더욱 커진다.

무역에 관한 최근의 여론조사들을 보면 이것이 사실임을 알 수 있다. 세금, 이민 등 다른 시사 문제와 달리 무역에 관한 여론은 변화폭이 매우 크다. 왜일까? 짐작하건대 미국인들이 무역에 대해 잘 모르다 보니 누가 대통령이 되든 간에 일시적인 논쟁이나 감정에 의해 쉽게 휘둘리기 때문이다. 퓨리서치센터에서 근무했던 브루스 스토크스Bruce Stokes는 한동안 무역에 대한 미국인의 태도를 조사했다. 그는 첫 번째 질문으로 사람들에게 '다른 나라와의 무역은 (   )'에서 좋다와 나쁘다 중 하나를 선택해 문장을 완성해달라고 했다. 2018년 봄 설문 결과를 보면, 미국인은 74퍼센트 대 21퍼센트로 '좋다'를 '나쁘다'보다 더 많이 선택했다. 4년 전과 비교했을 때 무역에 우호적인 답변이 13퍼센트 증가한 수치였다. 갤럽의 설문 역시 스토크스와 유사한 결과를 얻었다. 2016년 선거 이후 공화당 지지자와 민주당 지지자 모두 점점 더 무역에 우호적으로 바뀌었다. 그렇다. 무역은 미국에서 점점 더 지지를 받는 것처럼 보인다! 그러나 설문 결과를 자세히 들여다보면 무역이 미국인의 삶에 미치는 구체적인 영향에 대해서는 회의적인 시각이 상당했다.

미국 내 일자리에 무역이 미치는 영향을 묻자, 퓨리서치 응답자의

3분의 1만이 '일자리를 창출한다'라고 답했고 3분의 1은 '일자리를 없앤다'라고 답했으며 4분의 1은 어느 쪽이든 별 차이가 없다고 답했다. 미국인이 평소 무역에 대해 어떻게 말하는지를 생각해보면 상당수의 시큰둥한 반응은 그다지 놀랍지 않다. 추측하건대 '별 차이가 없다'라고 응답한 사람 중에는 나 같은 경제학자 상당수가 포함될 것이다. 무역이 임금에 미치는 영향을 묻는 항목에서도 똑같은 결과가 나왔다. 31퍼센트가 무역이 임금을 상승시킨다고 응답했고 31퍼센트는 감소시킨다고 응답했으며 30퍼센트는 아무런 영향이 없다고 응답해, 의견이 거의 완벽하게 삼등분됐다!

두 질문에서 눈여겨볼 점은 2014년 이후 대중의 무역에 대한 찬성도가 어떻게 달라졌는가 하는 것이다. 그 사이에 있었던 대선 레이스에서 트럼프, 힐러리 클린턴, 버니 샌더스 모두 당면한 TPP 이슈에 강력히 반대의 목소리를 냈다. 2014년에는 미국인의 절반이 '무역이 일자리를 없앤다'라고 응답했고 20퍼센트만이 '일자리를 창출한다'고 응답했다. 4년 만에 같은 비율로 나뉜 것이다. 임금에서도 비슷한 양상이 펼쳐졌다. 2014년에는 무역으로 임금이 감소한다는 응답이 임금이 상승한다는 응답보다 3배 많았다. 4년 후 그 수치는 똑같아졌다.

무역이 일자리와 임금에 어떤 영향을 미치는지에 대한 태도가 혼란스러운 것은 당연하다. 수출 분야의 일자리가 다른 일자리보다 평균적으로 임금이 더 많다는 것은 알지만, 무역이 일자리와 임금에 어떤 영향을 주는지에 대한 견해는 개인적으로 이익을 보았는지 여부에 따라 달라질 수밖에 없다.

그런데 수입이 소비자 물가에 미치는 영향은 어떠한가? 그것은 매우 명확하다. 경제학자들 사이에서도 무역에 대해서는 입장이 서로 다를 수 있지만, 수입품이 음식, 의류, 가정용품, 그리고 다른 모든 것의 가격을 낮춘다는 점에 대해서는 의견이 일치한다. 그런 면에서 브루스 스토크스의 연구 중 무역이 가격을 낮추는지 아니면 올리는지에 관한 문항이 가장 흥미롭다. 미국인 중 3분의 1이 조금 넘는 사람들이 무역이 가격을 낮춘다고 정확하게 말하지만, 다른 3분의 1은 어쨌든 가격을 올린다고 생각한다. 이렇듯 수입품이 가격을 낮춘다는 생각이 대중에게 널리 받아들여지지 않는 것은 순전히 정치인들이 수입품의 장점을 언급하는 것을 피하기 때문이다. 미국에서만 이런 일이 있는 게 아니다.

퓨리서치는 27개국을 대상으로 동일한 설문조사를 했는데, 이스라엘과 스웨덴 2개 국가에서만 50퍼센트 이상이 무역이 가격을 낮춘다는 신뢰를 드러냈다. 그럼에도 희망이 보인다. 이 문제에 맞는 답을 한 미국인의 수가 상당히 적었지만, 그래도 미국은 이스라엘과 스웨덴을 제외한 모든 나라보다 여전히 앞서 있다. 여러분이 어디를 여행하든 매일 먹는 바나나의 값이 왜 10달러가 아니라 19센트인지 기꺼이 설명해주는 정치인은 거의 없을 것이다. 그나저나 거의 모든 국가가 외국 상품에 대해 약간의 혐오증을 가지고 있다는 사실은 아니러니하지 않은가?

수입이라는 삶의 혁명

사실 여러분과 내가 바나나가 10달러인 세상에서 살게 될 것 같진 않다. 아무리 트럼프가 자칭 '관세맨'으로서의 역할을 즐기고 있다 하더라도, 보호무역주의에 대한 그의 헌신은 현대 미국의 주된 여론과 분명하게 상충한다. 트럼프를 따라 그 특이한 길로 가려고 줄을 서서 기다리는 관세맨이나 관세우먼을 찾아볼 수 없다. 있다 하더라도, 이제 미국인 중에서 관세가 경제에 타격을 준다고 말하는 사람이 도움이 된다고 믿는 사람의 두 배에 이른다. 퓨리서치에 따르면, 정치인들이 환심을 사고 싶어 하는 무당파 중에서 56퍼센트 대 16퍼센트로 관세 반대가 찬성보다 더 많았다. 다시 말해 유권자들은 관세가 사실상 자신들에게 부과되는 세금이라고 이해하고 있다. 일상용품이나 철강에서 가끔 발생하는 예외를 제외하고, 사실 미국 보호무역주의를 둘러싼 전쟁은 오래전에 벌어졌고 관세는 압도적으로 패배했다. 저렴한 수입품은 감사하게도 아직 우리 곁에 있다.

하지만 우리가 10달러짜리 바나나를 보지 못할 것이라고 해서 그것을 무시해도 된다는 뜻은 아니다. 오히려 저렴한 수입품이 미국에 남아 있기에, 이 수입품들을 염두에 두고 무역에 대해 생각하고 결정을 내려야 한다. 식품, 의류, 일상용품의 가격이 삶의 질에 영향을 미친다는 사실은 부인할 수 없다. 더구나 바나나, 아이폰, 그 외 무역 덕분에 즐길 수 있는 많은 것이 가진 문화적 중요성에 대해서는 아직 언급하지도 않았다. 우리는 구매하는 많은 상품의 가격 하락에 큰 관심을 기울이지 않는 경향이 있다. 알아챈다 해도 그저 자신이 똑똑하고 요령 있는 소비자라고 생각한다. 기름값을 생각해보면, 우리는 커다란 게시판에 가격을 붙여놓고 10센트 오를 때마다 초조해하고 가격이 찔끔 내려갈 때마다 축하하며, 정치인들에게 그들과 가장 무관해 보이는 유가 변동에 대해 설명하라고 추궁한다. 하지만 그 밖의 우리가 구매하는 모든 것들에는 똑같은 관심을 기울이지 않는 것 같다.

이 점을 생각해보자. 1900년에 미국인은 가계 소득의 57퍼센트를 식료품과 의류를 구매하는 데 사용했다. 서구 경제 통합이 시작되고 몇 년이 흐른 1950년에는 그 비중이 42퍼센트로 떨어졌다. 새천년이 되고 몇 년이 지나자 그 수치는 무려 17퍼센트까지 하락했다.[16] 어떻게 이런 일이 가능했을까? 아마도 자동화를 비롯해 여러 요인이 작용했을 테지만, NAFTA 같은 무역협정의 첫 물결과 중국의 WTO 가입, 세계 전반의 관세 철폐 등도 확실히 역할을 했다.

분명히 말하건대, 식료품과 의류 가격의 하락은 단순히 세계 무역의 '혜택'이라고만 볼 수 없다. 이것은 진정한 혁명이었다. 미국이 임금 정체, 과도한 의료비, 주택 위기, 극심한 소득 격차로 몸살을 앓고 있을 때 수입이 중단된다면 삶이 얼마나 힘들어질지 상상해보라. 값싼 과일과 채소, 티셔츠, 야구 글러브, 백팩 등 우리의 일상생활에 깊이 들어온 물품들을 살 수 없다면, 서민 가정의 삶은 어떤 모습이 될까? 정치인들이 무역에 쏟는 관심 대부분은 수출을 향하지만, 오늘날 미국인이 살아가는 모습에 진정한 영향을 미치는 것은 바나나를 선두로 한 무서운 수입품 군단이다.

7장

아이폰의 세계 일주

지금까지 토마토 이야기를 했고, 레몬 이야기를 했고, 바나나 이야기를 했다. 농산품 코너를 따라 계속 걸어가보면 어떨까? 사과보다 더 좋은 주제가 있을까? 통계적으로 얘기한다면, 바로 지금 당신 지척에 사과가 있을 확률은 50퍼센트 가까이 된다.¹ 내 말이 안 믿기는가? 주머니를 확인해보라. 그렇다. 레몬이 자동차가 될 수 있는 것처럼 사과도 휴대전화가 될 수 있다. 더 정확히 말하면 아이폰이다. 실제로 스티브 잡스는 스티브 워즈니악과 함께 애플컴퓨터 설립을 구상할 무렵, 오리건주 맥민빌 근처 사과 농장에서 일하곤 했다. 그리고 그는 회사의 초기 로고, 아이작 뉴턴과 중력에 의해 뉴턴의 머리에 떨어지려고 하는 사과를 묘사한 로고를 디자인하는 데 도움을 주기도 했다. 오늘날 무역이 어떻게 기술을 전파하고, 혁신을 촉진하고,

그림 7-1 애플이 최초의 저가형 마이크로컴퓨터를 출시한다는 내용의 1976년 광고. 오른쪽 하단에 애플의 초창기 로고가 담겼다.

인류 진보의 득과 실을 널리 퍼뜨리는 데 관여했는지 증명하기에 애플의 아이폰보다 더 적합한 상품은 없다.

괜찮다면, 아이폰을 잠깐 감상해보라. 화면을 보라는 말이 아니라 아이폰이 의미하는 모든 것을 만끽하라는 말이다. 오늘날의 스마트폰은 인간의 필요와 욕구가 모두 집결된 것으로, 지금까지 봐온 세상 그 어떤 물건과도 다르다. 스마트폰이 아주 친밀하고 강렬하게 일상생활에 들어왔기 때문에 사람들은 이 기기를 너무나 당연한 것으로 받아들이지만, 한 걸음 뒤로 물러서서 우리가 정말 무엇에 관해 이야기하고 있는지 인식할 필요가 있다.

내가 이 글을 쓸 때, 내 재킷 주머니에는 지금까지 축적된 인류의 지식 전체에 바로 접근하게 해주는 3×6인치 직사각형 물건이 들어 있다. 이 문장을 읽는 데 드는 시간보다 더 짧은 시간 내에 나는 스마트폰을 통해 문자나 음성 혹은 영상으로 지구 저편에 사는 친구와 연락할 수 있다. 스마트폰은 최신 카메라이자 사진 스튜디오이고, 실시간 상황을 반영하는 종합적인 세계 지도를 담고 있으며, 브로드웨이 뮤지컬 음악을 비롯해 좋아하는 노래 수만 곡을 저장할 수 있다. 원한다면 스마트폰으로 세네갈에서 열리는 축구 생중계를 시청할 수 있다. 스마트폰으로 밤하늘을 가리키면 지금 내가 어떤 별자리를 보고 있는지도 알려준다. 김이 모락모락 나는 만두나 새 신발을 주문할 수 있고, 택시를 부르면 금세 집 앞에 도착한다. 심지어 손전등 기능도 있다! 게다가 소매 가격은 대략 999달러로, 〈스프링스틴 온 브로드웨이Springsteen on Broadway〉 티켓 가격, 자동차 새 펜더 가격, 클리블랜드 중간급 호텔 5박 비용과 별 차이 없다.

내가 하고 싶은 말은 스마트폰은 그저 그런 제품이 아니라는 것이다. 스마트폰은 인간 발명품의 최고봉이다. 적어도 지금까지는 말이다. 처음 출시된 지 10년도 안 되어 스마트폰은 정보를 찾고, 여가를 즐기고, 건강을 관리하고, 연인과 데이트하고 소통하고, 재정을 관리하는 방식을 바꾸어놓았다. 스마트폰은 놀랍고 또 때로는 두려울 만큼 효과적으로 우리를 세상과 연결하고 또 단절시킨다. 정치인들이 우리에게 말을 하는 주요 통로 역시 스마트폰이 됐다. 그런데 이 기기가 아무리 익숙할지라도 우리 손에 들어오기까지 여섯 대륙의 아이디어와 자원, 노동력이 필요하다. 그렇다. 아이폰은 무역이 있기에 가능한 이야기다. 우리 주머니 속 작은 직사각형은 자유롭게 흐르는 세계화 경제 없이는 결코 존재할 수 없었을 기적(때때로 위협)이다.

아이폰 제작에 몇 개국이 참여할까

이 이야기는 2004년 캘리포니아에서 시작된다. 스티브 잡스가 애플이 급속도로 성장하는 휴대전화 시장에 진출하는 것을 처음으로 승인한 때로, 당시 휴대전화 시장은 디자인 결함과 소비자를 괴롭히는 여러 가지 문제로 골치를 앓고 있었다.[2] 나 역시 초기 휴대전화 사용자 중 하나였다. 초기 휴대전화는 신발 상자만 한 크기였는데 절대 가볍지 않았다. 그때 애플은 야심만만한 계획을 세웠다. 전화기, 컴퓨터, 카메라, 아이팟(2001년 애플에서 출시한 이후 선풍적인 인기를 끈 음악 기기)의 기능을 동시에 갖추면서 이 모든 것을 작고 가벼운 본체에 담고, 터치스크린으로 작동하며 와이파이 연결까지 가능하게 하고자 했다. 또 가격대도 평균 소비자의 마음을 사로잡을 수 있는 수준에 맞추고자 했다.

이 프로젝트에는 로드맵이 없었다. 가장 환상적인 SF 작품도 이런 물건은 상상하지 못했다. 이것이 얼마나 과감한 제안이었는지, 실제로 애플사의 전문위원회도 어떻게 제작해야 할지 난감해했다. 프로젝트가 시작되자 잡스는 직원을 두 팀으로 나누어 한 팀은 통화가 가능한 아이팟을 만들게 했고 다른 한 팀은 맥컴퓨터를 휴대전화 크기로 줄이게 했다.[3] 결국 맥을 축소하는 팀이 이겼다. 아이팟만의 독특한 휠 인터페이스를 휴대전화에 그대로 적용하기가 어려웠다. 옛날 전화기 다이얼처럼 구닥다리로 보인다는 점이 적잖게 작용했다.

캘리포니아, 아니 다른 어느 곳이든 한정된 지역에서 이렇게 복잡한 제품을 생산하는 것은 불가능하다. 미국인 대다수가 미국에서 아이폰을 고안하고 중국에서 조립한 다음 다시 태평양을 건너 운송해 왔다고 추정하지만, 사실은 이보다 훨씬 더 복잡하다. 시작 단계부터 애플은 아이폰이라는 약속을 이행하기 위해 인류 역사상 가장 복잡한 국제 가치사슬 중 하나에 의존했다.

2013년 보도사진가 데이비드 바레다David Barreda는 〈포린폴리시 Foreign Policy〉 편집장 데이비드 워타임David Wertime과 협력해 아이폰의 전 지구적 생산 주기를 도식화하고자 했다. 두 사람은 오스트레일리아에서 필리핀, 이스라엘, 프랑스, 브라질에 이르기까지 수십 개 국가에 위치한 748개 아이폰 공급업체를 찾아냈다.[4] 그렇다면 손목을 살짝 돌려 화면을 가로에서 세로로 바꿀 수 있는 자이로스코프는 어디서 왔을까? 바로 스위스 제네바에 본사가 있고, 이탈리아와 프랑스에 생산공장이 있는 ST마이크로일렉트로닉스STMicroelectronics에서 왔다.[5] 휴대전화가 (운동 앱처럼) 사람의 움직임을 이해하고 해석하거나 기기를 쓰지 않을 때 배터리를 아끼도록 하는 칩은? 네덜란드에 있는 반도체 제조업체인 NXP의 발명품이다.[6] 완벽한 터치스크린 제작이 가능한 종잇장처럼 얇은 차광 흠집 방지 유리는? 남북전쟁 전에 설립된 회사로, 뉴욕주 서부 인구 1만 1000명의 도시에 위치한 코닝Corning사에서 생산한다.[7] 휴대전화는 탄탈럼이라는 희토류 원소가 없다면 절대로 작동하지 않는다. 탄탈럼은 전하량이 매우 높은 금속분말로, 스마트폰, 태블릿 등 현대 기기를 작동시키는 소형 회로판에 전원을 공급하는 데 필수적이다. 새까만 희귀광물인 콜탄을 가공하면 탄탈럼이 되는데, 르완다와 콩고민주공화국의 광부들이 비참한 환경 속에서 이 콜탄을 채취한다. 최근 몇 년 동안 애플을 비롯한 여러 기업은 콜탄을 조달한 광산이 기본적인 인권 기준을 충족하는지에 대해 점점 더 많은 의심의 눈초리를 받아왔다.[8] 앞으로 개선의 여지가 남아 있기는 하지만, 콜탄 광산은 무역의 윤리와 경제가 얼마나 복잡할 수 있는지를 보여주는 또 다른 예다.

우리는 무역이 공급과 수요에 영향을 줌으로써 많은 상품이 저렴해지고 성능은 더 좋아지며 더 혁신적이고 더 접근성이 좋아지게끔 한다는 것을 안다. 앞서 논의했던 것처럼, 무역은 의류 가격을 낮추고 내구성이 더 좋은 자동차 부품을 제공해주며 겨울에도 블루베리를 먹게 해준다. 그러나 스마트폰이나 다른 기기에 미치는 영향은 그보다 훨씬 더 크다. 무역을 통해 많은 국가의 기술과 자원을 함께 엮을 수 있었기에 이러한 상품들의 생산이 가능해졌다. 미국의 오디오 칩, 한국의 배터리, 콩고의 광물, 일본의 카메라, 독일의 가속도계를 사용했으니, 아이폰은 인간이 고안한 가장 글로벌한 제품일 것이다.[9]

장거리 무역이 점점 더 확장되고 용이해지는 시점에서 우리는 아이폰을 통해 제품 개발의 미래가 어떨지 엿볼 수 있다. 여러 측면에서 보았을 때 세계 경제는 아직 걸음마 단계에 머물러 있다. 우리는 이제야 막 세계인이 머리를 맞댔을 때 무엇을 성취할 수 있는지 탐구하기 시작했다. 사실 우리는 수십 개 국가에서 수천 명의 사람이 공동 목표, 특히 새로운 기술 개발을 위해 각기 공헌한다면 얼마나 경이로운 발명을 할 수 있을지 가늠할 수 없다.

프리드먼의 델 이론

칼럼니스트 토머스 프리드먼은 세계화를 잘 풀어쓴 유명한 책《렉서스와 올리브나무》에서 〈뉴욕타임스〉를 통해 처음으로 제기한 이론을 상세히 설명했다. 골든아치 이론Golden Arches Theory으로 널리 알려진 이 개념은 '맥도날드가 입점해 있는 국가 간에는 그 입점 이후부터 전쟁이 일어나지 않는다'라는 것이다.[10] 프리드먼의 주장은 생명력이 길지 못했다. 1999년 4월《렉서스와 올리브나무》가 서점을 강타했다. 그러나 바로 몇 주 후 맥도날드 해피밀을 좋아하는 NATO가 유고슬라비아를 공습했고, 베오그라드에 있는 맥도날드 몇 군데와 함께 프리드먼의 이론도 파괴했다. 골든아치 이론이 나오기 전후로 불거졌던 다른 갈등들도 이 이론에 의구심을 품게 했다. 예를 들어 1989년 미국이 파나마 침공을 단행해 마누엘 노리에가를 축출한 사건, 2006년 이스라엘과 레바논 간의 전쟁, 2014년 러시아의 우크라이나 침공 등은 도처에 빅맥이 보이는데도 일어났다.

프리드먼은 결국 자신의 이론을 수정해 맥도날드를 텍사스를 기반으로 한 컴퓨터 회사, 델로 교체했다. 두 나라가 세계적인 햄버거 맛을 공유하는 것으로는 불충분하고, 정말로 평화를 지키고 싶다면 경제적으로 좀 더 긴밀한 관계를 맺을 필요가 있음이 드러난 것이다.

구체적으로 델 이론은 다음과 같다. "어느 두 나라가 델의 국제 공급사슬처럼 동일한 공급사슬에 속하는 한 서로를 공격하며 전쟁을 일으키지 않는다."[1] 다시 말해 여러 국가를 정말로 하나로 만드는 것은 패스트푸드점, 월마트 등 세계 자본주의의 산출물에 접근할 수 있는지 여부가 아니라 투입물을 가졌느냐, 즉 할당된 몫이 있느냐 하는 것이라는 이야기다. 한 나라의 경제가 다른 나라 노동자의 성공과 결부돼 있다면, 해당 국가 정부들은 전쟁을 일으키거나 서로를 화나게 만들어 계획을 망치기 전에 심사숙고할 것이다. 너무 많은 것이 위태로워지기 때문이다. 무역으로 최근 옥신각신하고 있지만, 미국과 중국 경제는 가치사슬로 매우 긴밀히 얽혀 있어 두 나라 사이의 분쟁이 격화되는 것을 막아준다. 예컨대 미국과 터키의 관계와 비교해보자. 두 나라는 공급사슬, 여행, 청년들의 유학 등에서 서로 접점이 크지 않다. 두 나라의 관계가 훨씬 불안정한 것도 이와 연관이 있다고 본다. 국제 가치사슬은 여러 국가가 함께 걸어가는 길에서 서로 이탈하지 않도록 막아주지만, 개발도상국의 입장에서 보자면 거대한 외국 기업에 대한 의존도가 높아져 때때로 착취로 이어질 수 있다.

장기적으로 보았을 때 프리드먼의 델 이론이 사실로 입증될지 여부는 아무도 알 수 없다. 어쨌든 국제 화합을 유지하기 위해서는 경제 그 이상의 것이 필요하다. 그래도 아이폰과 같은 제품들이 계속해서 개발되고 우리 삶에 들어오고 있으니만큼, 막대한 국제 공급사슬이 전 세계 사람들과 우리의 관계에 어떤 영향을 미칠지 숙고해볼 필요가 있다. 여기에도 양면성이 존재한다. 미국의 경제적 부가 다른 나라와 통합되어 양국 관계를 더욱 공고히 할 수 있는 반면, 결속 관계에 지나치게 의존할 경우 다른 상황에서라면 비난했을 악행을 묵과할 수도 있다. 지난 역사를 보면 인권 유린을 자행한 정부가 미국과 경제적으로 연계되어 있었던 경우, 미국의 반응에 현저한 차이가 있었다. 바꿔 말하면, 기름을 팔고 노트북을 조립하는 어느 나라에 미국이 많이 의존한다면, 설령 그 나라가 우리는 동의하지 않는 행위를 할지라도 방임할 가능성이 크다. 이런 부정적인 결과에 국제 공급사슬의 긍정적 결과(경제적으로 협력하는 국가 사이의 전쟁 발생 감소, 개방과 이해 증가)보다 더 무게를 두어야 할지는 판단하기 어려운 문제다. 그렇지만 아이폰과 무역의 장기적 영향에 대해 전반적으로 생각해보려면 부정적인 면과 긍정적인 면 모두 고려해야 한다.

무역전쟁이 나면 아이폰 가격이 오르는 이유

아이폰은 무역에 대해 중요한 것을 가르쳐주었듯이, 양자 무역적자에 대해서도 중요한 가르침을 준다. 3장에서 무역적자에 관련된 오해에 대해 이야기한 바 있다. 여러분도 기억하겠지만, 무역적자는 건강한 무역 관계를 판단하는 데 거의 쓸모가 없다. 다시 정리해보자면, 두 나라 간의 무역수지는 A국가에서 B국가로 판매된 재화·서비스의 가치와 B국가에서 A국가로 판매된 재화·서비스의 가치의 비로 측정된다. 파는 것보다 더 많이 산 나라는 사는 것보다 더 많이 판

나라를 상대로 양자 무역적자가 발생한다.

간단하고 가까운 예를 하나 들어보겠다. 나는 이발사 오머 씨에게 무역적자를 보고 있다. 나는 그에게 이발 서비스를 지속적으로 구매하지만 그는 나에게서 아무것도 사지 않기 때문이다. 그리고 우리 둘 다 이 문제에 대해 아무렇지도 않다! 물론 이 적자 문제는 우리 각자의 재정 상태에 대해 아무것도 알려주지 않는다. 마찬가지로 2018년 중국으로부터 무역적자 3780억 달러가 발생했다고 해서 미국 경제가 강세인지 약세인지 알 수 없다.

이발사 문제뿐만 아니라 다른 여러 이유로 인해 무역적자는 경제 건전성을 가늠할 수 있는 믿을 만한 기준이 되지 못한다. 먼저 무역적자는 단순한 수출입 총합을 넘어선 다른 요인들에 의해 왜곡되기 쉽다. 예를 들어 달러 가치가 오르거나 하락하면 이어서 무역수지에 변동이 생긴다. 달러 가치가 오르면 미국 수출품 가격이 비싸지고 해외 수입품 가격이 싸진다. 미국이 해외에서 구매하는 물품의 가짓수에 변동이 없다 해도, 달러 가치가 오르면 아마 더 많이 수입해오고 덜 수출하게 되어 무역적자가 증가할 것이다. 이것이 나쁜 일일까? 사실 환율이나 인플레이션은 물론 한 나라에서 얼마나 많은 사람이 저축이나 투자를 했는지 여부까지 무역흑자와 적자에 영향을 준다. 따라서 대對중국 무역적자 3780억 달러는 미국 경제의 건전성을 평가하기에 적합하지 않은 기준일 뿐만 아니라 잘못된 정책으로 이끌 수 있는 부정확한 수치다.

이제 아이폰의 여정은 무역적자의 다른 결점을 보여줄 텐데, 이는 무역정책의 화두로서 무역적자가 얼마나 우스꽝스러운지를 알려준다. 아이폰은 미국에서 발명되고 설계되었으며 중앙아프리카 광물로 작동하고 유럽과 아시아의 기술로 실현되었음에도 100퍼센트 중국 수출품으로 분류된다. 미국의 무역적자를 산출할 때, 아이폰 공급자 100명 중 99명이 세인트루이스 시내에 위치하더라도 아무 상관이 없다. 그 물건의 형태로 '실질적으로 만든' 마지막 나라가 생산지로 인정받게 된다. 절대다수의 아이폰이 중국에서 최종 조립된다. 때문에 스위스의 자이로스코프, 네덜란드의 모션칩, 일본의 레티나 디스플레이, 미국의 유리 등 모든 가치의 총합은 중국 경제로 들어간다. 헷갈리겠지만, 아이폰 조립(대부분 세계 최대 전자제품 제조업체인 타이완 기업 폭스콘Foxconn에서 담당한다) 비용은 생산 단가의 3~6퍼센트 혹은 아이폰 X 한 대당 8~20달러 정도로 추산된다.[12]

트럼프를 비롯한 사람들은 대중국 무역적자를 미국 경제가 약화되었다는 증거로 제시하며 유난을 떨었다. 우리는 그 논쟁이 말이 안 되는 이유들을 점검해왔다. 트럼프의 주장은 대중국 무역적자 3780억 달러가 매년 중국에 3780억 달러를 고스란히 가져다준 것과 마찬가지라는 전제를 깔고 있는 듯하다는 점에도 주목할 필요가 있다. 에드 맥마흔Ed McMahon이 특대형 수표를 들고 시진핑 주석의 현관 앞까지 배달이라도 하는 것처럼 말이다. 과거에 트럼프 대통령은 대중국 무역적자와 관련해 다음과 같은 트윗을 올린 적이 있다. "매년 중국은 미국으로부터 거의 3000억 달러를 벌어들인다."[13] 그리고 다시 한번 이 문제에서 발을 헛디뎠다. 이것은 동네 주유소가 '나로부터 20달러를 벌었다'라고 주장하면서, 내 차에 20달러어치 기름을 넣었다는 사실은 완전히 무시하는 것과 마찬가지다.

아이폰의 경우를 따져보면 더욱 황당한 주장이다. 아이폰 가격은 모델, 메모리, 특성에 따라 크게 차이가 난다. 그중 일반적인 제품이 999달러에 팔린다고 가정해보자. 2017년 약 6900만 대의 아이폰이 미국에서 판매되었다.[14] 무역적자에서는 수입품의 가치를 소매 가격이 아닌 공장도 가격으로 매기기 때문에, 이 경우 아이폰으로 인한 대중국 무역적자는 160억 달러 정도가 된다. 사실 애플 소유이기에 정확한 값은 알 수 없고, 매년 판매되는 휴대전화들의 실제 평균 가격에 따라 이보다 적을 수도 많을 수도 있다. 확실한 것은 그 값이 100억 달러대로, 이 금액 전체가 미국이 중국에서 수입함으로써 발생한 무역적자 3780억 달러에 반영된다는 것이다.

하지만 물론 999달러 아이폰이 미국 소비자에게 팔릴 때마다 그 돈이 베이징에 그대로 전달되는 것은 아니다. 글로벌 시장 분석 업체 IHS 마킷IHS Markit은 아이폰 X이 한 대 팔릴 때마다 110달러는 아이폰의 디스플레이를 생산하는 한국의 대기업 삼성(갤럭시 시리즈 제작사로, 스마트폰 시장에서 애플의 막강한 경쟁 상대다)으로 보내진다고 추산했다.[15] 또 44.45달러는 메모리칩 공급업체인 일본의 도시바와 한국의 SK하이닉스의 몫이다.[16] 반면 중국은 노동력과 부품 공급으로 8.46달러만 버는 것으로 추산되었다.[17] 일부는 싱가포르로 가고, 일부는 브라질로 가고, 일부는 이탈리아로 가고, 일부는 뉴욕주 코닝사로 가며… 상당 부분은 캘리포니아주 쿠퍼티노에 있는 애플 본사로 간다.

아이폰은 중국의 수출품으로 계산되지만 미국인이 지출한 돈의 대부분은 미국 현지에서 멀리 가지 않는다. 따라서 사실인즉슨, 대중국 무역적자가 인위적으로 상당히 부풀려진 것은 중국이 한 제품의 기나긴 국제 공급사슬에서 마지막 종착역이기 때문일 뿐이다.

왜 미국은 직접 아이폰을 생산하지 않을까

많은 미국인이 중국을 무역 악당으로 여긴다. 때문에 적어도 아이폰의 이야기에서는, 오히려 이름 없는 동맹국에 가깝다는 사실을 알게 되면 깜짝 놀랄 것이다. 트럼프 대통령은 아이폰을 미국 내에서 100퍼센트 생산하라고 계속 요청해왔다. 예를 들어 2019년 1월 백악관 로즈가든에서 열린 기자간담회에서 그는 이렇게 말했다. "잊지 마세요. 애플은 중국에서 제품을 생산하고 있습니다. 나는 내가 정말 좋아하는 친구 팀 쿡에게 아이폰을 미국에서 생산하라고 말했습니다. 수 마일에 걸쳐 크고 아름다운 공장들을 세우는 겁니다. 미국에 이 공장들을 세우는 거죠."[18] 물론 트럼프의 이런 태도는 다른 정치인들에게서도 볼 법한 것이다. 어쨌든 더 많은 공장은 더 많은 일자리를 뜻하기 때문이다. 어쩌면 트럼프가 애플의 생산라인을 미국 땅으로 이전하는 것에 남다른 관심이 있었던 걸까? 그러면 아이폰이 더 보안이 잘될까 봐? 2018년 10월 〈뉴욕타임스〉 보도에 따르면, 트럼프는 측근들로부터 중국 정보원들이 그의 아이폰 통화 내용을 다 듣고 있다는 경고를 반복해서 받았다고 한다.[19] 트럼프는 그 이야기가

Donald J. Trump @
@realDonaldTrump

The so-called experts on Trump over at the
New York Times wrote a long and boring
article on my cellphone usage that is so
incorrect I do not have time here to correct it.
I only use Government Phones, and have only
one seldom used government cell phone.
Story is soooo wrong!

3:54 AM · 25 Oct 2018

"〈뉴욕타임스〉의 소위 트럼프 전문가라는 사람들이 내 휴대전화 사용에 대해 길고 지루한 기사를 썼다. 너무나 부정확한 그 기사를 고쳐줄 시간이 없다. 나는 공무용 전화기만 사용하고 가끔 공무용 휴대전화를 사용할 뿐이다. 기사는 너어어어무 잘못되었다!"

그림 7-2 〈뉴욕타임스〉는 중국이 트럼프의 개인 휴대전화를 도청하고 있다고 익명의 증언을 토대로 보도했지만, 트럼프는 이를 부인했고 중국 역시 사실이 아니라고 일축했다.

사실이 아니라고 부인했고, 중국 외교부 대변인은 트럼프의 〈뉴욕타임스〉 혐오에 장단을 맞추어 그 보도가 '가짜뉴스'라는 성명을 발표하면서, '애플이 도청되고 있다는 걱정이 든다면 화웨이로 바꾸라'고 뻔뻔하게 말했다.[20]

한때 애플은 미국에서 상품을 생산하려고 했었다. 트럼프 대통령의 친애하는 친구 팀 쿡은 2012년에 텍사스주 오스틴에 맥프로 컴퓨터 생산라인을 건설할 계획이라고 발표했다.[21] 이는 미국 전자제품 제조의 분수령이 되는 것처럼 보였다. 하지만 미국 공급업체가 컴퓨터 조립에 필요한 아주 작고 또 모델마다 다른 나사를 충분히 제공할 수 없다는 사실이 드러나면서 모든 계획이 수포로 돌아갔다. 나사 공급 부족으로 중국에 부품을 주문해야 했고, 첫 텍사스산 맥컴퓨터의 테스트와 판매가 몇 달 뒤로 미뤄지면서 미국산 컴퓨터의 꿈에 찬물이 끼얹어졌다. 그리고 여전히 실현 불가능한 상태다.

사실상 미국이 작은 나사를 공급할 수 있다 하더라도 애플은 미국으로 생산라인 전체를 이전할 수 없다. 미국인들이 살 수 있는 가격대에서 괜찮은 아이폰을 만들 생각이라면 말이다. 이 특정 상품의 경우 중국은 전혀 '바가지를 씌우지' 않는다. 중국이 하는 일은 아이폰 생산에 드는 노력을 미국을 비롯한 세계 여러 나라들과 분담하고, 세계 곳곳의 소비자들을 위해 가격 절감에 도움을 주는 것이다. 그 대가로 그들은 앞서 언급한 대로 스마트폰 한 대당 8.46달러와 그들의 도시에 대량 창출된 박봉의 생산라인 일자리를 얻었다. 이익의 상당 부분은 중국이 아니라 그대로 미국으로 보내졌다.

애플이 생산 공정을 미국으로 가져오겠다고 고집한다면, 미국은 계속 많은 이득을 얻지 못할 것이다. 물론 스마트폰 한 대당 8.46달러 역시 중국의 공장 노동자들이 아닌 미국에 떨어질 테지만, 미국의 임금이 훨씬 더 높기에 그 돈으로는 많은 수에게 임금을 지불할 수 없다. 기존의 생산량을 유지할 수 있을 정도로 미국 노동자를 많이 고용하려면 애플은 아이폰의 생산 단가를 상향 조정해야만 한다. 그렇게 되면 소비자들은 더 저렴한 대체품을 선택할 것이고, 판매량이 감소하면 애플은 미국 내 일자리를 유지하기 힘들어진다. 게다가 현실적으로 미국은 바로 가동 가능한 현대화되고 선진화된 전자제품 제조 인프라를 갖추지 못했다. 미국에 그런 인프라가 있었다 하더라도 수십 년 전에 전자제품 생산 분야 전체를 아시아에 이양했기 때문에, 미국이 밑바닥부터 다시 그 산업을 시작하고 발선시키기 위해서는 상당한 투자와 시간이 필요하다. 전자 부품 대부분이 이미 아시아에서 생산되고 있으며 중국 공장은 효율적이고 생산적으로 가동되고 중국 내 엔지니어 수도 훨씬 더 많다. 만약 중국에서 아이폰 한 대를 만들 때 드는 비용이 8달러라면 미국에서는 약 9배인 73달러가 든 다.[22] 그러니 미국으로 옮기는 것은 말도 안 된다.

위스콘신 폭스콘 프로젝트의 교훈

아이폰이나 다른 기계의 생산라인을 미국으로 이전하는 데 있어서 또 다른 장애물은 제조업체들(다시 말해, 세계 곳곳의 애플이 아니라 실제 생산을 담당하는 회사들)의 반대다. 위스콘신의 선량한 시민들은 얼마 전에 전자제품 제조업체를 미국으로 유치하기 위해 무엇이 필요한지 를 직접 목도했고, 그 결과는 보기 좋지 않았다. 2017년 트럼프 대통 령과 당시 위스콘신 주지사였던 스콧 워커Scott Walker는 위스콘신에 공 장을 건설하라고 폭스콘을 설득하는 데 여념이 없었다. 그렇다. 아이 폰 생산 대부분을 맡고 있는 그 폭스콘이다. 이 타이완 기업은 당연 히 주저했다. 앞에서 이미 언급한 모든 이유 때문이었다. 거대 전자 제품 제조업체가 상대적으로 임금이 높고 상대적으로 고용친화적인, 그리고 필요한 부품 대부분이 지구 반대편에 있는 국가에서 사업을 시작하는 건 어불성설이었다. 그렇지만 워커는 비용에 상관없이 일 을 추진하기로 결정했다. 그는 유례없는 금융 혜택과 여러 우대 조건 을 안겨주고 나서야 폭스콘을 위스콘신으로 유치할 수 있었다.

2017년 7월 워커는 백악관에서 트럼프 옆에 서서 협정을 발표했 고, 그해 9월에 수십억 달러의 우대 혜택이 법으로 제정되었다. 그 결과 폭스콘은 미국 역사상 주 보조금 혜택을 가장 많이 받은 외국 기업이 되었다.[23] 트럼프는 러신카운티에 와서 워커와 당시 하원의장이자 위스콘신 하원의원이었던 폴 라이언Paul Ryan이 새로운 공장을 착공하는 것을 도왔다.

100억 달러의 평판 디스플레이 공장은 그 규모가 축구장 10개보다 컸다. 여러분도 예상했겠지만, 성급한 찬사가 쏟아졌다. "솔직히 그들은 우리 나라에 오지 않으려고 했다." 트럼프는 발표식에서 폭스콘에 대해 매우 정확하게 언급했다. "이런 말은 하고 싶지 않지만, 만약 내가 당선되지 않았다면 그들은 우리 나라에 오지 않았을 것이다."[24] 워커 역시 자랑스럽게 이런 트윗을 올렸다. "폭스콘이 와서 위스콘신에 1만 3000개 일자리가 만들어진다. 우리 주 역사상 최대 취업 공고다!"[25] 새로운 최첨단 공장과 수천 개의 미국 내 제조업 일자리 생성, 문제 될 게 뭐가 있겠는가?

아주 많다. 지나치게 관대한 세금 우대, 공제, 리베이트, 부동산 세금 감면, 보조금 등의 혜택을 주면서 거래를 성사시키느라 워커는 위스콘신을 48억 달러에 달하는 세금 지출이라는 궁지로 내몰았다.[26]

위스콘신주는 이미 제조회사들에 현저하게 낮은 세금을 부과하고 있었고, 이윤에 대해 세금을 전혀 부과하지 않았다. 폭스콘을 오게끔 설득하기 위해서는 이 이상의 것이 필요했다. 위스콘신의 선량한 시민들은 말 그대로 15년 연속 2억 달러 상당의 수표를 써주는 셈이 되었다.[27] 그 프로젝트는 위스콘신주 동남부에 3000개 일자리를 창출하고, 미래 어느 시점까지 추가로 1만 개를 '잠재적으로 늘릴' 것으

그림 7-3 2018년 6월 트럼프 대통령은 위스콘신 마운트플레전트에서 열린 폭스콘의 새 공장 착공식에 참석했다. (왼쪽부터) 폭스콘의 첫 번째 위스콘신 고용 노동자 C. P. 머독, 스콧 워커 주지사, 트럼프 대통령, 궈타이밍 폭스콘 회장, 하원의원이자 의장 폴 라이언.

로 기대되었다.[28] 이런 기대가 충족될 거라 믿는다 해도, 1만 3000개 일자리를 만들기 위해 48억 달러를 지불한다는 것은 일자리 하나당 약 37만 달러씩 치른다는 뜻이었다. 초당적인 기관인 위스콘신 예산국은 주 입법부를 대신해 프로젝트 분석을 맡았는데, 납세자들이 적어도 거래 성사 후 사반세기가 지난 2042년까지는 주지사의 투자 수익을 전혀 체감하지 못할 것이라고 예측했다.[29] 폭스콘에 부지를 만들어주기 위해 위스콘신은 공용수용법을 동원해, 아니 많은 사람이 주장했듯 '남용해' 집주인들에게 집과 농장을 주정부에 팔라고 강요했다.[30] 러신카운티에 있는 집에서 30년 가까이 살아온 조 재너첵Joe Janacek, 폭스콘이 왔을 때 꿈에 그리던 집을 막 완공한 참이었던 킴 머호니Kim Mahoney와 제임스 머호니James Mahoney 같은 거주자 입장에서 토

지수탈 시도는 계속되는 악몽과 다를 바 없었다.[31]

폭스콘 실험이 어떻게 될지는 좀 더 지켜봐야 한다. 새 공장이 일자리와 경제적 기회의 원천이 되겠다는 약속을 이행하고 정체된 도시에 활기를 불어넣고 미국 전자제품 제조업이 앞으로 나아갈 길을 제시할 수 있을까? 아니면 거래 성사 이후부터 드러나기 시작한 문제들이 더 악화될까? 납세자 부담은 전례 없는 수준이다. 사유재산 또한 압류당했다. 대기오염법과 미시간 호수 보호법도 피해 갔다. 워커 주지사는 폭스콘이 오대호에서 매일 700만 갤런의 물을 뽑아 쓰는 것을 특별히 허용해줌으로써 2008년 8명의 주지사가 서명한 협정을 위반했다.[32] 다시 말해 타이완 회사가 괜찮은 패라는 꿈에 부풀어 위스콘신의 많은 칩을 도박 테이블 한가운데로 밀어버린 것이다.

제조업 일자리를 미국의 심장부로 가져오는 것은 의심할 바 없이 좋은 일이고, 정치인들에게는 호재가 아닐 수 없다. 그러나 폭스콘 사례에서 볼 수 있듯이, 상황은 그렇게 간단하지 않다. 2018년 여름 공장 건설 프로젝트가 시작되었을 때, 그 지역의 실업률은 3퍼센트로 매우 낮은 상태였다.[33] 러신카운티는 일자리가 없어서가 아니라 임금이 오르지 않는 문제로 고전을 면치 못하고 있다. 그러니 공장 일자리 1만 3000개가 현실화된다고 한들, 현지 노동자들의 주머니에 더 많은 돈이 들어갈지는 미지수다. 또 자동화의 문제가 있다. 다른 분야와 마찬가지로 폭스콘의 많은 아시아 공장을 비롯해 전자제품 제조업 역시 계속해서 이 문제를 거론하고 있다. 그렇다면 그 일자리가 얼마나 지속될 수 있을까? 폭스콘 같은 회사들이 내놓은 약속들이 호지부지될 때가 많은 것은 말할 필요도 없다. 실제로 2013년 폭스콘은 펜실베이니아 중심에 3000만 달러의 첨단공장을 건설하고 500명의 현지 근로자를 채용하겠다고 발표했다. 기공식이 거행되고 프로젝트가 추진되자 현지 부동산 가격이 상승했다. 그런데 그 프로젝트는 흔적도 없이 사라졌다.[34]

2018년 11월 워커 주지사는 1퍼센트 차이로 낙선해 3선에 실패했다. 예상했겠지만, 당시 폭스콘은 선거에서 주요 이슈가 되었다. 두 달 뒤 폭스콘은 2018년 일자리 목표치에 도달하지 못했다고 발표했다. 폭스콘은 연말까지 1040명을 현지에서 고용하기로 약속했지만, 실제로 고용된 인원은 178명에 불과했다.[35] 하지만 프로젝트가 계획한 대로 진행 중이라면 여전히 수십억 달러의 혜택을 받을 자격이 있었고, 폭스콘은 위스콘신 경제개발공사에 '채용과 채용 일정을 조정했다'고 통고했다.[36] 2019년 1월 30일, 폭스콘 대변인은 위스콘신 제조공장 건설 계획을 재검토 중이며 공장 부지를 생산 공장이 아니라 연구센터로 사용할 것을 고려하고 있다고 밝혔다.[37] 미국에서 첨단 디스플레이 스크린을 생산할 경우 인건비가 많이 드는 점을 언급하며, 대변인은 로이터 통신에 다음과 같이 말했다. "TV라면 미국에서는 할 만한 곳이 없다. 경쟁할 수가 없다." 그리고 불길한 말을 덧붙였다. "위스콘신에 공장을 짓지 않고 있다. 폭스콘의 위스콘신 투자[를 설명하는 데]에 있어서 공장은 사용할 것[단어]이 아니다."[38]

중국은 미국의 적이 아니다

이 일이 러신카운티 사람들에게 어떤 의미가 될지는 시간이 흘러 봐야 알겠지만 어쨌든 한 가지 사실은 확실하다. 전자제품 제조업체를 위해 세금 우대 조치를 취한 것은 위스콘신의 장기 경제 발전을 위해 현명한 접근이 아니었다는 것이다. 다음 장에서 살펴보겠지만, 투자하기에 좋은 분야는 워커 주지사가 재임하는 동안 투자를 대폭 줄여야 한다고 결정한 분야일 것이다. 즉 서비스 수출, 일자리 기회, 주 예산에 직접적인 영향을 미치는 공립대학 제도다.

내가 이 이야기를 꺼낸 것은 폭스콘 프로젝트가 경제적 승리, 아니면 적어도 정치적 승리라고 생각하는 지도자들에게 의문을 제기하기 위해서가 아니다. 다만 미국의 아이폰을 중국에서 생산하는 것이 왜 미국인들에게 실제로 좋은 일인지 너무나 잘 설명해주기 때문이다. 인정하는 것이 고통스러울 수 있지만, 중국은 전자제품을 빠르고 저렴하게, 효율적으로 대량생산할 수 있는 국가로 잘 자리 잡았고, 미국은 아니다.

중국은 미국인을 어질어질하게 만드는 속도로 공장을 짓고 가동하며 새로운 목적에 맞춰 개조할 수 있다. 그들은 열성적인 노동자와 엔지니어 인력풀이 미국을 압도하고, 고용 관행은 훨씬 덜 엄격해서 수만 명의 사람을 신속하게 작업에 투입할 수 있다. 중국은 토지가 훨씬 저렴하고 풍부하며, 부품 기업이 가까이 위치하고, 공급사슬이 이미 선진화되었으며, 정부가 선제적 지원을 아끼지 않는다. 이에 더해 우리가 이야기하기 꺼려지는 '이점'이 있다. 많은 중국 공장 근로자들은 시간당 1달러 미만의 임금을 받으며 열악한 환경에서 16시간씩 교대근무를 한다. 작업시간을 극대화하기 위해 일부는 공장 기숙사에 사는데, 침대 12개 이상을 집어넣은 작은 방에서 생활한다.[39]

미국은 절대로 이런 조건을 따라갈 수도 없고 원하지도 않는다. 역사가 흐르는 동안 우리의 가치는 임금, 노동권, 환경 보호 등과 관련된 미국 법과 규범에 영향을 미쳐왔다. 선봉에 서기 위해 아직 더 많이 발전해야겠지만, 우리는 이 점을 자랑스러워해야 한다. 또한 우리가 이러한 기준을 확립하기까지 특정 산업에서의 경쟁력은 포기해야 했음을 인정해야 한다.

위스콘신 폭스콘 공장과 같은 프로젝트는 때때로 추진되고 때때로 실패한다. 그러나 장기적으로 보면, 미국은 절대로 전자제품 제조업을 아시아에서 되찾아오지 못하리라는 사실을 이미 알고 있다. 물론 왜 그런지에 대해 솔직해져야 하고, 미국인이 이토록 저렴한 가격에 아이폰과 다른 기기를 누리게 해주는 다른 국가들의 환경에 눈을 떠야 한다. 그리고 중국은 적이 아님을 기억해야 한다. 현실적으로 중국 때문에 이러한 제품의 생산이 가능하지만, 그들은 이익의 많은 부분을 거두어가지도 않는다. 따라서 아이폰이 주는 교훈은 분명하다. 만약 미국인이 미국 내에서 생산하는 기기만 가질 수 있다면, 별로 많은 기기를 가지지 못하게 될 것이다.

8장

하버드와 미키마우스의 공통점

22년 동안 세상에서 가장 절망적이고 위험한 지역 중 하나에서 인류 역사상 가장 피비린내 나는 분쟁이 계속되었다. 하얗고 푸른 물결이 넘실대는 나일강 유역에 있는 누바산맥의 그늘 아래서 1983년에 2차 수단 내전이 발생했다. 이로 인해 200만 명이 목숨을 잃었고 수백만 명의 난민이 발생했으며 납치, 노예화, 대학살 등의 끔찍한 사건들이 터졌다. 미국 언론이 아프리카 내전을 다루는 경우는 드물지만 이 전쟁에서 비롯된 여러 비극에 대해서는 아마 들어봤을 것이다. 현대사 최악의 인도주의 위기였던 다르푸르 집단학살과 그 당시의 세뇌된 고아 소년병들에 대한 이야기도 그중 하나다. 이들이 회복해 가는 과정에 대해서는 〈수단의 잃어버린 소년들Lost Boys of Sudan〉 같은 영화나 데이브 에거스Dave Eggers의 《무엇은 무엇What Is the What》 같은 책에서 기록하고 있다. 당시 수단의 통치자는 독재자 오마르 알바시르Omar al-Bashir로(2019년에 마침내 축출되었다), 무수히 많은 전쟁범죄를 지시한 장본인이었다. 수단의 소수민족과 소수종교를 대표해 싸우는 반군단체인 수단인민해방군의 지도자는 존 가랑John Garang이었다. 지구 반대편에 위치한 미국에서 소수의 초당파 그룹 의원들은 몇 년 동안 수단에 돌파구를 마련해주기 위한 첫 단추가 무엇일까 고민했다. 내전에 한 번의 틈이 생기자 20년 만에 처음으로 평화회담이 열릴 기회가 생겼다. 그때 미국 의원들은 첫 단추를 찾아냈다. 존 가랑이 때마침 미국의 가장 중요한 수출품을 가지고 있었던 것이다.

딩카족 출신의 가랑은 가난한 집에서 태어나 열 살에 고아가 되었고, 나중에 반군 지도자가 되었다. 그는 피비린내 나는 내전에 참여하기 전 미국 아이오와주의 그리넬칼리지에서 학부를 마치고 농업경제학으로 아이오와주립대학교에서 박사학위를 취득했다.[1] 아이오와에서 가랑은 같은 과 친구였던 브라이언 디실바Brian D'Silva와 친구가 되었다. 디실바는 가랑의 고국이 직면한 어려움에 관심을 가졌고 졸업 후에는 가랑을 따라 수단에 가서 수단대학에서 잠시 강의를 하기도 했다.[2] 수십 년이 흐르고 미국 행정부 고문이 된 디실바는 남수단 개발에 주력하며, 수단 내전에 대한 관심을 불러일으키기 위해 엄선된 그룹의 일원이 되어 소수의 의원들과 함께 일했다. 가랑과 대학 동기였고 개인적으로 친했기에 디실바는 가랑이 이끄는 반군 대표단의 워싱턴 공식 방문을 성사시킬 수 있었다. 나중에 그는 미국 대표인 프랭크 울프Frank Wolf와 도널드 페인Donald Payne을 남수단에 초대하도록 가랑을 설득했다.[3] 미국이 수단 내전 종식에 개입하도록 조지 부시 대통령을 설득하던 이 그룹의 로비활동은 성공적이었다. 짧게 말해 미국 관리들은 2005년에 평화협정을 맺고, 많은 위기를 억제하며, 2011년 국민투표 끝에 남수단이라는 신생국가가 탄생하는 데 도움을 주었다.[4]

교육이라는 수출품

가랑이 소유한 미국의 수출품은 바로 미국 교육이었다(나는 미국이 생산한 것 중 가장 중요한 것이라고 말하겠다). 가랑이 미국에 열려 있지 않았거나 미국과 접점이 없었다면, 2차 수단 내전이 얼마나 오랫동안 격렬하게 치러졌을지 알 길이 없다. 그가 미국을 경험했기에 평화로 가는 길을 몇 단계나 훌쩍 뛰어넘을 수 있었다.

그렇다. 외국 학생이 미국 대학에서 공부를 하면, 이것은 수출로 간주된다. 정확히 말하자면 서비스 수출이다. 독일인이 미국산 SUV를 사면 미국에 돈을 보내고 실물 재화를 받는다. 독일 학생이 MIT에서 공부하면 그들이 달러로 지불한 등록금은 미국 경제로 흘러들고 그 학생은 눈에 보이지 않는 이익, 즉 교육 서비스를 누리게 된다. 교육 수출의 가치를 달러로 환산하면 2018년 기준으로 420억 달러 정도로,[5] 전기기기나 항공기 수출로 벌어들이는 돈에 비하면 명함도 못 내밀 수준이다. 그럼에도 미국의 교육 수출에는 헤아릴 수 없이 막대한 가치가 있다.

미국에서 학위를 취득하고, 그 덕분에 미국과의 관계를 더욱 공고히 할 수 있었던 국제 지도자 명단에 가랑 한 명만 있는 것은 아니다. 2019년 현재 이스라엘, 콜롬비아, 케냐, 싱가포르의 국가 원수가 한때 미국 학교에서 수학했고, 베나지르 부토 전 파키스탄 총리, 코라손 아키노 전 필리핀 대통령, 한국의 초대 대통령 이승만, 골다 메이어 전 이스라엘 총리 등 영향력이 컸던 지도자는 말할 것도 없다. 2011년 그리스에서는 정권을 쥐기 위해 치열한 접전이 벌어졌는데, 실상 이는 40년 전 서부 매사추세츠 애머스트칼리지 기숙사의 룸메이트였던 두 남자(게오르기오스 파판드레우 총리와 안토니스 사마라스 야당 대표) 간의 마지막 결전이었다. 만약 이 두 사람이 졸업한 뒤 차를 타고 20분 정도 달렸다면 요르단 국왕 압둘라 2세를 만났을지도 모른다. 그는 명문 디어필드 아카데미의 고등학교 과정에 재학 중이었다. 국무부는 현재 혹은 과거의 세계 지도자 300여 명이 미국 학교에서 공부했다고 추산한다. 여기에는 미국에서 교육을 받은 수많은 국회 의원, 정책 입안자, 사회 지도자, 예술가 등 국가 원수는 아니지만 영향력 있는 인물들은 포함되지 않았다.[6]

물론 이런 접점이 있다고 해서 미국에서 수학했던 학생들의 고국과 미국의 외교 관계가 언제나 좋았던 것은 아니다. 장차 범법자가될 많은 인물이 학위를 받기 위해 미국 체육관 연단을 가로질렀다. 수장 자리를 놓고 싸운 그리스 지도자들과 모나코의 알베르 대공을 배출한 애머스트에서 케냐의 현 대통령 우후루 케냐타도 수학했는데, 그는 비인도적 범죄 혐의로 헤이그 국제형사재판소ICC에 기소됐던 인물이다.

그러나 매년 미국 교육을 받은 수십만의 해외 청년들이 세계 곳곳에 미국의 가치를 전파하고 국제 친선을 도모하는 마중물이 되고 있음은 의심할 여지가 없다. 이는 내가 수출입은행장으로 재임했을 당시 직접 경험한 바다. 미국에서 공부한 적이 있는 외국 공무원들은 미국 기업과 거래하는 데 훨씬 더 적극적이었다. 대통령, 총리, 국왕만 그런 것도 아니다. 여러 세대에 걸쳐, 각국의 일반 시민들 역시 미국에 와서 학문을 연구하고 유대관계를 쌓고 미국의 문화를 경험한 후 고국으로 돌아가 그들이 속한 커뮤니티가 미국을 더 잘 이해할 수 있도록 도왔다.

이것이 세계에서 미국의 영향력을 높이는 데 얼마나 중요한 역할을 하는지는 이루 다 말할 수 없다. 그 효과를 정확히 수치화할 수 없다 해도 말이다. 미국이 국제 사안에 개입할 때 군사력이나 경제력 그 이상의 능력이 요구된다. 바로 정치학자들이 말하는 소프트파워다. 이는 침략이나 강제 없이 원하는 방향으로 국제적 사건들을 이끌어가는 한 나라의 능력을 뜻하는데, 사실 지금의 미국 행정부와는 잘 맞지 않는다. 미국은 조용히 자국의 이익을 증진하며 언제나 소프트파워를 잘 발휘해왔다. 1989년 중국의 청년들이 민주화를 요구하며 톈안먼 광장에서 국가에 맞서 싸울 때 베이징 중앙미술학원 학생들은 그들에 대한 지지를 이끌어내기 위해 자유의 여신상을 본떠 9미터 높이의 '민주 여신상'을 만들었다. 군인들이 학생들이 만든 여신상을 파괴했을 때 그 장면을 지켜본 각국의 사람들은 미국의 상징물,

즉 자유의 여신상이 무엇을 뜻하는지 알고 있었다. 옐친이 온갖 상품을 갖춘 휴스턴의 한 슈퍼마켓을 방문하고 압도당한 뒤 소련을 해체하기 위해 서둘러 고국으로 날아가게 한 것이 소프트파워다. 김정일의 할리우드 영화 사랑이, 그의 아들 김정은의 미국 농구 스타에 대한 사랑이 소프트파워다.[7] 1978년 베를린 장벽 안 수십만 명의 동독인들이 리바이스 청바지를 사기 위해 줄을 길게 서게 했던 것이 소프트파워다.[8] 문화의 모든 면면이 소프트파워가 될 수 있다. 햄버거, 팝송, 멋진 자동차, 공유된 경험이 모두 소프트파워다. 이런 요소들이 세계 다른 나라 사람들에게 미국을 친숙하게 여기게 하고 미국의 명성을 드높인다.

소프트파워의 수단으로 미국의 교육보다 더 효과적인 것은 없다. 미국의 모든 것을 알고자 찾아온 외국 학생들에게 우리에 대한 경의와 믿음을 갖게 해줄 수 있기 때문이다. 이는 장기적으로 외교나 경제 관계에 엄청난 이득을 안겨주는 수출품이다. 일반적으로 품질에 대한 명성 때문에 미국 제품이 인기가 많다고들 한다. 그러나 입 밖으로 꺼내지는 않지만, 문화적 이미지 덕분인 경우도 많다. 이러한 이미지는 경험exposure 없이 구축되지 않는다. 경험이 있기에 코카콜라 캔, 양키스 모자, 비욘세의 메조소프라노, 자유의 여신상이 바로 인식되고 또 공감대를 형성할 수 있다.

2017~2018학년도에 미국 대학에 등록한 유학생의 수는 110만 명에 달했는데, 이는 미국 다음으로 유학생이 많은 나라인 영국의 2배 이상이다.[9] 지금까지 우리가 이야기했던 측정할 수 없는 장기 이익과

더불어, 미국 상무부 통계에 따르면 외국 학생들이 매년 미국 경제에 총 420억 달러를 투입하고 45만 개 일자리를 지원한다고 한다.[10] 유학생들 대부분은 미국의 학자금 지원 대상이 아니기 때문에(국제교육원의 조사에 따르면, 외국인 대학생의 82퍼센트가 집에서 지원을 받거나 스스로 벌어서 학비를 충당한다고 한다[11]) 학교 측은 미국 학생에게 더 많은 재정지원 및 학자금 부채 탕감을 해줄 수 있다. 다시 말해 유학생이 학비 전액을 낼 때마다 미국 내 저소득 가구 학생이 지원을 받아 대학에 갈 수 있는 기회가 늘어난다. 마이애미대학 총장을 지낸 내 친구 도나 섈레일라Donna Shalala 하원의원이 내게 이런 말을 한 적이 있다. "대학은 외국 유학생에 맞춰 예산을 세운다." 뉴욕대 총장을 지낸 존 섹스턴John Sexton은 더 직설적으로 말했다. "학비 전액을 자비로 부담하는 외국 유학생은 미국 고등교육의 진통제와 같다."

유학생 감소의 나비 효과

그런데 안타깝게도 최근 미국을 보면 이 분야에서 올바른 방향으로 가고 있는 것 같지 않다. 아직 많은 유학생이 미국 학교를 다니고 있지만, 매년 신입생 수가 무서울 정도로 감소하고 있다. 수년간 빠른 성장세를 보인 후 2018년부터 2년 연속으로 미국 대학에 새로 진학한 유학생 수가 감소세를 보였다.[12] 2016~2017학년도에 몇 퍼센트포인트 하락하더니 다음 학년도에 그 2배 감소했다.[13] 트럼프가 대통령에 당선된 후 전문직 비자의 문턱을 높이고 이민법을 강화했으며 뒤이어 '미국 우선주의'를 선동했던 것 역시 갑작스러운 유학생 감소에 한몫했다.[14] 국제교육원 원장 앨런 굿맨Allan Goodman의 말에 따르면, 등록금이 계속 인상되고 미국 학교에서 연이어 비극적인 총격 사건이 발생하는 등의 요인들로 인해 이 문제가 심화되었다고 한다. 굿맨은 무엇보다 심한 경쟁이 원인이라고 말했다.

미국이 외국 유학생들에게 매력을 다소 잃자 오스트레일리아, 캐나다, 유럽의 대학이 얼른 그 자리를 메웠다. 미국이 이민자 배척으로 방향을 튼 틈을 타서, 캐나다는 현재 캐나다 학교에서 학위를 따고 캐나다에서 1년간 일한 유학생에게 영주권을 제공하고 있다. 미국에서 비슷한 지위의 혜택을 얻으려면 10년 혹은 그 이상이 걸린다.[15] 현재 미국에서 학교를 다니는 중국과 인도의 학생 수는 두 나라의 전체 유학생 수의 절반가량을 차지한다. 그들은 미국의 질 높은 교육 수준 때문에 이곳에서 달러를 쓰고 사고를 확장하기로 결정했다.[16] 실제로 미국과 중국에서 학생들을 가르치는 사람 중에 미국에서 박사학위를 받은 수를 헤아려보면, 중국이 더 많다. 그러나 미국 지도자의 적대적 태도 앞에서, 그리고 임시 거주자나 미래 시민으로 미국에서 일하고 살아갈 가능성이 희박해진 상황에서 세계 최고의 학생들이 얼마나 더 미국을 선택할 수 있을까?

대국적으로 보았을 때 이는 별것 아닌 것처럼 여겨질 수 있다. 하지만 미국이 계속 외국 유학생을 놓치게 된다면 미국 경제나 혁신 능력, 그리고 미국의 위상에 심각한 악영향을 끼칠 것이다. 미국 대학들은 여전히 내로라하는 명문들이고, 교육의 질만 따지자면 언제나 인기 있을 것이다. 그러나 또한 미국 대학들은 등록금 전액을 납부할 능력이 있는 지원자들에게 점점 더 의존하는 취약한 재정구조를 갖고 있고, 그렇게 부채 발생을 면한다. 지원자들이 계속 감소한다면 미국 학교 교육의 질 또한 떨어질 것이다. 수업에 참여하는 학생들의 배경과 관점의 다양성은 그 자체로 대학 교육에 막대하게 기여하는데, 이 역시 줄어든다. 교육받은 이민자들이 줄어들면 우리의 노동력 역시 경쟁력이 약해질 것이고, 그들은 토론토, 파리, 런던, 베를린에 삶의 터전을 만들고 아이디어를 제공할 것이다. 정확히 가늠할 수 없지만 많은 나라의 시민들과 존 가량 같은 인물이 될 미래의 지도자들은 미국인과 특별한 관계를 맺지도 않고 특별히 관심을 갖지도 않을 것이다.

다행히도 이 이야기가 해피엔딩이 되는 데 많은 수고가 필요하지 않다. 그렇지만 지금의 추세를 뒤집기 위해서는 교육을 국내 이슈가 아니라 미국의 중요한 수출품으로 진지하게 다루어야 한다. 미국은 자국의 고등교육을 건설 장비나 항공기를 파는 것처럼 공격적으로 팔아야 한다. 궁극적으로 그 이익이 훨씬 더 크고 경쟁력도 앞서 있기 때문이다. 미국 학교들은 이미 외국 청년들을 유치함으로써 얻게 되는 재정적 이익에 크게 주목하고 있다. 학생들 역시 스스로 인지하든 못하든 간에 더 많은 외국 친구들을 끌어들이는 데 재정적으로도 교육적으로도 관심을 가진다. 사실 미국인 모두 교육에서 무엇을 추구했고, 추구하고 있으며, 추구할지에 상관없이 이 문제와 관련이 있다. 미국의 가치를 전파하고 신용을 높이며 세계와의 관계를 구축할 때, 특히 그 대상이 다른 나라에서 온 청년들일 때, 미국은 이익을 얻는다. 그리고 미국을 더 잘 알게 된 청년들 중 누군가는 평화, 민주, 번영 등 미국이 공유하는 목표를 실현하는 데 중요한 파트너로 성장하게 될 것이다.

눈에 보이지 않는 또 하나의 수출품

미국의 국제적 명성을 높이기까지 하는 예상 밖의 수출품은 비단 교육만이 아니다. 미국 경제에 직접적으로 5000억 달러 이상을 창출하고 500만 개 이상의 일자리를 생성하는, 미국 제1의 서비스 수출은 바로 관광이다.[17]

2017년 미국 전체 인구의 4분의 1에 달하는 7700만 명의 외국인이 휴가차 미국을 방문했다.[18] 매년 프랑스와 스페인을 방문하는 여행객 수가 조금 더 많지만, 두 나라에서 지출한 금액보다 미국에서 지출한 금액이 3배나 높다. 아마도 디즈니월드 이용권과 루브르박물관 입장권이나 황소 달리기 축제 앞좌석 가격의 차이가 영향을 주었을 것이다.[19] 코니아일랜드의 스티플체이스파크와 캘리포니아의 디즈니랜드 같은 관광명소가 수년 동안 지역 주민들에게 인기를 끌긴 했지만 1971년 플로리다주 올랜도 근처에 디즈니월드가 문을 열기 전까지 미국인들은 세계여행의 진정한 잠재력이 무엇인지 깨닫지 못했다. 그것은 큰 사업이었다. 실제로 정말 '컸다'. 100제곱킬로미터의 디즈니월드는 그 규모가 맨해튼의 2배였고 뉴멕시코주 샌타페이 전

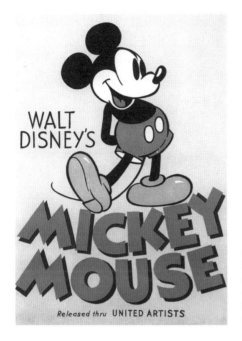

그림 8–1 디즈니의 대표 캐릭터 미키 마우스. 플로리다주 올랜도 부근에 디즈니월드가 문을 열기 전까지 미국인들은 세계여행의 잠재력을 깨닫지 못했다. 디즈니월드에만 매년 600만 명이 넘는 해외 관광객이 찾아온다.

체 노동인구와 맞먹는 약 7만 4000명을 고용했다.[20] 매년 600만 명이 넘는 해외 관광객이 몰려들어 디즈니월드를 지구상에서 사람들이 가장 많이 찾는 관광지로 만들었을 뿐만 아니라, 뜻밖에도 올랜도가 미국 도시 중에서 한 해 동안 관광객이 가장 많이 찾는 도시가 되었다.[21]

　디즈니 매직킹덤, 타임스스퀘어, 그랜드캐니언, 라스베이거스 스트립쇼… 무엇에 흥미를 느끼든 관광객(다른 말로는 '즐거운 미국 체험이라는 미국 수출품을 구매하는 외국 소비자'라고 할 수 있다)들은 미국 경제를 부양하고 세계에 미국의 이미지를 널리 알리는 역할을 한다. 하지만 2017년 이후 미국 학교에 새로 진학하는 유학생이 감소한 것과 마찬가지로, 같은 시기에 관광업에서도 유사한 급감 현상이 나타났다. 전 세계적으로 세계여행 붐이 일고 있다. 유럽, 동남아시아, 오스트레일리아, 캐나다는 최근에 해외 관광객 수가 급격히 증가하고 있다. 반면 미국은 최근 몇 년 동안 관광객이 감소한 두 선진국 중 하나다. 다른 한 곳은 최근 들어 쿠데타와 탄압, 혼돈에 시달리고 있는 터키다.[22]

사실 국제 관광객 비율에서 미국의 비중이 2016년 이후 급격히 감소했다. 미국관광협회에 따르면, 관광객 지출액 322억 달러와 10만 개 일자리가 사라진 것으로 추정된다. 미국이 그만큼의 수출 기회를 다른 나라에 넘겨준 셈이다.[23] 2017년에 달러가 절하되었다는 사실을 감안하면 문제의 심각성은 더욱 두드러진다. 달러가 절하되면 외국인에게 환율이 유리해져 관광업이 더 활성화될 것으로 기대한다. 그런데도 관광산업이 전 세계적으로 8퍼센트 성장하는 동안 미국에서는 오히려 6퍼센트 이상 감소했다. 이 추세가 다시 바뀌기만을 고대할 뿐이다.

트럼프가 쌓아 올린 또 하나의 장벽

통상적으로 자유무역의 '장벽'이라 하면 외국 제품에 부과하는 관세나 쿼터를 가리킨다. 그러나 교육이나 관광 같은 서비스 수출에도 장벽이 있다. 몇 세대에 걸쳐 미국은 학생들이나 관광객들에게 매력적인 목적지가 되었다. 명문 학교나 장관을 이루는 관광명소 때문만이 아니라 미국이 모든 사람을 환영한다는 이미지를 구축하려고 노력해왔기 때문이다. 2016년 말 미국의 교육과 관광 수출이 잘못된

	오바마 임기 말(%)	2017년(%)	2018년(%)
멕시코	66	30	32
네덜란드	65	37	34
독일	57	35	30
캐나다	65	43	39
스웨덴	69	45	44
프랑스	63	46	38
이탈리아	72	61	52
인도네시아	62	48	42
브라질	73	50	55
스페인	59	31	42
영국	61	50	50
아르헨티나	43	35	32
필리핀	92	78	83
오스트레일리아	60	48	54
일본	72	57	67
튀니지	42	27	37
한국	84	75	80
폴란드	74	73	70
나이지리아	66	69	62
남아프리카공화국	60	53	57
그리스	38	43	36
헝가리	62	63	63
이스라엘	81	81	83
케냐	63	54	70
러시아	15	41	26

표 8-1 퓨리서치센터에서 실시한 국제 호감도 조사 17a 문항 결과(2018). 미국에 대한 호감도는 트럼프 행정부 2년차에 큰 변화가 없었지만, 대부분 국가에서 오바마 시대 이후 확연히 감소했다(오바마 임기의 수치는 2014년에서 2016년 사이 사용 가능한 각 국가의 가장 최신 데이터를 기반으로 산정했다).

방향으로 나아가게 된 원인이 무엇일까? 다시 한번 단도직입적으로 말하자면 트럼프 대통령의 책임이 상당히 크다. 위의 표는 2016년, 2017년, 2018년에 25개 국가에서 미국에 긍정적인 시각을 가진 사람들의 비율을 보여준다.

보기 좋은 모습은 아니다. 미국의 제2위 수출 상대국이자 최대 관광객 송출국인 멕시코에서 미국의 이미지가 가장 나빠졌다. 퓨리서치는 중국(미국으로 유학 오는 청년들이 가장 많은 국가)에서는 이 여론조사를 실시하지 못했지만, 영국이나 캐나다 대학을 선택하는 중국 학생들이 돌연 증가한 것과 트럼프가 2018년 베이징과 무역전쟁을 시작한 것으로 충분히 그 결과를 미루어 짐작할 만하다. 미국에 대한 신뢰와 호감 상실은 사실상 비관세 장벽으로 작용해 교육과 관광의 수출을 제한한다. 트럼프 행정부는 두 주요 산업의 발전을 저해하는 다른 비관세 무역장벽에도 시동을 걸었다. 주요 내용은 다음과 같다. 물론 이것만 있는 것은 아니다.

- 이슬람권 국가만 선별해 '여행 금지령'을 내려 잠재적 입학자와 관광객의 미국 방문을 어렵게 만들거나 노골적으로 제한했다.
- 멕시코와 중앙아메리카 출신 이민자를 '강간범'이나 '살인자'라고 반복적으로 묘사했으며, 미국 남쪽 국경에서 망명을 희망하는 가족 구성원들을 서로 떼어놓았다. 두 조치 모두 미국이 잔인하고 인종차별주의 국가라는 인식을 심어주었다.
- 상원의원들과 이민 정책을 논의하는 회의에서 아이티와 아프리카 국가들을 '거지소굴shithole 같은 나라들'이라고 반복적으로 언급했다. 그 영향은, 음… 위에 나와 있다.
- 연방정부가 셧다운되어 전 세계에 불안정과 혼란의 이미지를 전달했다.

- 세계 각국이 서명한 파리 기후 협정에서 탈퇴해서 미국을 우리가 함께 살아가는 지구에 무관심한 나라로 비치게 했다.

기타 등등. 이 목록을 작성한 목적은 트럼프를 공격하기 위해서가 아니다. 이는 무역정책과 아무런 관련이 없어 보이는 행동들이 예상하지 못한 방식으로 미국의 수출과 (결과적으로) 미국의 번영을 해칠 수 있음을 보여준다. 3장에서 논의했듯이 서비스 수출은 미국 경제의 앞날에 중요하며, 또 전체적으로 보았을 때 미국이 서비스업을 선도하고 있다. 미국이 수년에 걸쳐 전통적인 무역장벽을 무너뜨렸던 것처럼, 비전통적인 무역장벽을 빨리 무너뜨릴 방법을 찾아내야 한다. 그렇게 하지 않으면 최대 수출국으로 서비스업을 선도하던 미국이 경쟁에서 뒤처지는 위험에 처하게 될 것이다.

세계 무역의 다음 장애물

오늘날 미국은 관광객을 유치하고 외국 학생들에게 학위degree를 수여하는 일에 좀 더 관심을 기울여야 한다. 그런데 만약 미국이 내일의 세계와 보조를 맞추어나가고 싶다면 온도가 몇 도degree인지도 관심을 기울여야 한다. 그렇다. 미국의 미래 성공은 단지 학사, 석사, 박사학위에만 달려 있지 않고, 화씨온도와 섭씨온도에도 달려 있다. 벨리즈, 바하마, 케이맨제도, 팔라우를 제외한다면, 미국은 세계에서 유일하게 화씨를 사용해 외부 온도를 측정하는 국가다. 라이베리아, 미안마를 제외하면, 미국은 미터법을 사용하지 않는 유일한 국가다. 그렇다고 미국이 바로 화씨 체온계를 섭씨 체온계로 교체할 필요는 없으며 야드 자, 마일 표지, 12파운드짜리 볼링공을 버리고 미터 자, 킬로미터 표지, 5.44311킬로그램의 볼링공을 택할 필요도 없다. 그러나 미국은 도량형처럼 기본적인 영역을 포함해 세계 다른 국가와 보조를 맞추지 못하는 몇몇 분야를 심각하게 고민해봐야 한다. 결국 미국 콘센트에 꽂지 못한다면 혁신적인 외국 기술을 접한들 무슨 소용이 있겠는가? 사용하는 나사 크기가 다르다면 어떻게 미국 가구를 다른 나라에 수출할 수 있겠는가?

나는 수출입은행에 근무할 때 오바마 행정부의 파워아프리카 계획Power Africa initiative, 아프리카 전력 공급 계획의 일환으로, 미국 기업이 사하라 이남 지역에서 에너지 인프라 구축사업 계약을 따낼 수 있도록 도왔는데, 그때 이 문제가 불거졌다. 아프리카 대부분의 국가가 주파수 50헤르츠(전압 220볼트)를 사용하는 반면 미국은 60헤르츠(120볼트)를 사용하기 때문이었다. 미국 기업이 송전선이나 다른 부품을 팔 수야 있었지만, 전기 표준이 달라 이 지역에 수출하는 데 애를 먹었다. 미래 어느 시점이 되면 미국은 이 같은 몇몇 불일치를 해결하기 위해 노력해야 한다. 우리가 국제표준을 따르거나 아니면 세계가 우리의 국제표준을 따르게끔 노력하거나 둘 중 하나를 택해야 한다.

무역의 미래를 생각하기에 앞서 우리는 수백 년 동안 무역을 정의해온 핵심 전투를 잘 완수했음을 알아야 한다. 관세는 여전히 우리 삶의 일부로 존재하고 앞으로도 여기저기에서 언제나 그럴 것이다.

그러나 자유무역을 저해하는 광범위한 고관세의 시대는 본질적으로 막을 내렸다. 트럼프의 무역전쟁이 계속되고 있기는 하지만 관세는 이제 과거의 유물이 되어가고 있다. 현대 무역협정이 이미 낮은 관세까지 하나씩 하나씩 남은 잔재를 없애감에 따라, 세계 무역을 통해 가능한 한 많은 이익을 취하고 싶어 하는 각국 정부는 순조로운 무역을 막는 다른 장애물들에 관심을 돌리고 있다. 국제표준 통일이 다음 전장戰場으로, 서로 사업을 하고 싶어 하는 우호 국가들 사이에 마지막 남은 큰 갈등 유발 요소다.

미국은 기준을 맞춰온 경험이 아주 많다. 미국의 주州 간 무역을 효율적으로 하기 위해 해야 할 일이었고, 아직 진행 중인 경우도 있다. 미국 공화국 초기에는 주마다 빵, 농산물 등의 표준이 제각기 달라서 상품을 다른 주에 판매하려면 복잡한 절차를 거쳐야만 했다. 일부러 그렇게 한 경우도 있었지만(예를 들면 서로 다른 표준 덕분에 시카고 쇠고 기와의 경쟁에서 텍사스 목축업자들을 보호할 수 있었다), 그저 한 나라 안에서 규칙이 제각기 다르다 보니 결과적으로 주 간 상거래가 어려워지는 경우도 더러 있었다. 수년 동안 전국 각지 제빵류 포장지에 기준이 가장 엄격한 펜실베이니아주의 판매 표준을 충족했음을 확인해주는 'Reg. Penn. Dept. Agr.' 도장이 찍혔던 것도 이 때문이다.[24] 뉴욕 택시가 뉴저지주 뉴어크 공항에 나를 내려준 다음 다른 승객을 태워 주 경계선을 다시 넘어갈 수 없는 이유이기도 하다.

각 주는 다른 주의 사업에 대한 차별을 법적으로 금지하면서도, 이따금 표준을 이용해 법을 피해갈 방도를 찾아내곤 한다. 주정부들은 지역 제조업체를 지원하기 위해 온갖 종류의 물품을 인터넷으로 구매하는 것을 금지하려고 했는데, 콘택트렌즈부터 장식함, 와인에 이르기까지 다양했다.[25] 때로는 법정에서 나쁜 결과를 피하기 위해 이러한 보호주의 기준이 '도덕성'에 근거한다고 말하기도 했다. 캘리포니아 양조업자들이 시민들이 직접 술을 들여오는 것을 금지하는 뉴욕과 미시간 법안에 이의를 제기했을 때도 그랬다. 이 주들은 실제로 음주를 감소시키려고 한 게 아니었다. 지역 유통업자가 다른 주의 술을 판매하는 것, 즉 세금을 매길 수 있는 경우에는 문제 삼지 않았다. 그들은 인터넷 와인 정기 배달 서비스 등 자신들이 수익을 올릴 수 없는 온라인 판매를 중단시키고 싶었을 뿐이고,[26] 자기들만의 표준을 세움으로써 다른 주 와인의 병마개를 틀어막았던 것이다. 2019년 6월 연방 대법원은 '테네시 와인 및 증류주 소매인협회 대_對 토머스 사건'에서 이런 관행 하나를 없앴다. 그렇지만 각 주들이 실리를 지키기 위해 창의적인 방법으로 표준을 활용하는 것을 막을 수 있을 것 같지는 않다.

미국은 국내 표준을 대체로 통일했지만 해외 무역에 관한 한 또 다른 이야기다. 미국이 T-TIP_{범대서양무역투자동반자협정} 협상을 진행할 당시, 트럼프는 유럽과의 이 무역협정을 사실상 중단시켰다. 해결하기 다소 난해한 표준 문제에 부딪혔던 것이다. 닭고기를 예로 들어보자. 미국에서는 살모넬라균을 죽이기 위해 염소로 닭을 세척한다. 하지만 유럽에서는 염소 사용이 불법이다. 염소로 닭고기를 세척하는 것이 안전하고 효과적이라는 미국 농무부의 믿음은 확고했다. 실제로

조리되지 않은 미국 닭고기에서 검출되는 살모넬라균은 2퍼센트에 불과하지만 유럽은 15~20퍼센트다.[27] 그럼에도 유럽 규제 당국은 닭고기 염소 처리를 받아들이면, 농장주들이 안전 수칙을 제대로 안 지켜도 처벌을 피하기가 쉬워지고 오염 방지에 실패한 원인이 화학 세척에 있다고 생각하게 된다고 주장한다.[28] 이는 아직 해결하지 못한 철학적 의견 차이로, 외국 친구와의 무역을 지연시키는 원인은 이뿐만이 아니다. 예컨대 유전자 변형 식품을 둘러싼 싸움은 또 다른 '치킨게임'이다.

국제표준이라는 전쟁

국제표준을 맞춰나가는 문제는 어떻게 하면 미국의 닭 사육 농가가 해외에서 돈 버는 일을 더 수월하게 해주느냐에 관한 것만은 아니다. 이는 미국의 가치를 세계에 확실히 표명하는 일이기도 하다. 다른 나라를 괴롭히거나 거들먹거리거나 미국의 신념을 강요하기 위해서가 아니다. 이유는 간단하다. 미국이 표준을 제정하지 않는다면 다른 누군가가 할 것이기 때문이다. 미국의 건강 기준은 건전한 과학을 기반으로 하기 때문에, 우리는 현재의 무역 파트너들에게 이 기준을 적용하거나, 미래의 무역 파트너들에게 거래에 앞서 이 표준을 받아들이는 것을 전제조건으로 삼는 데 주저하지 않는다. 미국 연방항공국은 항공안전 국제표준을 제정한다. 그러니 표준을 제정하는 힘을 잃는다는 것은 곧 우리 자신을 위험에 빠뜨리는 일이기도 하다. 노동, 환경, 인권 기준은 건전한 과학보다는 건전한 원칙을 기반으로 한다. 그렇다 하더라도 우리의 가치에 맞는 국제 규제를 마련하기 위해 최선을 다해야 한다. 다른 막강한 국가가 그들의 가치에 맞게 규제하려 하기 전에 말이다. 서비스나 디지털 분야의 규칙을 제정하는데 있어서도 마찬가지다. 미국이 5G 시대를 선도하지 못하고 미국 표준, 유럽 표준, 중국 표준으로 계속 나뉜다면 진보는 상당히 더뎌질 것이다. 미국은 대대적으로 규제를 높이거나 낮출 수 있는 경제적 영향력을 가진 몇 안 되는 나라 중 하나다. 그리고 그 위상에 걸맞은 책임이 수반된다. 미국은 세계 경제에 미국의 가치를 부여하지 못한다면 대신 중국이나 다른 국가의 가치를 받아들여야 한다는 사실을 잘 알아야 한다. 이런 태도가 거만해 보여 불편할지라도 말이다.

기술이 진보함에 따라 국제표준 제정을 선도해야 할 필요성이 더욱 커지고 있다. 인공지능과 다른 획기적인 혁신기술이 우리가 구매하는 제품, 사용하는 서비스, 매일 이뤄지는 선택에 스며들고 있기에, 미국은 미국 자신과 궁극적으로 세계를 위해 합리적인 표준을 세우는 데 앞장서야 한다. 미국이 피트와 화씨를 사용하며 미터와 섭씨를 사용하는 세계와 발맞추지 못해도 괜찮을 수는 있다. 그러나 디지털 경제의 지배적인 표준과 따로 움직여서는 안 된다. 휴대전화와 TV, 운동 앱이나 '스마트' 냉장고가 개인 정보를 수집하는 5G 시대에, 누가 나서서 사생활 보호를 위한 규제를 할까? 가정용 보안장치나 아기 모니터가 인터넷에 연결된 세상에서 누가 디지털 보안을 위한 전 세계 표준을 제시할까? 기후 변화로 인해 극심한 기상이변이 나타나고 농업 주기가 틀어지고, 자원이 고갈되고, 모든 산업이 위협받는 등 지역사회가 붕괴되기 시작한 지금, 누가 도덕적 권위를 가지고 책임감 있는 경제 실행을 주장할까?

미국은 뒤처졌다. 유럽은 디지털 사생활 보호를 위해 강력한 약속을 내놓았다. 또한 앞서 언급한 대로, 미국은 파리 기후 협정에 서명해 탄소배출량 감소에 동참할 마음이 없는 문자 그대로 유일한 국가다. 그럼에도 불구하고 나는 미국이 국제표준을 강화하고 긴밀히 조정할 능력이 있는 유일한 국가라고 믿는다. 미국은 아직까지 그 일을 감당할 만한 국제적 영향력과 경제력을 모두 갖추고 있기 때문이다. 미국이 목소리를 높이지 못한다면 소비자, 노동, 환경, 성평등, 인권 문제는 말할 것도 없고 법치주의, 사생활 보호, 투명성, 보안을 위해 적당한 크기의 확성기를 들 국가는 어디에도 없을 것이다. 미국은 인치, 마일, 화씨를 전 세계에 절대 도입하지 못할지도 모른다. 하지만 단도직입적으로 말해서, 미국의 가치는 국제표준이 되도록 해야 한다.

9장

왕좌의 게임과 게임의 왕좌

최근 몇 년 동안 미국인은 북한, 아프가니스탄, 이란 등 불안정한 국가에서 일어나는 사건들에 신경 써왔다. 하지만 2011년 이후 미국인 대다수가 다른 지역에서 발생한 변덕스럽고 종종 폭력적인 사건들에 눈을 떼지 못하고 있다. 그곳에서는 암살, 전쟁, 정권 교체가 너무 흔한 일이다. 그렇다. 바로 웨스테로스다. 정치적으로 불안정한 이 대륙은 조지 R. R. 마틴의 '얼음과 불의 노래A Song of Ice and Fire' 시리즈와 이 작품을 원작으로 한 HBO 인기 드라마 〈왕좌의 게임〉의 무대다. 당신이 〈왕좌의 게임〉을 아직 보지 않은 극소수에 속한다고 해도 이 장을 이해하기 위해 그 드라마를 볼 필요가 없으니 걱정 안 해도 된다. 아직 어린 드래곤, 파리한 백귀白鬼, 주요 등장인물 60여 명의 교활한 술책이 당신의 취향이 아니라 해도, 이 '정주행' 욕구를 불러일으키는 드라마(어느 시즌을 보더라도 화면에서 눈을 뗄 수 없다)가 우리에게 오기까지 무역이 한 역할을 충분히 알아볼 수 있다.

드라마계의 아이폰

〈트윈픽스〉, 〈로스트〉, 〈새터데이 나이트 라이브〉와 마찬가지로, 〈왕좌의 게임〉도 시청 예약의 전당에 들어갔다. 이런 프로그램을 '냉수기 프로그램water cooler show'이라고도 하는데, 전날 밤 방영분에 대해 이야기하기 위해 동료들과 사무실 냉수기 주변으로 모여든다는 뜻이다. 물론 이는 주문형 스트리밍이나 책상에 생수병이 있는 시대가 오기 전에 훨씬 더 일반적인 풍경이었다. 지금은 원하면 언제든지 좋아하는 프로그램을 볼 수 있는 호사를 누리고 있지만, 그래도 일요일 밤 TV 프로그램은 많은 미국인의 주말 일상에서 중요한 부분을 차지한다. 2019년 5월 〈왕좌의 게임〉 마지막 회가 방영되었을 때 최소 790만 건의 관련 기사가 올라왔다! 또다시 다가오는 한 주의 노동으로부터 도피하는 데 이만한 게 또 있을까.

소파에 자리 잡고 웨스테로스에서 펼쳐지는 마지막 이야기를 숨죽여 볼 때, 시청자들은 무역에 대해서는 거의 생각하지 않을 것이다. 물론 강철 군도의 강력한 보호주의와 에소스 대륙을 상대로 발생한 칠왕국의 양자 무역적자 부분을 제외하면 말이다. 하지만 생각해봐야 할 것이다. 어쨌든 교육이나 관광과 마찬가지로 엔터테인먼트는 여러모로 미국의 가장 중요한 수출입 상품이며, 미국의 많은 일자리를 지탱해주고 있기 때문이다. 타국에서 미국으로 건너온 TV 프로그램, 영화, 책, 비디오게임 등의 엔터테인먼트를 통해 미국인은 시야를 넓힐 수 있고, 즐거움과 만족감을 느끼며, 창조적인 다른 문화를 접하며 전 세계 사람들에게 더 가까이 다가가게 된다. 반대로 해외에서 소비되는 미국의 엔터테인먼트는 미국을 더 친숙한 이미지, 바라건대 더 환영받는 이미지로 만들어준다. 또한 많은 돈을 벌어다주기도 한다.

최근에는 갈수록, 특히 넷플릭스 같은 전 세계적인 스트리밍과 개발 서비스가 출현한 이후부터는 글로벌 시장이 어떤 TV 프로그램이나 영화를 제작할지 좌지우지하게 되었다. 물론 경제적인 면에서 보면 당연한 결과다. 미국 미디어를 접하는 해외 소비자가 많아질수록 전 세계 시청자와 관객을 염두에 두고 작품을 만드는 할리우드 제작사도 많아진다. 역대 전 세계 흥행 영화 목록을 15위까지 보면, 5개 작품만이 2015년 전에 개봉되었고, 2018년 개봉작인 〈어벤져스: 인피니티워〉와 〈쥬라기월드: 폴른킹덤〉 같은 블록버스터는 모두 흥행 수입의 3분의 2 이상이 외국에서 벌어들인 것이었다.[1] 작은 화면에서도 비슷한 추세를 보인다. 일례로, HBO는 전 세계 시청자들에게 〈왕좌의 게임〉 등의 프로그램을 홍보하기 위해 글로벌 마케팅과 라이선스에 막대한 자원을 투자했다. 2015년에 공개된 〈왕좌의 게임 5〉는 놀랍게도 170개국에서 동시에 방영되었다.[2]

내가 〈왕좌의 게임〉에 관심을 갖는 이유는 단순히 이 프로그램이 많은 시청자를 끌어모았고 미국 문화 속에 깊이 스며들어서가 아니라, 글로벌 생산의 진면목을 보여주기 때문이다. 어떤 의미에서 〈왕좌의 게임〉은 TV 드라마계의 아이폰이라고 할 수 있다. 다시 말해 여러 국가 간의 자유무역이 없다면 존재할 수 없는 상품이다.

미국 프로듀서 데이비드 베니오프David Benioff와 D. B. 와이스D. B. Weiss가 미국 작가 조지 R. R. 마틴의 작품을 기반으로 이 드라마를 제작했다. 전설적인 판타지 작가 J. R. R. 톨킨과 가운데 이름이 같아서 조지 R. R. 마틴을 영국인으로 오해하는 경우가 종종 있다. 사실 드라마 자체를 영국 드라마로 잘못 아는 경우도 많은데, 아마도 등장인물들의 억양 때문일 것이다. 이들은 요크셔 지방의 노동자 계급부터 런던 상류층까지 다양한 계층의 억양을 구사한다.[3] 드래곤이 우글거리는 판타지 세상에 사는 사람들 대부분이 왜 다양한 영국 억양을 구사하는가 하는 의문은 다른 누군가가 쓸 책을 위해 남겨두자. 시즌 8까지 이 드라마에서 두드러지게 활약한 60명의 인물 가운데(이 드라마를 본 사람이라면 알겠지만, 60명이란 그저 수박 겉핥기에 불과하다) 46명이 영국 출신 배우다. 이에 더해 아일랜드 출신 5명, 독일과 네덜란드, 미국 출신이 각각 2명, 덴마크, 노르웨이, 스페인 출신이 각각 1명이다.[4] 크로아티아, 스페인, 북아일랜드, 아이슬란드, 모로코, 몰타가 주요 촬영지였고,[5] 주로 미국인으로 구성된 팀에서 각색하고 제작했다. 시각효과는 대부분 독일 제작사에서 담당했고 추가적으로 캐나다, 아일랜드, 영국, 미국 제작사에서도 작업을 지원했다.[6] 인상적이고 멋진 주제곡을 비롯한 OST는 이란계 독일인 작곡가가 만들었으며 그에게 에미상을 안겼다. 요컨대 웨스테로스에는 7개 왕국만 있지만,

왕좌의 게임이 방영되기까지는 훨씬 더 많은 국가가 필요하다.

이 모든 것들이 무역과 무슨 관계가 있을까? 이 드라마의 국경을 넘나드는 많은 요소가 일종의 수출이라는 것을 생각한다면 관련성은 아주 많다. 독일 엔지니어가 특수효과 기술을 팔고, 영국의 배우가 우수에 찬 눈빛을 팔고, 몰타 관광청이 햇볕 내리쬐는 낭떠러지를 촬영지로 판매하는 것은 미국에 서비스를 수출하는 것이다. 물론 미국은 역으로 전 세계 방송망에 이 인기 드라마를 수출한다. 이 수출이 미국과 해외를 아우르는 광대한 일자리 생태계를 유지한다. 에밀리아 클라크 등 화려한 스타의 출연료뿐만 아니라, 무대 담당자, 무대 디자이너, 조사원, 그래픽아티스트, 전기 기술자, 음식 담당자, 운전기사, 헤어디자이너, 편집자 등 미국 중산층 일자리의 임금까지 지급하는 것이다. 또한 〈왕좌의 게임〉을 비롯한 드라마와 영화가 흥행하면서 전 세계로부터 벌어들이는 수익 덕분에 HBO 같은 엔터테인먼트 기업이 스토리는 참신하지만 수익성은 높지 않은 작품에 많은 배우와 제작인이 함께하도록 투자할 수 있게 되었다.

무역이 우리를 즐겁게 해준다

당연히 국경이 닫히고 국수주의 무역정책을 펴는 세상에서는 그 어느 것도 가능하지 않다. 만약 피터 딘클리지가 일자리를 찾아 이 나라 저 나라를 자유롭게 여행할 수 없었다면, 그의 극중 캐릭터인 티리온이 일자리를 찾아 노예상만에서 드래곤스톤까지 여행하지 못했을 것이다. 무역정책을 통해 더 많은 국가의 독창성과 자원을 활용하면서 더 혁신적인 제품을 개발할 수 있는 것처럼, 세계와 더 밀접하게 연결될수록 엔터테인먼트도 그만큼 더 발전할 수 있다.

세계 엔터테인먼트 산업이 철강·알루미늄처럼 관세나 수입 할당량에 방해받지 않을 듯하지만, 문화 교역 역시 이들 장벽에 의해 성장이 둔화될 수 있다. 중국 영화산업은 2011~2018년에 시장이 4배 이상 증가해 86억 달러 규모로 고도성장기를 맞이했다.[7] 중국은 영화관에서 상영되는 수입 영화의 할당량을 정해 매년 34편으로 제한하고 제작자가 흥행 수입의 4분의 1만 가져갈 수 있게 하지만,[8] 그래도 미국 영화의 최대 수출 시장이다.[9] 중국이 허용한 미국 영화의 수는 협상의 산물이다. 2012년 로스앤젤레스에서 레이커스와 선스의 농구 경기가 시작되기 직전, 조 바이든Joe Biden 부통령과 시진핑 간의 최종 협상이 타결되었다.[10] 중국은 20년 동안 꿈쩍도 하지 않았으나, 바이든이 수입 영화 할당량을 20개에서 34개로 늘리고 미국 영화 배급사의 수익 배분율을 13퍼센트에서 25퍼센트로 2배 가까이 올리자고 시진핑을 설득했다. 미중 무역전쟁으로 이 수익성 높은 시장이 영향받지 않기만을 바랄 뿐이다.[11]

중국이 쉽게 양보할 수 있는 문제처럼 보일 수도 있다. 중국 최대 배급사인 국영 회사 차이나필름그룹을 비롯해 관련자 모두 돈을 더 많이 벌 수 있기 때문이다. 그러나 문화를 철저히 검열하고 정부의 관리·감독을 여전히 고집하는 중국이라는 나라가 자국민을 더 많은 서구 영화에 노출하겠다고 결정하는 것은 쉬운 일이 아니다. 세계화를 수용하는 추세를 보여준다고 할 수 있을지는 모르겠지만, 중국은 무역전쟁이 완화되고 트럼프 행정부와의 협상이 구체화되기 시작하면서, 협상의 일부로 수입 영화 할당량을 더 늘릴 의사가 있다는 뜻을 내비쳤다.[12] 2018년 미국 블록버스터 5개 영화가 중국 박스오피스 10위권에 진입하자,[13] 베이징 영화학원 부총장은 더 많은 할리우드 영화를 허용하는 것은 "양측 모두 동의할 수 있는 일"이라고 했다.[14] 중국의 태도가 부드러워진 이유가 순전히 세계에 문호를 더 개방하기 위해서일까? 아니면 중국 기업들이 할리우드 제작사에 공격적으로 투자하기 시작했다는 사실과 더 관련이 있을까?[15] 뭐라고 단정 지어 말할 수 없지만, 어느 쪽이든 양국 사람들 사이에 이해가 깊어짐은 말할 나위도 없고, 미국 영화산업과 그 산업이 지탱하는 수많은 일자리를 생각하면 좋은 소식이다.

미국 미디어가 선풍적인 인기를 끌어 전 세계로 수출된 덕분에, 문화 영역에서 미국이 무역수지 적자를 경험할 가능성은 거의 없다. 물론 무역적자가 문제도 아니고 말이다. 미국 미디어 및 엔터테인먼트 산업의 매출은 2019년 7700억 달러를 돌파한 것으로 추산된다. 이는 같은 산업군에서 세계 제2위인 중국의 4배 이상이다.[16] 미국은 세계 엔터테인먼트 시장의 3분의 1을 차지하고, 엄청난 매출액 중 약 2000억 달러를 수출로 벌어들인다. 관련 저작권까지 고려한다면 미국의 주요 수출품인 항공우주 제품이나 화학 제품보다 더 낫다.[17] 무엇보다 이 수출로 만들어진 미국 일자리의 평균 연봉은 9만 3000달러를 조금 웃도는 수준으로, 미국 노동자 연평균 임금보다 40퍼센트

가량 더 많다.[18]

이 숫자들은 실로 대단하다. 하지만 엔터테인먼트 무역이 우리의 일상생활에 어떤 영향을 주는지를 보면, 모두 수입과 관련이 있다. 미국 역사상 가장 많은 사랑을 받았던 TV 프로그램 중 상당수가 외국 프로그램을 수입해 각색한 것이다. 〈올인더패밀리〉를 본 미국인들은 이 프로그램과 주인공인 성미 고약한 보수주의자 아치 벙커가 영국 시트콤 〈죽음이 우리를 갈라놓을 때까지〉에서 왔음을 전혀 몰랐을 것이다. 또 많은 사람이 〈샌퍼드 부자〉가 영국의 〈스텝토 부자〉를 수입해 미국 시청자들을 위해 각색한 작품이라는 사실도 모를 것이다. 더 최근에는 영국에서 〈더오피스〉, 〈하우스오브카드〉, 〈퀴어애즈포크〉를, 이스라엘에서 〈홈랜드〉를, 콜롬비아에서 〈어글리베티〉를 수입해 미국 버전으로 각색했다. 요즘 가장 인기 있는 리얼리티쇼 중 상당수가 네덜란드(〈서바이버〉, 〈빅브러더〉, 〈피어팩터〉)와 영국(〈아메리칸 아이돌〉, 〈댄싱위드더스타스〉, 〈마스터셰프〉)에서 왔다. 만약 당신이 독특한 프로그램 〈더마스크드싱어〉를 보기 위해 폭스 채널을 켠 1000만 명 중 하나라면 한국에 고마워해야 한다. 아니면 한국 탓을 하거나.

간단히 말해서 국가 간의 자유무역이 없었다면 미국에서의 삶은 현저히 재미가 떨어질 것이다. 전 세계 요리가 들어와 우리 입맛이 다채로워지고 또 많은 요리가 우리의 기호에 맞게 '미국화'된 것처럼, 미국인의 여가생활 역시 문화 콘텐츠 수입으로 더 다채로워졌다. 눈길을 사로잡는 드라마, 시트콤, 혹은 괴로워하면서도 보게 되는 리얼리티쇼가 당신의 문화 취향이 아니라고 해도, 당신이 좋아하는 외국 작가나 극작가의 작품을 즐기는 것 역시 무역에 감사해야 할 일이다. 그 작품들은 일반적으로 국제 라이선싱이나 판권 거래를 통해 미국에 들어온다. 선호하는 엔터테인먼트가 무엇이든지 간에 무역 덕분에 더 나은 휴식 시간을 즐길 수 있다는 점은 반박할 여지가 없다.

미국 게임 산업을 살린 이탈리아 배관공

엔터테인먼트 산업 중 한 분야에서 세계적으로 전례 없는 붐이 일었다. 바로 비디오게임이다. 최초의 독립형 게임 콘솔은 1970년대 초에 출시되었다. 대부분 잠깐 인기를 끌고 말거나 10대들의 심심풀이에 지나지 않을 거라고 생각하며, 1400억 달러 규모가 될 산업에 전혀 주목하지 않았다.[19] 심지어 1980년대 초부터는 동네 오락실이 미국 청소년들의 주요 문화시설이 되어 미국인의 주머니를 야금야금 털어먹었는데도, 8비트 외계인, 픽셀화된 탁구채나 동그란 점을 잡아먹는 치즈 덩어리(뒤에 나오는 〈팩맨〉 게임을 가리킨다―옮긴이)가 경제대국을 탄생시킬 수 있다는 것은 생각지도 못했다. 이 게임들은 그저 애들이나 가지고 노는 시시한 것이었다. 왜 아니겠는가?

아니었다. 1982년에 아케이드게임 산업은 영화관과 팝송을 더한 것보다 훨씬 더 많은 이익을 창출했지만 이를 알아차린 미국인은 거의 없었다.[20] 오락실 게임기는 팩맨Pac-Man이 소중한 흰색 점을 삼키는 것보다 더 빨리 돈을 삼켰다. 그리고 크기가 더 작은 게임 콘솔이 미국 가정에 자리 잡기 시작하면서 새로운 엔터테인먼트 괴물은 성공 가도를 달렸다. 아니, 불과 몇 년 사이에 수요가 바닥을 치지 않았다면 그랬을 것이다. 산업이 급성장하자 새로운 콘솔들이 과잉 공급되었고 소비자들이 혼란에 빠지자 결국 실패 사례들이 줄을 이었다.

이런 재앙 중 어떤 것들은 도시 전설이 되기도 했는데, 그중 가장 인상적인 이야기가 1982년에 대히트한 영화 〈E.T.〉를 기반으로 한 게임을 출시하려 했던 아타리Atari사에 관한 것이다. 개발자들은 판매가 급증하는 휴가철에 맞춰 게임을 내놓기 위해 시작 단계에서부터 출시까지 6주 안에 작업을 끝내야 했다고 한다. 그 결과 현재까지도 '사상 최악의 게임'으로 기억되는, 아주 이상하고 비호감인 게임이 탄생했다. 결국 1983년 가을, 뉴멕시코 쓰레기 매립장에 판매되지 못한 〈E.T.〉 게임팩 수십만 개가 묻혔다.[21] 많은 사람이 거대한 비디오게임 무덤을 그저 괴담처럼 여겼다. 30년이 지나 그 매립지에서 수천수만 개의 미개봉 게임팩이 발굴되기 전까지는 그랬다. 현재 이 게임팩은 수집품으로 큰 가치를 가진다.[22]

1983년 미국에서 비디오게임은 32억 달러 규모의 산업이었다. 1985년 그 수치는 기가 막히게도 무려 97퍼센트나 줄어든 1억 달러에 그쳐, 간신히 명맥을 이어갔다.[23] 전체 산업이 끝장난 것 같았다. (예상했겠지만) 무역이 없었다면 말이다. 이때쯤 휘청거리던 미국 자동차 산업에 일본 경쟁업체들이 다시 활력을 불어넣었고, 미국의 게임 산업도 같은 경험을 하며 다시 부상했다. 이번에는 닛산이나 토요

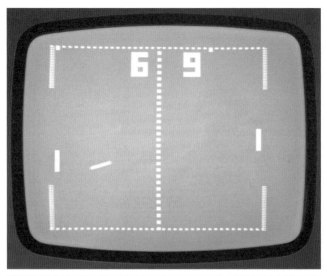

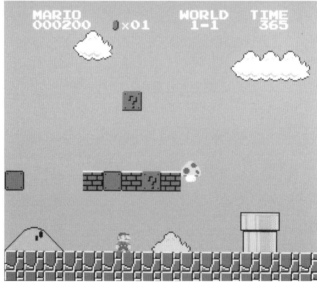

그림 9-1, 9-2 1970년대에 미국 아타리사가 개발한 게임 〈퐁〉과 1980년대에 출시된 〈슈퍼
마리오브러더스〉. 10대들의 심심풀이였던 비디오게임은 이제 1400억 달러 규모의 산업이 되
었다.

타 같은 일본에서 온 정밀공학이 아니었다. 빨간 모자를 쓰고 콧수염을 기른 이탈리아 배관공이 미국 게임 산업의 생명을 연장해주었다.

닌텐도가 비디오게임으로 이행해 태평양을 가로질러 모험을 떠났을 당시, 그 역사는 이미 100년에 가까웠다. 특유의 콘솔(1985년 미국에 출시된 별 특징 없는 회색 상자 모양)과 프로그래밍 수준이 매우 높은 게임 덕분에 미국 게임 산업은 다시 성공 가도를 달리게 되었다. 아라카와 미노루 닌텐도 아메리카 지사장이 〈동키콩〉이라는 게임을 개발할 때 시애틀의 창고를 빌려 썼는데, 임대료가 밀리자 창고 주인이 찾아와 욕을 한바탕하며 성질을 부렸다. 그의 이름이 마리오 시갈리Mario Segale다. 개발 팀은 애니메이션 캐릭터 같은 성질 급한 마리오 시갈리의 모습과 격렬한 몸짓을 재밌어했고, 미국에서 출시하는 첫 번째 비디오게임 영웅의 이름을 마리오로 지었다. 이렇게 마리오가 탄생했다(동명의 인물에게 로열티가 지급되지는 않았지만 말이다).[24]

마리오는 지금까지도 미국 문화 전체에서 가장 유명한 캐릭터 중 하나다. 1세대 닌텐도 콘솔 3000만 개 이상이 미국 가정에 들어왔고, 마리오와 루이지에게 흠뻑 빠진 사람들에게 〈젤다의 전설〉을 비롯한 가히 돌풍을 일으킬 놀라운 것들을 소개했다.[25] 일본 자동차의 등장이 포드나 GM을 박살 내기보다는 자극제가 되었던 것처럼, 닌텐도의 상륙으로 비디오게임의 르네상스 시대가 열렸고 미국 개발자들의 파이를 극적으로 키워주었다. 이후 닌텐도는 (그 유명한 플레이스테이션 콘솔을 개발한) 또 다른 일본 기업 소니와 (2000년대 초반 판매 1위를 차지한 엑스박스를 만든) 미국의 주요 경쟁 기업인 MS사와 치열한 경쟁을 벌이게 된다. 여전히 일본 콘솔이 게임 시장에서 가장 많은 몫을 차지하지만, 이 수입품의 성공 덕분에 미국 게임 개발자들이 크게 성장할 수 있는 기반이 마련됐다. 2018년 미국 내 비디오게임 판매 순위 5위권 중 4개가 미국 기업이 출시한 제품으로, 미국 개발자들이 디자인 전체나 대부분을 담당했다. 나머지 하나인 〈파크라이 5〉는 프랑스 기업이 캐나다에서 개발했다.[26] 뉴욕의 록스타Rockstar, 메릴랜드의 베데스다게임스튜디오Bethesda Game Studios, 캘리포니아의 액티비전Activision, 워싱턴의 밸브Valve 같은 스튜디오들이 전 세계로 인기 게임을 수출하면서 미국 내 고임금 산업 일자리 생태계를 든든히 뒷받침하고 있다.

가상현실, 증강현실, 인공지능 등 신생 기술이 끊임없이 개발됨에 따라 비디오게임은 앞으로 미국에서 가장 혁신적이고 수익성 높은 수출품 중 하나가 될 준비를 모두 마쳤다. 승부를 겨루는 멀티플레이어 게임인 e-스포츠는 이미 전 세계를 통틀어 10억 달러 규모의 산업으로 성장했고 〈포트나이트〉와 〈오버워치〉 같은 게임이 크게 흥행하면서 앞으로 2년 내에 규모가 2배 증가할 것으로 기대된다.[27] 코카콜라, 크래프트, 메르세데스벤츠, 인텔, 컴캐스트 등의 기업들은 e-스포츠 대회 및 스타 선수들과 대규모 스폰서십 계약을 체결했다.[28] 하루 평균 트위치Twitch(아마존에서 제공하는 채널로 좋아하는 게이머의 경기를 시청할 수 있다)를 보는 시청자가 CNN이나 MSNBC를 보는 시청자보다 더 많다.[29] 그렇다. 비디오게임은 혼자 기분을 전환하는 용도에서 진화해, 한정된 사교 행사가 되었고, 전 세계를 연결하는 원천이 되었으며, 최첨단 기술 혁신을 바탕으로 한 대규모 사업으로 발전했다. 시청률이 높고 기업 광고가 붙는 이 사업은 이제 곧 미국의 주요 스포츠리그에 필적하게 될 것이다. 한때 애들 놀이로 여겨졌던 분야로서는 대단한 변신을 한 셈이다. 이는 세계 무역의 길을 따라 최상의 재능, 아이디어, 상품, 이용자가 서로 연결되었기에 가능한 일이다.

더 빠르고 복잡해진 변혁의 물결

1950년에 혼자 놀고 싶으면 집에 있는 흑백 TV로 〈에드설리번쇼〉나 〈론레인저〉를 시청하거나 냇 킹 콜이나 패티 페이지의 레코드판을 걸고, 낮 시간대에 에어컨이 구비된 영화관에 가서 〈선셋 대로〉나 〈이브의 모든 것〉을 관람했다. 1990년이 되자 상황은 완전히 달라졌다. 가수 브루스 스프링스틴이 '채널이 57개가 있는데 볼 게 없네'라고 인상 깊게 표현한 컬러 TV와 케이블 TV가 등장했다. 집을 나서도 워크맨이나 CD플레이어로 마돈나와 마이클 잭슨의 노래를 들을 수 있었고, 극장에 가지 않아도 〈인디아나존스〉나 〈인어공주〉 같은 좋아하는 영화를 비디오 대여점에서 빌려 집에서 볼 수 있었다. 2010년이 되자 57개 채널은 500개로 폭발적으로 증가했고, 티보TiVo 및 다른 주문형 서비스는 원하는 때에 원하는 것을 고화질로 시청할 수 있는 (그리고 광고는 빨리 감기로 건너뛰는) 자유를 주었다. 수만 개 노래를 저장할 수 있는 아이팟이나 스마트폰으로 대체되면서 CD는 사실상 멸종되었다. 그리고 넷플릭스 같은 인기 서비스를 통해 〈킹스스피치〉나 〈소셜네트워크〉 등의 흥행작을 클릭 몇 번에 TV나 노트북으로 시청할 수 있게 됐다.

이러한 각각의 진화는 미디어나 엔터테인먼트를 소비하는 방식의 혁명이라고 할 수 있다. 1950년 이후 40년 동안의 혁신은 1990년 이후 20년 동안의 엄청난 변화와 맞먹고, 이는 또한 2010년 이후 10년간의 도약과 맞먹는다. 즉 변혁의 발걸음이 점점 더 빨라지고 있다. 혁신의 가속화는 단지 엔터테인먼트 산업에만 영향을 미치는 것이 아니다. 더 나아가 전 세계적으로 뉴스를 수집하고 사람들이 연결되는 방식을 주기적으로 전환한다. 중동과 북아프리카의 민주화 시위대가 2010년에 소셜미디어를 활용해 자신들의 이야기를 직접 세계에 들려주자(아랍의 봄으로 알려진 일련의 사건들이 촉발되면서), 정부와 국민 사이 힘의 균형축이 즉시 반대로 기울었고 시민 참여의 역학관계를 영원히 바꾸어놓았다.

오늘날 우리는 우리 자신은 물론 세상 어떤 것에 관해서든 실시간 방송을 할 수 있다. 기본적으로 엔터테인먼트, 뉴스, 기타 우리가 선택하는 미디어들에 포괄적이고 즉각적인 접근이 가능해졌다. 그 결과 선택의 폭이 넓어졌고 각자 기호에 맞춰 미디어 세계를 조정하는 능력이 놀랍도록 향상되었다. 한편 심화되는 맞춤형 정보가 우리의 문화와 민주주의에 어떤 영향을 미칠지에 대한 진지한 질문이 제기되기 시작했다. 넷플릭스가 우리의 시청 습관을 보여주고 좋아할 법한 새로운 프로그램을 추천해줘도 별로 신경이 안 쓰일 수는 있다. 하지만 우리는 같은 방법이 유튜브 같은 플랫폼에서는 훨씬 더 음성적인 영향을 끼친다는 것을 안다. 유튜브 추천 영상이 현혹되기 쉬운 시청자들을 위험한 음모론과 폭력적인 선전물 등 음험한 콘텐츠들로 이끈다고 알려져 있다. 이는 이미 우리의 안전과 사회 구조에 확연한 영향을 미치고 있다. 다음 주쯤 언제고 혁신의 다음 물결이 우리를 강타하기 전에 무엇을 해야 할지 생각해낼 수 있길 바라야 할 것이다.

"무역협정은 아직 없는 상품에 관한 것"

다음 혁신은 텔레비전으로 볼 수 없을지도 모른다. 분명 5G망을 통해 우리 눈에 가장 가까운 스마트 안경으로 보게 될 것이다. AI인공지능, VR가상현실도 무엇인지 아직 잘 모르는데 다음에 어떤 약어가 나올지 누가 알까. 확실한 점은 '베타맥스 비디오 시스템'이나 '카폰'이 그랬듯 오늘의 최신 기술도 불과 몇 년 사이에 한물간 것이 될 수 있다는 것이다. 만약 '좋아, 하지만 이런 변혁은 무역보다 기술과 관련된 것 아닌가?' 하는 생각이 든다면, 나는 '둘이 다르지 않다'라고 답하고 싶다. 미래에 우리가 미디어를 창조하고 소비하는 방식에서의 혁신은 분명 원활한 국제 교환 행위에 달려 있을 것이다. 아이폰처럼, 이는 한 국가가 비용 효율적인 방법으로 생산하고 유지하기에 확실히 복잡한 일이다. 오늘날 이집트 시청자가 일본 기기로 미국 스트리밍 서비스를 통해 아일랜드 배우가 출연하는 영국 프로그램을 시청한다. 세네갈과 오스트레일리아의 10대들이 캐나다 개발자가 만든 프랑스 비디오게임을 하며 서로 겨룬다. 엔터테인먼트에 관해서라면, 국경은 이미 모두 사라졌다. 그리고 기술이 발전할수록 경계는 갈수록 흐릿해진다.

현대 무역협정은 물리적 상품에 대한 관세나 할당량을 낮추는 것에서 서비스를 원활히 교환하는 것으로 관심을 돌렸다. 정책 결정자들은 앞으로 미디어를 생산하고 경험할 방식에 대해 진지하게 고민하기 시작했다. 예를 들어 TPP는 국경을 넘나드는 영화, 음악, 게임, 전자책, 소프트웨어에 대한(혹은 이를 막는) 차별세를 폐지하고자 했다.[30] 또 12개 국가의 디지털 표준을 더 맞추기 위한 조항을 마련했다. 그러면 기기 생산 기업들은 다른 나라에서 작동할 수 있도록 맞춤형 하드웨어를 만들 필요가 없어지고, 소비자는 별도의 어댑터를 사지 않아도 된다.[31] 게다가 TPP는 고속 네트워크 접속을 확대하고 디지털 사생활 보호를 증진하며 국제 라이선싱과 전자 배포ESD 과정을 원활하게 만들려고 했다.[32] 물론 그 조항들 중 어느 것도 실제로 미국과 미국 기업에 적용되지 않았다. 트럼프 대통령이 그 협정에서 미국을 끌고 뛰쳐나왔음을 기억할 것이다. 하지만 그 조항들은 미래 무역협정이 현대 미디어와 엔터테인먼트, 서비스 기반 경제의 현실을 얼마나 잘 반영할 수 있는지 청사진을 보여준다.

조지 H. W. 부시 행정부 시절 미국 무역대표였고 NAFTA 수석 협상가였던 칼라 힐스Carla Hills는 무역협정은 실상 "우리가 아직 만들지 않은 상품에 관한 것"이라고 말했다. 그녀의 말이 옳다. 오늘 우리가 닦은 길은 내일의 기술을 더 저렴하고 더 접근하기 쉽고 더 통합적이고 궁극적으로 더 성공적으로 만들어준다.

히트곡이나 TV 프로그램은 순식간에 외국에 파고들 수 있다. 한국의 가수이자 프로듀서인 싸이가 좋은 예다. 2012년 7월 여섯 번째 앨범을 냈을 때, 싸이라는 연예인은 미국에서 무명이나 다름없었다. 그러나 그해가 다 가기 전에 그의 노래 〈강남스타일〉 뮤직비디오는 유튜브 사상 처음으로 10억 뷰를 돌파했다. 또 그는 타임스스퀘어에서 하는 새해 카운트다운 무대에 나와 100만 이상의 군중 앞에서 라이브 공연을 펼쳤다. 문화는 독특한 속도와 힘을 가지고 전 세계로 뻗어가는 경향이 있다. 따라서 엔터테인먼트는 이제 무역정책에 있어 중요한 고려 사항이다.

미국은 미국의 엔터테인먼트가 세계 전역으로 자유롭게 뻗어나갈 수 있도록 뒷받침할 특별한 책임이 있다. 또 미국은 외국의 엔터테인먼트가 미국에 건너오기가 더 쉬워지고 국제적인 공동작업이 더 활발히 진행될 수 있도록 최선을 다해야 한다. 단지 돈을 더 많이 벌고 미국 내 일자리를 더 많이 만들기 위해서만이 아니다. 국제 엔터테인먼트가 〈왕좌의 게임〉 같은 경이로운 프로그램을 제작함으로써 우리의 삶이 좀 더 즐거워지기 때문만도 아니다. 바로 고등교육과 관광에서 보았듯이 문화 교류는 '다른 국가들Rest of the World, ROW'과 화합하는 데 매우 중요한 역할을 하기 때문이다. 그들은 미국이 만드는 것뿐만 아니라 미국이 사랑하는 것들을 통해 미국을 알게 되고 미국도 같은 방법으로 그들을 더 많이 알아가게 된다. GDP, 일자리, 지정학 및 다른 모든 것을 뛰어넘어, 무역이 정말로 무엇을 의미하는지가 바로 여기에 있다. 무역에 관한 모든 경제적 이익을 논의할 때 가장 중요한 것은, 드라마건 상품이건 타코샐러드건 무역이 우리를 조용히 연결하고 따뜻하게 하며 나머지 인류와 더 가까워지도록 해준다는 점이다.

3부

—

무역의 미래

10장

승자 없는 미래가 온다

지금까지 무역에 대해 가감 없이 있는 그대로를 말해 객관적인 시각을 제공하고자 최선을 다했지만, 솔직히 특정 주제에 한해서는 객관적이지 못했다. 왜 그랬을까? 인도적이고 책임감 있게 행사했을 때, 무역이 선한 힘으로서 얼마나 강력해질 수 있는지 잘 알기 때문이다. 나는 무역이 우리 삶 전체를 풍요롭게 하는 것을 보았다. 그 방법은 심오하고 또 놀라울 때가 많았다. 나는 지금까지 미국은 물론 다른 나라의 지역사회 수백 곳을 방문하고 노동자 및 기업인과 직접 대화를 나누었으며, 무역이 그들과 그들의 가정에 얼마나 놀라운 기회를 가져다주었는지 직접 목도했다. 무역이 할 수 있는 온갖 좋은 일들을 목격한 이상 그 가능성에 흥분하지 않을 수 없다.

하지만 10장에서는 그 이야기를 다루지 않을 것이다. 대신 무역의 당면과제가 무엇인지 살펴보고자 한다. 여기에는 지금까지 인식하지 못했던 과거의 문제, 더 많은 사람에게 더 좋은 일을 하지 못하게 만드는 현재의 문제, 조만간 해결해야 할 미래의 문제가 모두 포함된다. 다른 산업들과 다른 지역사회들이 세계화 경제의 열매를 차지할 때 국가 무역 담론에서 소외되어 힘들어하는 도시들에서 나는 이런 문제를 직접 보았다. 우리는 그들의 이야기를 들을 필요가 있고, 그들의 미래를 우리의 진보하는 무역 방정식에 포함해야 한다.

사실 무역의 단점들을 솔직하게 기탄없이 다룰수록 모두에게 이익이 돌아간다. 물론 무역 반대론자들은 수년째 이런 불만들을 알리려고 아우성쳐왔다. 하지만 가장 열렬한 무역 옹호론자들조차도 무역의 단점들을 투명하게 내놓고 해결하려고 할 때 얻게 되는 이익이 크다. 무역이 우리 삶에 순이익을 남겨준다는 강한 믿음이 있다면, 그들도 자신감을 갖고 이 특정 담론에 임해야 한다. 일단 우리가 무역의 단점을 바로 알고 또 문제를 해결하기로 마음을 먹으면, 결국 무역은 널리 지지를 받고 사람들을 위해 더 효과적으로 작용하게 될 것이다. 그런데 이 문제를 정직하게 논의함으로써 가장 큰 이득을 얻게 될 사람은 무역 반대론자나 옹호론자가 아니라, 바로 전 세계의 평범한 시민들이다.

바로 그 혜택이 내가 이 책을 쓰고 싶었던 첫 번째 이유다. 다른 이슈들과 마찬가지로, 무역에 대해 있는 그대로의 지식이 늘어날수록 이야기하고 논쟁하고 투표할 만반의 준비를 갖추게 된다. 실제로 정치인들이 수년 동안 쉽게 무역정책을 이용하거나 악용할 수 있었던 것도 일반인들이 무역에 대한 지식이 부족했기 때문이다. 따라서 당신이 무역에 대한 지식이 더 늘었다고 느끼면서 이 책을 내려놓는다면 이는 당신 자신뿐만 아니라 국가에도 도움이 된다. 자신들의 계획을 진전시키기 위해 무역을 이용하는 공론가들에게 휘둘리지 않도록, 당신은 소수에게나마 무역 면역력을 키워줄 것이다. 우리가 지금껏 다뤄온 주제들을 어디까지 따라왔는지와 상관없이 당신은 무역 문맹률을 낮추는 데 도움을 줄 수 있다. 그것은 좋은 일이다. 진지하게 말하건대 이 책을 쓴 목적은 아주 빤하다. 우리가 무역이 정말 무엇인지 이해력을 기르는 순간, 문제를 어떻게 해결하고 무역의 기회를 어떻게 잡아야 할지를 결정하는 일이 우리 손에 놓인다.

승자와 패자의 딜레마

좋은 소식은 무역의 핵심 문제가 무엇인지 이해하기가 아주 쉽다는 것이다. 어찌나 쉬운지, 지도자들은 사실 처음부터 그 문제를 인식하고 있었다. NAFTA 전쟁, WTO 시위는 물론 본격적인 경제 세계화가 일어나기 훨씬 전부터 말이다. 당신이 알고 내가 알며 우리가 열두 번은 이야기한 그 문제는 무역이 승자와 패자를 만든다는 것이다.

이제 승자의 수가 패자의 수보다 훨씬 더 많다. 그리고 당연히 무역만 승자와 패자를 만들어내는 것이 아니다. 무역을 회피하는 적극적인 결정인 보호무역주의 역시 승자와 패자를 만든다. 그렇다고 해서 무역이 상당수의 시민들을 고통스럽게 만든다는 문제의 본질이 바뀌지는 않는다. 가장 열렬한 무역 지지자들이라 할지라도 이 문제를 무시하거나 그저 사라지기만을 바란다면, 무책임하고 비윤리적인 데다 궁극적으로 역효과를 가져올 것이다. 현실을 직시하고 유의미한 해결책을 제시해 문제를 완화해나가지 않는 한, 대다수 미국인에게 혜택이 돌아가고 나머지 사람들에게 도움을 주며 모두가 더불어 살아가기 위한 합의를 만들어내는 그런 무역정책은 절대로 나올 수 없다. 그러지 않는 한 누군가는 계속 공포를 조장하며 위력적인 세계경제 때문에 뒤처진 사람들의 분노를 이용할 것이다.

'승자와 패자' 문제의 핵심을 제대로 이해하고 또 그 문제를 해결하는 것이 왜 그렇게 어려운지 알기 위해서 잠깐 기본적인 정치경제 이론으로 들어가보자. 우리는 경제와 시민사회가 시대의 변화에 적응해야 하는 자본주의 체제에서는 혼란이 수반된다는 것을 안다. 증가하는 무역과 세계화는 더욱더 빨리 적응하길 재촉할 수 있지만, 다른 사건들도 마찬가지다. 예를 들어 조면기나 증기선의 발명, 산업혁명의 시작, 자동화 생산의 부상은 국가가 생산성을 유지하고 번영하기 위해서 운영 방식을 바꾸게 만들었다. 우리 집은 통신판매로 사업을 시작했는데, 시어스와 몽고메리워드와 마찬가지로 전통 소매업자에게 위협이 되었다. 아마존 같은 온라인 소매업체가 등장하자, 새로운 판매 방식은 우리 집에 위협이 되었다. 이렇게 언제나 승자와 패자가 있다!

무역 때문이든 아니든, 경제가 변화하면서 노동자 일부는 그로 인해 고통을 받고 일부는 혜택을 얻는다. 우리는 무역으로 인해 변화가 발생하거나 혹은 변화 속도가 빨라졌을 때 어떤 현상이 나타나는지 알고 있다. 미국인이 아시아에서 만든 더 저렴한 신발을 사기 시작하자 미국의 제화공장이 문을 닫았다. NAFTA 발효 이후 미국 자동차 기업의 일부 노동자들은 자신의 일자리가 멕시코로 이전되는 것을 보았다. 그러나 다시 한번 말하지만, 비무역적 변화 역시 노동자들에게 고통을 안겨준다. 전깃불은 미국 경제에 있어 대단한 승리였지만, 양초 제조사들은 이로 인해 휘청했다. 바퀴 달린 여행 가방이 공항이나 기차역의 짐꾼과 수하물 운반인을 대체했다. 여행사들은 온라인 예약 서비스가 등장하자 상당수가 퇴출되었다. 차량이 더욱 정교해짐에 따라 가까운 미래에 자동차 정비산업은 훼손된 하드웨어만큼이나 소프트웨어 오류를 고치는 일도 중요시하게 될 것이다. 그렇다. 요컨대 경제적 변혁이 전체적으로 아무리 이롭다 할지라도, 누군가는 반드시 그로 인해 고통을 겪게 된다.

칼도어의 보상이론

고통받는 사람들을 어떻게 할 것인가라는 문제를 놓고 상반된 견해가 존재한다.[1] 첫 번째는 모든 미국 자본주의자들이 좋아하는 원칙이자 미국 역사상 가장 영향력 있는 세력, 자유시장 경제다. 변화하는 경제 속에서 발생하는 승자와 패자라는 문제에 직면해, 순수한 자유시장 이론은 정부가 변화로 인해 고통받는 사람들을 보상해주고자 개입해서는 안 된다고 본다. 시장이 그들을 낙오하게 만들고, 기술과 자원을 가진 사람들이 새로운 경제 속에서 자기 자리를 찾게 만든다는 것이다. 훨씬 덜 알려진 두 번째 원칙은 '후생경제학 보상의 원칙'이라는 위압적인 이름이다. 경제를 개선하기 위해 어떤 조치를 취할 때, 다시 말하자면 더 좋고 더 저렴한 자동차를 생산하기 위해 자동화를 채택하거나 저렴한 장난감을 들여오는 무역협정에 서명할 때, 그 결과 특정 그룹에 특별히 높은 대가를 감당하게 해서는 안 된다는 것이다. 이 주장은 기본적으로 새로운 조치를 통해 전체적으로는 자금이 많이 늘어나게 되었으니, 정부는 그 돈의 일부를 변화로 인해 설 자리를 잃은 사람들이 타격을 덜 받게끔 하는 데 사용해야 한다는 것이다. 예상할 수 있듯이, 이 두 가지 주장은 정면충돌하지만, 꼭 그래야 할 필요는 없다. 우리는 개개인의 책임감을 높이고 우리 모두 한 배를 탔다는 사실을 알려주는 절충안을 찾을 수 있다.

너무 정치론적으로 파고들까 봐 걱정된다면 겁낼 필요 없다. 19세기 영국의 곡물법으로 가볍게 이야기를 시작해보자! 1939년 영국 경제학자 니컬러스 칼도어Nicholas Kaldor는 자유시장 접근법이 경제 변화로 인해 뒤처진 사람들에게 실제로 해주는 것이 거의 없음을 알아차렸다. 그중 대다수가 '대단하고 새로운 일자리에 진출하지' 못하고 '비참한 가난 속에 죽어가고' 있었던 것이다. 칼도어는 영국이 한때 옥수수 관세를 어떻게 다루었는지 연구하면서 보상 문제를 고민하기 시작했다. 영국은 그 100년 전에 자국 농부들을 지원하기 위해 외국 곡물의 수입을 금지했다. 그러다 1845년, 오늘날 아일랜드 감자 기근으로 알려진 전례 없는 기근이 영국 제도에 닥쳤을 때 전체 인구가 굶주리는 것을 막기 위해 관세를 폐지해야만 했다. 예상했겠지만, 무역정책 변화로 승자와 패자가 나타났다! 수입 곡물이 물밀듯 들어오자 영국 가정의 식비는 극적으로 낮아졌지만, 이미 흉작으로 고생하던 농부들은 외국 경쟁자의 갑작스러운 등장으로 비탄에 빠졌다.

이 사건을 되돌아본 칼도어는 수입품 때문에 누구도 고통받아서는 안 된다는 관점을 처음으로 제시했다. 당시 관세가 없어짐에 따라 영국 소비자들이 얻은 재정적 이익이 농부들이 입은 재정적 손실보다 훨씬 더 컸다. 그러니 정부가 새로운 정책으로 소비자에게 돌아간 돈의 일부를 가져다 다시 농부의 호주머니에 넣어줬다면 모두가 얼마 정도는 얻게 되었을 것이다. 이렇게 아무도 패자가 되지 않을 수 있는 보상 이론이 탄생했다! 앞서 아일랜드 사람들은 영국 정부에 의해 뒤처져 비참한 결과를 맞이해야 했지만 말이다.

내가 이 역사의 축약판을 들려준 이유는 존 F. 케네디 대통령이 미국 무역에 나타난 승자와 패자의 문제를 해결하기 위해 도입하고자 했던 방법이 바로 이것이기 때문이다. 1962년은 민족주의의 실존적 위험을 고스란히 드러냈던 전쟁이 종식된 지 20년이 채 지나지 않았던 때였고, 미국과 같은 일반적인 고립주의 국가조차도 자신의 운명을 친구들의 운명과 결부시키는 것이 얼마나 가치 있는 일인지를 배웠다. 그렇게 각국 경제를 연계하고 함께 발전시키기 위한 국제기구들이 창설된 상태였다. 몇 개만 언급하자면, 세계은행, IMF, GATT, OECD 등이 그것이다. 누군가는 악의 제국(레이건 대통령이 소련을 이렇게 칭했다—옮긴이)이라고 할 수 있는 비우호적인 제국의 망령이 동유럽과 아시아에서 영향력이 커지자, 케네디 대통령은 서구 국가가 경제 전장戰場에서 소련을 압도하기 위해 휘두를 수 있는 무기로 무역을 선택했다. 그리고 자유진영을 구할 자유무역을 실현하기 위해 그는 미국과 동맹국들을 설득해서 그들을 여전히 분열시키는 관세를 철폐해야 했다. 케네디는 아버지가 주영 미국대사였었고, 자신은 젊은 시절 영국 역사를 배웠기에 니컬러스 칼도어와 곡물법에 대해 공부한 적이 있었다. 그는 미국 무역정책의 엄청난 변화가 일부 미국 노동자에게 해를 끼칠 수 있음을 알았고, 미국 경제가 전환되었을 때 아무도 낙오되지 않을 방법을 찾고자 했다.

TAA의 탄생

1962년 1월 25일, 케네디는 미국을 위한 대담하고 새로운 무역 플랫폼 구축안을 설명하는 메시지를 의회에 전달했다. 그는 경제 협력 확대가 가져올 수많은 장점을 상세히 나열한 다음 맨 마지막 부분에 새로운 아이디어를 소개했다. 케네디가 간결하게 설명한 TAATrade Adjustment Assistance, 무역조정지원조치는 다음과 같다.

또한 나는 외국의 경쟁 상품 수입 증가로 피해를 보는 기업, 농부, 노동자가 그 경쟁에 적응하도록 돕는 것을 새로운 무역 프로그램의 핵심으로 제안한다. 국가 정책을 고려했을 때 관세 인상을 피하는 것이 바람직하다면, 경쟁으로 피해를 입는 사람들이 그 충격을 고스란히 받게 두어서는 안 된다. 연방정부가 경제적 조정에 따른 부담의 일부를 감당해야 한다.[2]

나는 합리적인 제안이라고 생각한다. 그리고 미국이 이 일을 완수했다면, 오늘날의 무역 논쟁은 아마 완전히 달라졌을 것이다. TAA는 단순하다. 관세를 인하했을 때 대다수가 이득을 얻고 소수가 고통을 겪는다면, 이득의 일부를 가지고 고통을 치료하자는 것이다. 케네디의 계획에는 무역으로 고통받는 노동자를 위한 세 가지 내용과, 농민과 기업인을 위한 세 가지 내용이 들어 있다.[3] 일자리를 잃은 노동자의 경우, 정부가 직접 원래 받던 임금의 3분의 2를 1년 동안(60세 이상인 경우에는 더 오래) 지급하고, 정부 재원으로 운영되는 직업교육을 통해 새로운 기술을 배우도록 하며, 원래 살던 곳에서 일자리를 찾지 못한다면 주거지 이전 비용을 지원해준다는 내용이었다. 기업이나 농민의 경우, 정부는 무료로 기술 지원과 컨설팅을 제공해 수입품에 맞설 경쟁력을 갖추도록 돕고, 사업 현대화와 다각화를 위한 지출에 대해 세금을 감면해주며, 대출 및 대출 보증을 제공해 기업 재편을 돕는다는 내용이었다.

자유시장주의 광신자들이 이의를 제기할 것을 경계한 케네디는 의회에 다음과 같이 확실히 밝힘으로써 그러한 상황을 사전에 저지했다. "TAA는 정부 온정주의에 따른 보조금 프로그램이 되어서는 안되고, 되지도 않을 것이다. 그보다는 미국인의 자주성, 미국인의 적응력, 미국인의 유연성을 스스로 확고히 할 수 있는 시간을 벌어주기 위한 프로그램이다."⁴ 그리고 오늘날 인공지능과 자동화의 빠른 속도로 인해 시간은 훨씬 더 중요한 요인이 되었다. 우리가 필요로 하는 지금, 케네디는 어디에 있는가.

매우 멋진 말이었고, 많은 공화당원이 당론을 어기고 공공연하게 TAA를 지지할 만큼 설득력 있는 말이었다. 심지어 전임 대통령 드와이트 아이젠하워는 그 법안을 지지하기 위해 당원들에게 로비하기까지 했다.⁵ 케네디는 TAA가 지원금 그 이상이라고 반대파들을 설득하기 위해 "'지원'보다는 '조정'에 악센트가 있다"고 재치 있게 표현하기도 했다.⁶

케네디의 계획은 통과되었지만, TAA를 정부의 경제 개입과 구분하고자 했던 이런 노력은 공화당의 수많은 자유시장주의자들로부터 아무런 호응도 끌어내지 못했다.⁷ 그들의 반대는 어느 정도 예상된 것이었고, TAA가 5년씩 연장을 위해 대두될 때마다 자유시장 신봉자들에게 대대로 전해졌다. 예를 들어 2002년 오클라호마 공화당 상원의원 돈 니클스Don Nickles는 TAA가 '꽤 사회주의적'이라고 말했고, 뉴햄프셔 공화당 상원의원 저드 그레그Judd Gregg는 '폭발적인 잠재력을 가진 사회주의자의 주장'이라는 낙인을 찍었다.⁸ 당시 TAA가 이미 40년가량 유지되어왔고 서구 자본주의를 파괴하는 데 큰 위력을 발휘하지 못했다는 점을 감안하면, 이들의 주장은 꽤 주목할 만하다.

TAA가 정말 패자를 구할 수 있을까

한편 좋게 말해도 발전이 더뎠다고 할 수밖에 없을 정도로 TAA는 시작이 보잘것없었다. 케네디가 의회에서 통과시킬 수 있었던 버전은 자격 요건이 매우 엄격해서 TAA 발효 후 첫 7년 동안 실상 단 한 명도 혜택을 누리지 못했다. 아무도 돕지 못했다![9] 1974년에 프로그램을 강화하면서 이 문제는 개선되었다. 그로부터 2년이 지나자 무역 규제가 한층 완화되어 생계수단을 잃어버린 노동자 6만 2000명이 TAA의 혜택을 받았다.[10] 관세가 계속 인하되던 1980년대 초반, TAA는 실업자 50만 명 이상에게 보조금 지급, 직업교육 등을 지원했다.[11] 빌 클린턴의 요청에 따라 1993년에 프로그램을 한 번 더 갱신해 NAFTA로 인해 피해를 입은 노동자들을 위한 특별 지원제도가 마련되었다.[12] 당시 클린턴은 자격 요건을 훨씬 완화한 TAA를 추진했지만, 반대 진영의 완강한 반대에 부딪혔다.

2014년까지 미국인 220만 명이 TAA를 통해 무역으로 발생한 손실을 보전받았다.[13] 그 프로그램이 상당히 효과적이라는 주장을 해볼 수 있겠다(많은 사람이 그렇게 주장해왔다). 2014년 실직 노동자 중 4분의 3 이상이 TAA를 이용해 6개월 안에 새로운 일자리를 찾았고, 그 중 90퍼센트가 6개월 후에도 그 일자리를 유지하고 있었다.[14] 그 규모는 무시할 만한 것이 아니며, 특히 신청자 중 절반 이상이 고졸 이하의 학력 소지자이고 평균 나이가 50세 정도라는 점을 감안하면 더욱 그렇다. 역사적으로 봤을 때, 이들은 해고당한 후 다른 일을 찾는

데 어려움을 겪어온 연령대다.[15] 뉴욕 연방준비은행의 벤 하이먼Ben Hyman은 20년간 수행해온 연구를 통해 TAA가 참여자들의 소득을 증대시켰으며, 제 기능을 하는 조치였음을 보여주었다. 연구에 따르면, 프로그램에 참여한 노동자들은 참여하지 않은 노동자들보다 10년 동안 약 5만 달러를 더 벌었다고 한다. 사회주의를 촉발한다고 비난받을지언정, TAA가 미국 무역정책의 희생자들을 공정하게 대하는 선한 노력이었음은 의심할 여지가 없다. 그러나 TAA가 일정 수의 노동자들이 궁지에서 벗어나도록 도왔다 할지라도, 두 번째 기회를 결코 얻지 못했던 수많은 실직 노동자들을 고려한다면 성공적인 프로그램이라고 하기는 여전히 어렵다.

정부가 나서서 무역으로 타격을 입은 사람들에게 자원을 전용하는 것에 반대하는 자유시장주의자들의 목소리가 여전히 남아 있는 동안, TAA에 대한 비판은 이데올로기를 훨씬 넘어섰다. 반대 이유 중 하나는 TAA가 무역으로 실직한 노동자 전체를 다 지원하지 못한다는 것이다. TAA 프로그램은 재원과 규모가 충분하지 못해 해당 문제 전체를 다룰 수 없다. 또한 TAA 혜택 이후 새로운 일을 성공적으로 찾게 된 노동자들이 전보다 더 적은 임금을 받는 경향을 보였다. 일반적으로 봉급이 전보다 20퍼센트 삭감되었던 것이다.[16] 실직자 상당수가 TAA 자체를 몰랐고, 신청자의 3분의 1만이 직업교육 프로그램의 혜택을 받았다. 게다가 이런 프로그램은 만성적으로 재정적자에 시달렸다.[17] 우파는 흔히 돈을 나눠주면 해고된 노동자들이 신속하게 새 일자리를 찾지 않을 것이고, TAA 수당이 일반적인 실업수당보다 더 많다고 비판한다. 게다가 반대파는 미국의 많은 사람이 매년 어찌할 수 없는 여러 이유로 일자리를 잃고 있음을 재빨리 지적한다. 왜 자동화나 소비자 취향 변화로 인한 희생자들에게는 제공하지 않는 특별한 대우를 무역의 희생자들에게만 제공하느냐는 것이다. 이 점에 관해서 누군가는 무역 관련 실업은 시장의 자연스러운 변화에 따른 결과라기보다는 정책적 선택에 따른 결과이기에, 정부에게 바로잡을 책임이 어느 정도 있다고 말할 것이다.

TAA는 초당적 지지를 어느 정도 받을 수 있겠지만, 그 지지는 '범위는 넓고 깊이가 없는' 경향을 보인다. 이 프로그램이 아직 사라지지는 않았지만… 재원이 충분히 뒷받침된 적도 없었다. 그저 세계 경제에서 도태된 몇몇 미국인에게 얼마간의 도움을 줄 수 있을 정도였다. 당초 해결하려고 했던 문제를 효과적으로 해결하고 있다고 확신하는 사람도 찾기가 매우 어렵다. TAA에 특별히 큰 기대를 거는 사람을 찾기는 더 어렵다. 노동계 지도자인 리처드 트럼카Richard Trumka가 나에게 말하길, TAA는 '도금된 관棺'이라고 했다. TAA 재정이 더 충분하다면 더 좋은 평가를 받을 수 있겠지만, 수년째 정치 지도자들이 보이는 미온적인 반응을 보면, 빠른 시일 내에 확인하기는 어려울 것 같다.

그러나 가장 중요한 사실은 TAA가 무역으로 피해를 입은 사람들을 구제하기 위해 미국이 취한 유일한 노력이라는 것이다. 케네디 대통령이 처음 그 아이디어를 소개한 지 벌써 반세기 이상이 흘렀으나, 그동안 미국은 더 나은 것을 생각해내지 못했고 오히려 다른 방향으로 나아갔다.

지금 시점에서 돌아보면, 무역의 패자에게 미봉책으로 보상해주거나 더 나쁘게는 아예 그들을 무시함으로써 미국이 비싼 대가를 치러야 했음이 분명하다. 트럼프는 2016년 대선 유세 때 미국의 "잊힌 남과 여"가 가진 불만을 내세우며, 수년 동안 빛도 비추지 않고 해결책도 없이 썩게 놔둔 고통과 원망의 깊은 우물을 이용했다. 반면 한때 공장 돌아가는 소리로 시끄러웠다가 조용해진 지 오래인 중서부 도시에서 'TAA에 더 많은 재정 지원' 같은 구호를 외쳐봐야 절대 설득력이 없었을 것이다. 삶의 방식이 바뀌었고, 그 변화는 단지 전체 실직자 수가 아닌 더 근본적인 것이었으며, 정치인들이 임시 임금 보전과 단기 교육 프로그램을 가지고서는 시간, 기술, 그리고 때때로 무역에 의해 무너진 전체 지역사회의 자존감이나 목적을 보상해줄 수는 없기 때문이었다. 보상, 진정한 보상을 위해서는 더 많은 무엇인가가 필요했다. 지금도 그렇다.

승자 없는 미래

'승자와 패자' 문제에 있어 가장 우려되는 점은 이를 바로잡을 시간이 부족하다는 사실일 것이다. 미국 지도자들이 무역과 경제에 부는 변화들로 인해 도태된 사람들의 문제를 축소하는 것은 결코 바람직하지 않다. 그렇지만 지금까지도 지도자들 대부분은 심각한 정치적 결과를 마주하는 일 없이 이 일을 회피하고만 있다. 그 시절은 이제 끝났다. 트럼프가 국수주의자의 분노를 이용하기 때문만이 아니라, 변화의 속도가 그 어느 때보다 가속화되고 있기 때문이다. 자동화, 기술, 원활한 국제 공급사슬의 발전 속도가 가속화됨에 따라 변화의 범주나 그 영향을 받을 사람들을 아예 무시하는 것은 더 이상 불가능해졌다.

최근에 세계화의 여파가 특별히 까다로운 문제였던 이유는 무엇보다도 그 영향이 지리적으로 몇몇 지역에 집중되었기 때문이다. 문 닫은 공장의 상당수가 중서부 도시에 집중되어 다소 역설적인 상황이 나타났다. 우선 미국인 대다수가 사는 지역은 무역으로 인한 타격을 받지 않았기 때문에 세계화가 인구 대부분에게 특별히 중요한 정치적 이슈가 되지 못했다. 반면 무역의 '패자'들이 오하이오, 미시간, 위스콘신, 펜실베이니아 등 주요 선거구에 몰려 있기 때문에, 패자들의 경험이 대선 기간에 지나치게 부각되었다. 이 역설은 무역 관련 미국의 담화 및 정책에 깊은 영향을 주었다. 나는 미국이 문제를 실질적으로 해결하지도 않으면서 세계화의 희생자들에 대해 계속 이야기하는 이유가 바로 여기에 있다고 생각한다.

문제는 앞으로 미국 경제에 지금까지 봐온 것과 전혀 다른 변화가 일어난다는 것이다. 인공지능이 삶과 일자리를 주도하게 되면 뉴욕 맨해튼에서 일하든, 캔자스 맨해튼에서 일하든 상관없어질 것이다. 차세대 기술과 자동화로 인한 변화는 어느 특정 지역이나 산업에 국한되지 않을 것이다. 그러나 교육 수준에 따른 차별은 있을 것이다. 미국은 대학 학위가 필요하지 않은 직업이 당장 사라질 수도 있다는 것을 이미 예상하고 있다. 로봇이 공장 노동자를 대신하고 마트 셀프 계산대가 직원을 대신하는 것은 미국인에게 너무 익숙한 장면이다. 하지만 화이트칼라 직종, 첨단 엔지니어링 직종, 졸업 후 수년 동안 훈련을 해야만 하는 직종이 사라질 가능성에 대해서는 아직 마음의 준비를 하지 못했다. 확실히 교육을 가장 많이 받은 미국인들이 다음 기술 진보의 물결 속에서 더 안전할 것이다. 그렇다고 해서 의사, 변호사, 회계사, 프로그래머 모두 전혀 피해를 입지 않는다는 뜻은 아니다. 이런 걱정과 그에 따른 절박감 때문에 미국의 정치가 극도로 날카로워졌다.

이 난관을 잘 극복하기 위한 첫걸음은 미국인의 사고방식을 바꾸는 것이다. 앞으로 몇 년 동안 배우고 일하고 생계를 꾸려가는 방식에서 발생하는 변화를 있는 그대로 받아들여야 한다. 사반세기 전에 빌 클린턴은 용감하게도 미국의 젊은이들에게 그들이 앞으로 살아가면서 "직업을 여덟 번 바꾸게 될 것"이라고 말했다. 지금 젊은이들은 그 여덟 가지 일자리 중 대부분이 더 이상 존재하지도 않는다는 사실을 납득해야 한다. 그들은 상상조차 해보지 않았을 것이다. 미래에 있을 직업 중에 아직 존재하지 않는 직업을 추산해보니 무려 85퍼센트나 되었다.[18] 확실한 것은 이제 더 이상 대학 학위가 안락한 중산층 진입과 안전을 보장해주는 평생 통행권이 되지 못한다는 사실이다. 물론 많은 미국인이 그 사실을 이미 알고 있다. 또 궁극적으로 어떤 결과가 올지라도 불확실한 미래에 대비하는 확실한 방법은 단 하나로, 배우는 것을 절대로 절대로 절대로 중단해서는 안 된다는 사실을 잘 안다.

가까운 미래에 대학은 그저 출발점이 될 것이고, 대학 졸업식을 왜 '시작commencement'이라고 하는지 마침내 이해하게 될 것이다. 미국의 교육은 더 이상 열여덟이나 스물이나 스물두 살에 영원히 마무리하는 젊은 시절 통과의례에 그치지 않을 것이다. 예전보다 훨씬 더 빈번하게 재창조의 변화가 일어나는 세계에서 졸업장만으로는 충분하지 못하다. 이것은 우리가 받아들여야 할 냉혹한 진실이자 중요한 변화다.

대부분의 사람은 '평생학습'이란 생각을 별로 달가워하지 않는다. 만약 내게 학교로 돌아가 새로운 외국어를 배우라고 말한다면 나는 주눅부터 들 것이다. 그런데 사실 이것은 학습이라기보다는 내 친구 로버트 홀리먼Robert Holleyman 전 미국 무역대표부 부대표가 말한 '평생 준비'에 훨씬 더 가깝다. 새로운 경제에 대비하기 위해 남은 평생 교실에 앉아 있을 필요는 없다. 기민하게 행동하고 새로운 기술을 배울 준비를 하라는 것이다. 거대한 폭풍우가 몰려오면 물자를 비축해 이를 대비한다. 경제에 변화의 바람이 일면 우리는 기술을 비축해야 한다. 새로운 접근 방식에 적응하기란 언제나 어렵다. 그러나 눈을 감고 모르는 척했을 때 나타나는 결과보다 더 힘든 것은 없을 것이다. 일하기 위한 준비를 제대로 하지 못한다면 미국은 경제적으로 뒤처지거나 글로벌 리더로서의 지위를 내놓게 될 것이다. 뿐만 아니라 비숙련공 일자리 공급이 감소함에 따라 정치적·사회적 대변동에 대비해야 한다. 미국인 수백만 명이 소득과 안전을 보장받지 못하고 다른 직업을 선택할 권리를 누리지 못한 채 좌초하고 절망하게 될 것이다. 그러는 동안 나머지 세계에서는 변화가 신흥국에 점점 더 압박을 가할 것이며 각국의 이주와 안정성에도 영향을 줄 것이다.

아예 세계 경제의 흐름을 틀어 잠그고 우리의 규칙적인 일상으로 돌아가면 되지 않느냐는 목소리는 언제나 나올 것이다. 위로가 되는 주장이고, 많은 사람이 피난처 삼아 그 주장을 수용하고 싶어 할 만하다. 문제는 절대로 그럴 수 없다는 것이다. '당신이 바꿀 필요 없어, 내가 고칠게'라는 말이 듣기에는 더없이 편하다. 하지만 세계 경제로부터 우리 자신을 차단하는 것은 생명을 위협하는 질병의 치료를 중단하기로 결정하는 것과 마찬가지다. 확실히 차단된 삶은 우리를 편안하게 해주고 단기적으로 고통스러운 부작용을 피할 수 있게 해준다. 그러나 우리 삶을 활기 넘치고 번창하도록 이끌지 못한다. 게다가 세계화는 죽을병이 아니다! 사실 미국은 세계 어느 나라보다 상황이 더 낫기 때문에, 약을 먹고 운동을 하며 섭식에 주의하고 삶을 건강하게 바꾸어나갈 의지가 있다면 과거보다 더 강력하게 살아남을 수 있다.

애팔래치아 광부들이 찾은 답

그게 어떤 모습일지 경험해보고 싶다면 빅샌디강 지류를 따라 7000명이 사는 산촌인 켄터키주 파이크빌로 가보자. 버지니아주와 웨스트버지니아주 경계선 바로 옆에 위치한 파이크빌은 애팔래치아

산맥 한가운데에 있다. 요점만 말하자면, 거기서 '힐빌리데이Hillbilly Days'라는 유명한 축제가 열리는데 매년 10만 명의 관광객이 이 유명한 산간벽지의 음악, 예술, 음식, 문화, 생활방식을 즐기고자 찾아온다. 또한 파이크빌에서는 러스티 저스티스라는 이름의 친구를 만날 수 있다. 내가 지어낸 이름이 아니다(러스티 저스티스Rusty Justice는 '녹슨 정의'라는 뜻이다ー옮긴이). 러스티는 그 지역의 사업가로, 동부 켄터키의 또래들이 그랬듯 젊었을 때 석탄을 운반했다. 2015년 러스티가 파이크빌에 설립한 회사 홈페이지에서 그의 약력을 살펴보면, 그가 자신을 '예수님, 가족, 야구, 그리고 애팔래치아의 모든 것을 사랑하는 당당한 시골뜨기hillbilly'라고 설명하는 것을 볼 수 있다.[19] 놀라운 사실은 석탄 마을의 검은 산자락과 황갈색 먼지 속에 깊이 자리 잡은 이 회사가 최첨단 웹을 개발하는 '비트소스Bit Source'라는 이름의 소프트웨어 스타트업이라는 점이다.

자동차 공장이 여러 세대에 걸쳐 중서부 위쪽에 사는 사람들의 생계와 삶을 규정해온 것처럼, 석탄은 이 지역의 생득권이었다. 광산은 많은 사람에게 월급이었고(그것도 꽤 괜찮은 수준으로) 존엄성, 정체성, 지역사회, 다른 지역과의 연결 등의 근원이었다. 그런데 무엇이 이 생득권에 지장을 주었을까? 당연히 경제에 큰 변화의 바람이 불었기 때문이다. 이번에는 무역의 책임이 아니다. 미국인들이 단지 천연가스를 더 선호했을 뿐이다. 천연가스는 미국 내 공급이 가능했을 뿐만 아니라, 석탄보다 저렴하고 깨끗하고 풍부했다. 러스티 저스티스는 재앙의 조짐을 알아보았다. 아마도 석탄은 변화하는 세계 속에서 도태될 것이라고. 그러나 파이크빌도 같이 도태될 필요는 없다고. 그는 40년 동안 석탄 산업에 종사해온 비즈니스 파트너와 협력해 아이디어를 짜냈다. 그들은 경제 변화 속에서 그저 살아남는 게 아니라 그 혜택을 누리는 회사를 만들고자 했다.[20]

파이크빌은 이동하는 물리적 상품에 의존해 사업하기에는 지리적으로 불리했다. 편벽한 산악지대에 위치해, 상품이 오고 가는 곳이 어디든 운송이 쉽지 안고 비용도 많이 들 터였다. 낮은 학력 수준과 높은 실업률로 문제를 앓고 있었지만, 러스티는 파이크빌의 노동자들이 모두 근면한 문제 해결사라는 것을 몸소 겪어 알았다. 그래야만 광산에서 살아남을 수 있기 때문이었다. 인근 직업훈련 콘퍼런스에 참가한 러스티와 그의 파트너는 코딩에 대해 배웠고 번뜩이는 아이디어가 떠올랐다. 숙달된 성실한 문제 해결사들이 전국 어디서나 할 수 있고, 수요는 매우 많으면서 운송할 필요는 없고, 경제 변동으로 금세 퇴출될 우려가 없는 그런 일을 찾아낸 것이다.

러스티는 지역 서쪽 외곽에 버려진 벽돌로 지은 코카콜라 공장에 회사를 차렸다. 세월에 낡고 빛바랜 청량음료 간판이 아직도 문에 달려 있었다. 러스티가 신기술 스타트업이 파이크빌에서 곧 직원을 채용할 예정이라는 안내 광고를 내자, 거의 1000명이 지원했다.[21] 비트소스 경영진은 코딩이 적성에 맞는지 알아볼 수 있는 테스트를 활용해 최종적으로 전직 광부 11명을 선발해 기초교육을 시킨 후 초기 멤버로 일에 투입했다. 사양산업의 전형을 보여주던 이곳은 그렇게 새로운 정체성을 받아들이기 위한 걸음을 한 발짝 내디뎠고, 지금은 지역민들이 그렇게 부르듯 '실리콘홀러Silicon Holler'가 되었다(holler는 애팔래치아 지역에서 '작은 계곡'을 뜻하는 단어로, 실리콘밸리에 빗댄 표현으로 보인다—옮긴이).

비트소스는 지역 성공 사례로 꽤 많은 주목을 받았다. TAA가 절대로 할 수 없는 방식으로, 오래되고 기술 수준이 낮고 존립이 위태로운 산업에서 첨단기술 서비스 분야로 노동자들이 원활하게 나아가게 했고, 전과 비슷하거나 더 많은 임금을 받게 해주었다. 그들은 '승자와 패자' 문제의 이상적인 해결책을 제시한다. 이는 유기적이고 기업가적인 해결책으로, 정부가 개입해 무역의 이득을 재분배할 필요가 없다. 그러나 러스티 저스티스와 궁핍했던 코더 팀이 파이크빌에 새 생명을 불어넣은 이 감동적인 이야기를 듣고도 비트소스 모델을 다른 곳에서 재현할 수 있을지에 대해서는 의문이 든다.

이런 의문 중 일부는 석탄도시, 철강도시 등 신경제에서 도태된 지역사회에 거주하는 노동인구의 적응력과 관련이 있다. 러스티는 파이크빌에서 할 일이 없거나 실직 상태인 광부 수백 명 중에 가장 전도유망하고 잠재력 있는 코더 11명을 채용할 수 있었다. 그런데 나머지 전직 광부들 중에서 얼마나 많은 사람이 그들과 마찬가지로 도약할 수 있는 능력을 가졌는지 누가 알겠는가? 또한 다른 도시들이 파이크빌처럼 첨단기술 분야를 다룰 능력이 있는지도 우려스럽다. 그리고 이 문제에서는 정부가 어느 정도 관심을 갖고 투자할 필요가 있다. 파이크빌은 2017년 시골의 인터넷 접근성을 개선하기 위한 주정부 정책의 일환으로 광대역 설비가 들어오기 전까지는 안정적으로 계속 사용 가능한 광대역 통신망이 없었다.[22] 미국 전역 시골에서 이는 흔한 일로, 이들 지역 대부분이 사업과 투자를 유치하거나 지속하기 어려운 이유 중 하나가 이런 기본적인 디지털 인프라가 부족하다는 것이다. 비트소스처럼 21세기 경제에 적응할 아이디어와 사람, 의지가 있어도 20세기 기술에 갇혀 새롭게 출발하지 못하는 잠재력 있는 사업이 얼마나 되는지는 알 길이 없다.

트럼프와 힐러리의 역설

늘 그렇듯 역설적인 사실은 결국 정치와 문화에서 나온다. 2016년 여름, 당시 대통령 후보였던 힐러리 클린턴은 2020년까지 모든 미국인이 안정적으로 인터넷을 쓸 수 있게 하겠다는 내용의 야심 찬 통신망 구축 계획인 '모두를 위한 광대역broadband-for-all'을 발표했다.[23] 도시 거주자 96퍼센트가 이미 그 혜택을 누리고 있기 때문에, 도시나 그 인근에 사는 사람이라면(그리고 대선 관련 기사를 내는 언론매체도 다 도시에 있다) 이 계획안에 관심이 없었을 것이다. 그러나 미국 인구의 40퍼센트가 파이크빌처럼 광대역 통신망이 없는 지방에서 살고 있다. 다시 말해 그들은 기술과 서비스를 기반으로 하는 많은 사업(더 솔직히 말하자면, 인터넷을 통해 소비자와 만나는 사업… 즉 모든 사업)을 시작하거나 지원할 기본 인프라를 갖추지 못한 것이다. 힐러리의 계획은 컴퓨터과학 교육에 대한 연방정부 투자를 2배로 늘리고, 기술 창업 재원을 확보하고, 새로운 분야로 옮기는 노동자에게 이전의 보험과 연금 등의 자격을 유지하는 혜택을 주고, 기술 창업자를 대상으로 학자금 대출을 연기해주며, 지역에 '디지털 공동체 모델' 구축을 장려하는 프로그램을 신설하는 것이었다.[24] 그에 반해 트럼프는 지방의 인터넷 접근과 관련된 어떤 공약도 내놓지 않았다. 선거 유세장에서 "빌 게이츠를 비롯해 무슨 일이 일어나는지 제대로 아는 많은 사람을 만나봐야 한다. 우리는 어떤 식으로든 특정 지역에서 인터넷을 끊는 것에 대해 그들과 이야기를 해야 한다"라는 말을 하기는 했다(트럼프는 당시 테러 방지를 위해 특정 지역의 인터넷을 차단해야 한다는 발언으로 논란을 일으켰다—옮긴이).[25]

그래서 2016년 대선 당시 켄터키주에서 누가 이겼을까? 30포인트 차로 트럼프가 이겼다. 트럼프는 파이크빌의 행정 중심지인 파이크 카운티에서 힐러리를 무려 80퍼센트 대 17퍼센트로 이겼다. 2018년 백악관이 의회에 제출한 예산안에 애팔래치아 지역위원회 폐지안이 담겼음을 알아차린 사람은 거의 없었다. 이 위원회는 탄광 지역 경제 활성화를 위해 수억 달러 규모의 투자를 담당하는 곳이다.[26] 트럼프의 2019년 예산안은 지역 경제 발전 융자 및 보조금 제도Rural Economic Development Loan & Grant Program[27]와 더불어 55년 된 경제개발청EDA까지 아예 없앨 것을 제안했다. 경제개발청은 고통받고 있는 광업과 제조업 지역사회의 사업 발전을 촉진하는 지역 계획에 연방 보조금을 지원하는 곳이다.[28]

일단 파이크빌 같은 곳에서는 정치적인 면에서 정체성 정치학의 색채가 강력하게 나타난다. 광업에 대한, 그리고 광업으로 대표되는 전통, 역사, 정체성에 대한 감정적 포용은 여전히 그것을 넘어설 발판을 마련해주겠다는 약속보다 그 지역 사람들 대부분에게 훨씬 더 매력적으로 작용한다. 한편 주정부와 연방정부 예산이 동반된 자체 해결책들이 미래로 나아갈 길을 제공하고 있다. 동부 켄터키 집중고용 프로그램Eastern Kentucky Concentrated Employment Program, EKCEP은 23개 탄광촌의 노동자 재교육을 지원하는 민간 기관이다. EKCEP는 미국 노동부의 보조금을 활용해 해고된 광부들이 새로운 경력을 만들어가는 과정을 이끌어주고, 학교로 돌아갈 비용을 대주며, 실무 수습 기간 동안 보조금을 지급한다.[29] 이 프로그램은 러스티 저스티스가 1차 비트소스 코더 그룹을 모집하고 선정하는 것을 도왔고, EKCEP는 현재 탄광 일에서 벗어나 기술 분야에서 좀 더 안정적인 일자리를 찾기 위해 길을 모색하는 수천 명의 켄터키 주민들과 협력하고 있다.[30] 오늘날 이 프로그램은 지역 대학과 파트너를 맺어 코딩 캠프를 열고, IT 기술을 익히기 위한 온라인 강좌를 마련하고, 애팔래치아 지역에서 현실적이고 믿을 만한 선택지로서 기술직의 인지도를 더 높이고 있다.[31] 연방정부를 신뢰하지 않는 지역에서 모든 새로운 일자리 기회를 만들어내는 돈이 어디에서 나오는지 알리기는 어려워도 성공은 간단한 것일 수도 있다.

적응력이라는 새로운 게임

'실리콘홀러'가 탄광촌에 다시 활기를 불어넣을 수 있을지 여부는 좀 더 지켜보아야 할 일이지만, 마침내 청사진이 마련되었다. 켄터키 출신으로 2011년 인터랩트Interapt라는 기술 스타트업을 창업한 안쿠르 고팔Ankur Gopal은 비트소스 이야기에 감명받아 테크하이어 이스턴 켄터키TechHire Eastern Kentucky라는 프로그램을 마련했다.[32] 2016년 그의 첫 번째 '졸업반' 35명의 코더 중에는 실직한 광부, 편의점 직원, 피자 배달원 등이 포함되었다. 24주의 교육 과정과 8주의 수습 기간을 거친 후 이들은 앱 개발자나 소프트웨어 엔지니어가 되어, 얼마 안 되던 시급을 안정적인 연봉으로 대체했다. 무엇보다 대부분이 더 나은 삶을 위해 고향을 떠나 대도시로 갈 필요가 없었다. 그들은 기술과 가처분소득, 낙관주의를 동부 켄터키로 다시 가져왔다. 2018년 또 다른 90명의 현지 노동자가 교육을 받기 시작했고, 고팔은 프로그램이 탄력을 받게 되면 그 숫자가 계속 증가할 것으로 기대했다.[33] 고무적인 이야기이긴 하지만 정치적으로는 복잡하다. 고팔은 공화당 소속 켄터키 주지사 맷 베빈Matt Bevin과 그 지역 공화당 하원의원 핼 로저스Hal Rogers가 연방정부에 로비해 그 프로그램에 재정을 끌어오도록 설득함으로써 비로소 그 프로그램을 시작할 수 있었다. 애팔래치아 지역위원회는 테크하이어 이스턴 켄터키가 정상 운영되도록 270만 달러 지원을 승인했다. 그렇다, 트럼프 대통령이 그 이후 없애려고 했던 바로 그 위원회다.[34]

기술, 시간, 무역에 의해 대체된 미국 노동자들의 미래는 어떤 모습일까? 솔직히 말하자면 나도 잘 모르겠다. 비트소스 같은 스타트업, EKCEP 같은 제도, 테크하이어 이스턴 켄터키 같은 아이디어들은 '승자와 패자' 문제를 긍정적인 방법으로 해결할 수 있음을 보여준다. 하지만 장기적 성공은 보장해주지 못한다. 정치는 미묘하고, 문화와 정체성의 문제는 중차대해 보이며, 인프라는 뒤처진 데다, 더 큰 도전이 닥쳐왔을 때 잘 대처할 수 있도록 이러한 해결책들이 확장될 수 있을지 잘 모르겠다. 하지만 이 시도들은 TAA가 절대로 하지 못한 방법으로 희망을 제공한다.

수습 제도, 기술 교육 프로그램, 직업 재교육 모델은 이미 소수의 실직자에게 특별한 차이를 만들어냈다. 설사 이 시도들이 궁극적으로 모든 문제를 해결하지 못한다 할지라도, 가장 좋은 점은 배우고 일하는 방식에 대한 생각을 바꾸기 시작했다는 것이다. 켄터키에서 벌어지는 게임의 이름은 적응력이다. 인공지능과 자동화가 진행됨에 따라 조만간 이는 미국 전역에서 벌어지는 게임이 될 것이다. 이러한 새로운 코딩 작업은 아마도 인지하지 못할 방식으로 달라질 것이다. 그러나 광부에서 코더가 된 사람들은 그들이 시작한 곳으로 다시 돌아가지 않을 것이다. 그들은 21세기 모든 종류의 산업에서 유리한 입장에 설 수 있게 해줄 기술을 가지게 될 것이다. 그들은 가장 중요한 근육, 즉 학업이 끝난 지 오랜 후에도 새로운 것을 배울 수 있는 능력을 키울 것이다. 끊임없이 진화하는 경제 속에서 민첩성과 그에 동반되는 마음가짐을 가지는 것은 필수적이다. 이는 시장에 의해 대체된 광부들이나 무역에 의해 대체된 공장 노동자들에게만 해당하는 것이 아니라, 다음 기술 진보가 가져올 큰 변화로 경력에 지장을 받게 될 우리 모두에게 해당한다.

11장

다음 시대를 위하여

"이 '전화'라는 것은 의사소통 수단으로 진지하게 고려되기에는 단점이 너무 많습니다." 1876년에 웨스턴유니언 윌리엄 오턴William Orton 사장이 한 말이다.[1] "대체 누가 배우들이 말하는 걸 듣고 싶어 하겠어?" 그 이름도 유명한 워너 형제 중 한 명인 해리 워너Harry Warner는 그렇게 물었다. 그 말을 한 바로 그해에 앨 졸슨Al Jolson의 〈재즈 싱어〉(1927년에 개봉한 최초의 장편 유성 영화—옮긴이)가 할리우드를 강타했다. 20세기 폭스의 설립자 대릴 재넉Darryl Zanuck은 1946년에 텔레비전이 잠깐 유행하고 말 것이라 예측했다. 그는 그 이유를 다음과 같이 댔다. "사람들은 매일 밤 합판 상자를 바라보는 일에 금세 싫증을 낼 것이다." 3년 후 〈파퓰러메카닉스Popular Mechanics〉는 "앞으로 컴퓨터는 1000개의 진공관만 있고 무게는 1.5톤에 불과할 것"이라는 생각에 경탄을 금치 못했다. 1995년으로 훌쩍 넘어오면, 인터넷의 선구자이자 스리콤의 설립자인 로버트 멧커프Robert Metcalfe는 "인터넷에 곧 초신성 폭발과 같은 폭발이 있을 것이며, 1996년에 비극적으로 무너질 것"이라고 예측했다. 1997년 콘퍼런스에서 멧커프는 자신이 종말을 알렸던 칼럼을 분쇄기에 넣었고, 모인 청중에게는 기쁘게도 거의 말 그대로 자기가 한 말을 먹어치웠다. 좀 더 최근인 2005년에는 유튜브 창립자인 스티브 천Steve Chen이 "내가 보고 싶은 동영상이 그렇게 많지 않다"고 한탄하며 자신의 아이디어가 전망이 있는지에 의구심을 품었고, 2007년에는 컨설팅 전문기업 맥킨지가 아이폰은 세계 시장에서 2000만 대까지 팔릴 잠재력이 있다고 예측했다(그이후 10억 대 이상이 팔렸다).

요기 베라Yogi Berra가 했다고 여겨지는 말도 인용해보자. "예측하기참 어렵다. 특히 미래에 대해서는 말이다." 나 역시 비슷한 전적이 있다. 1990년대에 내가 릴리언버넌에서 일할 당시, TV 리모컨으로 상품을 주문하는 아이디어를 처음 접했다. 그때 나는 이렇게 반응했다. "전화로 사람에게 주문하는 게 좋지 않나?" 내가 틀렸다!

이렇게 예측이 완전히 빗나간 일화를 열거한 이유는 그 말을 했던 똑똑한 사람들을 비웃기 위해서가 아니라, 앞으로 어떻게 될지 예측해달라는 요청을 받았을 때 우리의 상상력이 얼마나 제한될 수 있는지 지금 이 중요한 순간에 상기시켜주기 위해서다. 미래는 언제나 우리가 생각하는 것보다 더 대담하고 흥미로웠고, 우리 앞에 펼쳐질 미래가 어떠할지 묻는다면, 그것이 내가 자신 있게 내놓을 수 있는 유일한 예측이다. 그 어떤 놀라운 일이 생기건 간에, 미래를 준비하는 것은 우리 시대에 가장 중요한 문제다. 변화에 대비하기 위해 우리가 할 수 있는 모든 것을 해야 한다. 즉 우리 앞에 놓인 있을 것 같지 않은 일들을 생각하며, 로버트 홀리먼이 주장한 '평생 준비'를 통해 적응력을 높여가고 새로운 생각과 해결책을 수용해가야 한다.

가능한 모든 선택지

어떻게 노력하는 것이 가장 전략적일까를 생각하면, 오바마 대통령이 미국의 에너지 미래에 대해 했던 말이 떠오른다. 민주당은 깨끗하고 재생 가능한 에너지원으로 마음을 굳혔을지 모르지만, 오바마는 거듭 이른바 '가능한 모든' 선택지를 수용하고자 했다. 그는 사고를 제한하기에는 당시 문제가 너무 크고 복잡하기 때문이라고 그 이유를 밝혔다. 즉 에너지 문제에 있어 풍력, 태양열, 원자력, 화석연료, 그 밖의 길들을 동시에 추진한다는 뜻이었다. 미국 경제의 미래를 준비하는 데 있어서 '가능한 모든' 선택지를 수용한다는 것은 연방정부와 주정부 프로그램, 지방의 자체적 시도, 민간 부문의 계획, 교육기관과 싱크탱크의 아이디어를 모두 동원하는 것을 의미하리라. 내일의 경제가 어떤 모습일지 알게 될 때까지, 이데올로기나 현재의 예측이라는 틀에 갇혀서는 안 된다. 일자리가 더 회복 탄력성을 키우고 경제는 더 지속 가능해지며 국민은 어떤 기회가 와도 잡을 준비를 갖추도록 모든 아이디어를 수용해야 한다.

솔직히 우리는 국제무역에서 줄곧 이런 종류의 접근을 했어야 했다. 미국 노동자에게 평생 준비의 자세를 심어주었다면 수년 동안 봐온 많은 부정적인 결과들을 피하는 데 도움이 되었을 것이다. 그랬다면 무역의 혜택을 더 널리 퍼뜨리고, 구산업과 이별하고 발전의 길을 걸으며, 사람들이 세계화에 대한 열의를 잃지 않을 수 있었을 것이다. 불행히도 미국이라는 국가는 게으름을 피웠고 수백만 명의 노동자에게 실망을 안겨주었다. 피할 수 없는 미래의 변화에 대비하기보다 사람들에게 계속해서 이 대양을 밀어낼 수 있다고, 삶에 변화를 줄 필요가 없다고 말했다. 도시가 텅 비고 산업이 산산조각 나고, 인생에 다른 대비가 있어야 한다는 경고를 한 번도 들은 적이 없는 무수히 많은 노동자만 남겨졌을 때, 정치인들은 그들에게 우리가 옛 영광을 다시 가져올 수 있다고 장담했다. 그들의 삶을 힘들게 만든 주범으로 유색인종이나 이민자를 비난했다. 다음번 변화는 멈출 수 있다고 말했다. 그들은 스스로 기운을 차리고 삶을 꾸려나가야만 했다.

변화의 속도는 멈출 수 없다. 멈춰서도 안 된다. 최대한 활용할 준비가 됐다면 괜찮다. 좋은 소식은 우리가 완전히 처음부터 시작해야 하는 건 아니라는 것이다. 혁신적인 해결책들이 이미 나와 있고, 전국 각지의 진보적인 시나 주에서 시범 운영 및 개선 작업이 이뤄지고 있다. 새로운 기술을 수용하고 적용하는 것을 기반으로 만들어진 프로그램들이 있고, 노동력의 기동성과 민첩성을 강화하기 위해 개선된 정책들이 있으며, 지금까지와는 달리 많은 노동을 필요로 하지 않는 미래에 우리가 대비할 수 있도록 도와주는 사회적 전략들도 있다.

이러한 시도들의 공통점은 아직 우리 앞에 닥치지 않은 질문, 눈앞에 닥치기 전까지는 정확한 윤곽을 알 수 없는 질문에 대한 답이라는 것이다. 우리는 미래의 경제에 스스로 어떻게 대비할 수 있을까? 전 지구적 관점에서의 미래 경제, 알지 못하고 알 수도 없는 변수들, 미래 경제를 살아가고 활성화할 사람들에게 부과될 의도하지 않은 결과들을 어떻게 처리할 수 있을까? 미국은 경제 변화, 기술 진보, 국제적 연계가 가져올 타격을 부정하거나 지연하기 위해 엄청난 시간과 에너지를 소비했다. 미국은 인프라와 교육 시스템 발전이 지지부진해도 수수방관해왔다. 이런 현실을 무시하는 것은 스스로를 위험에 빠뜨리는 일이다. 만약 미국이 필연적인 변화를 동력 삼아 잘 이용하게끔 해줄 해결책들을 수용한다면, 중산층을 재건할 수 있고 불확실한 미래 속에서도 국가를 지속 가능한 발전의 길로 이끌 수 있다.

지금이 아닌 미래를 위한 정책으로

미래를 염두에 두고 해결책을 찾는다는 것은 어떤 모습일까? 2019년 2월 필라델피아 시의회는 상점들이 현금을 받지 않는다는 만연한 문제에 맞서기로 결정했다.[2] 사업자 입장에서 무현금 모델은 효율을 높이고 고객의 대기 시간을 줄이며 강도의 위협을 없앨 수 있는 믿을 만한 방법이다. 그러나 도시의 관점에서 보자면, 이는 공정성 문제를 드러냈다. 많은 저소득층이 신용카드나 직불카드가 없어서 현금을 받지 않는 상점을 이용할 수 없게 되었다. 시의회는 12 대 4의 투표

결과에 따라 소매상점과 식당에서 현금을 받도록 했다. 기술과 문화의 변화에 따라 나타난 문제를 사업체에 과거로 회귀하도록 압력을 가해 해결한 것이다. 미래를 직시하는 해결책이란 어떤 것일까? 전체 필라델피아 사람들이 자유롭고 쉽게 기본 은행계좌를 개설하도록 하는 지방자치 프로그램은 어떨까? 상점들을 옛날 방식으로 돌아가게 하지 않고도 모두가 다 예상하는 현금 없는 사회로 사람들을 진입하게 도와줌으로써 불평등을 해소할 수 있었을 것이다.

한 사회는 언제나 이런 선택의 갈림길에 놓이며, 우리는 우리가 어디에 있는지가 아니라 어디로 가고 있는지를 보여주는 창의적인 결정을 내리도록 스스로를 훈련해야 한다. 도시의 소매정책에서도 그렇고, 국가의 무역정책에서도 그렇다. 그렇지만 트럼프 대통령은 몇 번이고 과거의 관세를 고수하는 선택을 했다. 궁극적으로 시대에 역행하는 해결책이다. 미래는 분명 현금 없는 사회가 될 것이고 더욱더 세계화될 것이다. 그러한 현실을 무시함으로써 얻을 수 있는 것은 일시적인 작은 위안, 즉 익숙한 옛날 방식이 주는 편안함뿐이다. 그러나 미국을 제외한 다른 나라들은 더 희망찬 날들로 나아가고 있다.

탐험가 시대, 산업혁명 시대, 정보화 시대에 그랬던 것처럼 낡은 지도를 던져버리고 더 멀리 모험을 떠나야 한다. 변화하는 세계 속에서 모두 함께 나아갈 수 있는 몇 가지 가능한 해결책을 앞서 이야기했다. 실직자에게 보조금 지급하기, 광부에게 코더 교육을 시키기, 평생학습이라는 새로운 관점을 가지기 등이 그것이다. 그런데 이 퍼즐은 지금까지 우리가 본 적이 없을 정도로 크고 복잡하다. 많은 조각과 창의적인 아이디어를 한데 모아서 모든 사람을 위한 그림으로 만들어가야 한다. 이를 위해서 먼저 이데올로기에서 벗어나야 한다. 좌파는 정부 정책만으로는 이 문제를 해결할 수 없음을 인정해야 하고, 우파는 시장이 용인할 수 있거나 인도적인 방식으로 모든 것을 처리할 수 없다는 사실을 받아들여야 한다. 어떤 해결책도 '만능'은 없다. 어떤 것은 농촌에서 더 효과적이고, 어떤 것은 젊은 층에 더 맞을 수 있다. 전 국방부 장관 도널드 럼즈펠드Donald Rumsfeld의 말을 빌리자면, 우리는 "알려진 아는 것들known knowns"에만 대항해서는 안 된다. 기술의 지속적 진보와 경쟁국의 경제 성장처럼 예상 가능한 도전뿐만 아니라 수많은 알려지지 않은 혹은 부분적으로만 알려진 문제들과도 씨름해야 한다.

알려지지 않은 것들 중에 으뜸은 미국 정책이다. 향후 몇 년 동안 상황이 어떻게 전개되느냐에 따라 미국이 책임감 있게 미래를 맞이할 준비를 하는 데 있어서 미국의 정책은 대단히 도움이 되거나 대단히 해가 될 것이다. 사실 어떻게 해야 할지 정확히 알고 있더라도, 승자와 패자 문제를 해결하고 급격한 변화의 물결에 맞서 나라를 보호하기란 정말 어려운 문제다. 간단히 말해, 미국의 정치 시스템은 절대다수가 동의한 가장 확실한 해결책조차도 방해하는 고약한 습성이 있기 때문이다. 데이터가 산더미처럼 쌓이고, 해야 한다는 공감대가 널리 형성되었음에도 조기교육 투자, 기후 회복력 확보, 인프라 재구축 등 많은 문제가 처리되지 않은 채 그대로 있다. 미국이 이데올로기 싸움을 계속 벌이거나 자금을 쏟아부어 음해를 하는 등 이런 교착

상태에서 벗어나지 못한다면, 밀려오는 거대한 경제 변화의 물결에 맞서 일어설 기회가 전혀 없을 것이다. 바뀔 수 있을까? 물론 바뀔 수 있다. 유권자들은 진지하게 해결책을 마련하라고 주장하고 또 생각이 비슷한 사람들을 의회로 보낼 수 있다. 정치인들은 도전의 범위를 인식하고 공감대를 형성할 수 있다. 그럼 정말로 바꿀 수 있다. 다가올 경제 변화에 앞서 나가길 희망한다면 바꿔야만 한다.

곧 다음 블랙스완이 온다

그 밖에도 수많은 알려지지 않은 도전이 있다. 어떤 획기적인 기술을 발견하게 될지 예측할 수 없기에, 우리는 인공지능의 다음 진화로 미국의 회계사, IT 전문가, 그래픽 디자이너의 절반을 대체하는 기술이 나타날지, 혹은 갑자기 모든 검안의를 쓸모없는 존재로 만들어버릴 기술이 나타날지 예상할 방도가 없다. 맥킨지 글로벌 연구소는 기술 발전으로 2030년까지 전 세계 노동력 수요의 30퍼센트가 사라질 것이며, 3억 7500만 명이 '직종을 바꾸거나 새로운 기술을 배워야 하는' 처지에 놓일 것이라고 예측했다.[3] 만약 정확히 어떤 3억 7500만 명이 직업을 바꾸어야 하는지 안다면 그에 대한 대책을 세울 수 있었을 것이다. 그래도 우리는 준비를 해야 한다. 우리 모두 나름대로 미래를 준비해야 한다.

미래에는 지금껏 상상하지 못했던 골치 아픈 문제들이 나타날 것이라고 추정해도 무방할 것이다. 질문할 생각조차 해보지 못한 문제들, 사후에 그 원인을 설명할 길을 찾을지언정 미리 알 수 없는 일들이 말이다. 그것들은 '블랙스완black swan'(발생 가능성이 매우 낮지만 만약 발생하면 엄청난 파급 효과를 일으키는 사건을 말한다—옮긴이)처럼 우리가 방심한 틈을 타서 찾아와 갑자기 모든 것을 바꾸어버릴 것이다. 1차 세계대전의 발발, 인터넷 창시, 9·11 테러처럼. 우리가 세상을 보는 방식을 완전히 바꿀 어떤 일이 언젠가 일어날 수 있다는 가능성을 열어두는 것 말고는 달리 설명할 길이 없다. 모두에게 즉각 깨끗하고 저렴하고 재생 가능한 에너지를 공급해줄 새로운 기술? 비극적인 사이버 안보 실패? 지구 바깥 생명체의 발견? 미래에 예상치 못한 어떤 반전들이 펼쳐질지, 혹은 이러한 반전들이 세계 경제를 어떻게 뒤집어놓을지 누가 알겠는가? 미래 경제를 위해 우리 자신을 어떻게 준비시키고 어떤 무역정책을 세워야 최선일지 고민할 때, 아무리 잘 세운 계획이라도 예측 가능하거나 예측 불가능한 발전들로 인해 중도에 틀어지거나 우스워질 수 있다는 사실에 익숙해질 필요가 있다.

다행히도 미국은 중요하고도 우리에게 유리하게 작용할 것들을 가지고 있다. 바로 사람들의 회복력과 적응력이다. 빈말이 아니다. 2차 산업혁명이 시작되기 바로 직전인 1870년대에 미국인의 절반 이상이 농업에 종사했다. 한 세기가 지나자 그 수치는 5퍼센트 이하로 떨어졌고,' 자동차 정비, 전화 교환, 장거리 트럭 운전 등이 가장 보편적인 직업군이 되면서 1870년대 농부들은 상상조차 할 수 없었던 상황이 됐다. 요컨대 미국은 이런 종류의 대대적인 적응을 전에도 해왔고, 더 많은 일자리와 더 큰 번영을 낳았다. 다만 이번에는 더 빨리 적응해야 한다는 것이 유일한 차이점이다.

미국의 번영만이 위태로운 것은 아니다. 이는 국가 보안 문제일 뿐만 아니라 한 국가, 그리고 세계의 안정과 관련된 문제다. 브루킹스 연구소에서 나온 보고서는 인공지능과 자동화에 의해 곧 야기될 취업난의 심각성이 현재 나오는 전망치의 평균 정도만 돼도 "서구 민주주의 국가가 권위주의에 기댈 가능성이 있으며, 미국은 시리아나 이라크처럼 전쟁, 폭력, 절도만 있고 취업 전망은 거의 없는 무장한 젊은이들의 나라가 될 수 있다"라고 밝혔다.[5] 다시 말하건대, 이는 일반적으로 극단적인 주장을 하지 않는 싱크탱크로 알려진 브루킹스 연구소에서 발표한 보고서다. 암울한 미래가 현실이 되든 아니든, 한 가지는 확실하다. 변화의 파고를 그대로 맞지 않고, 그 물결에 올라타 앞으로 잘 나아가게끔 일자리, 정책, 학교, 도시, 지역사회를 최대한 준비시킨 국가는 국민을 행복하고 생산적인 삶을 살도록 이끌며 세계를 선도하는 국가가 될 것이다.

내가 모든 답을 갖고 있지는 않다. 사실 모든 답을 가진 사람은 없다고 생각한다. 간명한 해결책은 없다. 기술과 동향, 취향이 앞으로 경제를 어디로 끌고 갈지 더 명확해지기 전까지, 지금 우리가 할 수 있는 최선의 것은 우리의 적응력을 최대한 키워줄 아이디어들을 실험해보고 혁신해가는 것이라고 생각한다. 변화에 무방비 상태로 당해서는 안 된다. 얼마나 빨리, 어떤 형태로 올지 매번 잘못 판단할지라도 우리는 그 변화가 오고 있다는 것을 안다. 미국과 세계에 있어 무역과 기술의 혁신은 필수불가결한 것이었음에도 거기에는 단점 또한 있었다. 과거 무역과 기술 진화로 인한 충격 중 어떤 것들은 작은 혜성이 지구에 부딪치는 것과 같았다. 즉 지역적 재난을 일으키지만 타격을 입은 지역 밖의 사람들은 일상생활을 계속 영위할 수 있었다. 어떤 형태가 되건 다음에 찾아올 충격은 거대한 소행성급일 것이다. 삶의 축을 무너뜨리고 삶과 생계수단을 생각하는 방식을 바꾸도록 만들 것이다.

그렇다면 무엇을 해야 할까? 먼저 우리 자신으로부터 시작해야 한다. 평생 준비란 스스로의 미래를 책임지는 것으로, 허리케인이 다가온다는 것을 알았을 때 만반의 준비를 갖추듯 기량을 공고히 갖추어 놓는 일이다. 우리 모두가 함께하고 있다는 것을 잊어서는 안 된다. 그렇다, 우리는 자신을 준비시켜야 하고, 또 아무도 도태되어서는 안 된다. 우리는 미래를 대비하기 위해 긴급하고 정직하게 움직여야 한다. 변화하는 시대에 삶의 방식과 문화를 맞춰나가기 위해 필요하다면 정신적으로도 정서적으로도 우리 자신을 준비시켜야 한다. 그 점을 염두에 두고 공공 분야, 민간 분야, 그리고 국제무역에서 우리에게 가장 유망한 길을 제시해주는 것 같은 몇 가지 해결책을 탐구해보도록 하자.

로봇세 혹은 보편적 기본소득 정책

세계는 미래에 어떤 직업이 나타날지 관망하고 있지만, 정부는 기다릴 필요 없이 우리가 현재의 일자리를 당장 잃어버릴 때를 대비해주는 것으로 자기 본분을 다할 수 있다. 그 시작은 사회 안전망에 기꺼이 새롭고 혁신적인 방법으로 접근하는 것이다. 사회 안전망은 고공 줄타기 선수나 공중그네 곡예사가 사용하는 안전그물과 같은 것으로, 사회 통합을 유지하기 위해 필수적이다. 늘 그래왔고, 특히 경제가 예상치 못한 역풍을 만났을 때에는 더욱 그렇다. 그런데 사회 안전망을 다룰 때 엄청난 정치적 도전이 수반된다. '사회적'이라는 단어는 많은 미국인과 그들을 대표하는 정치인들을 화나게 만들 때가 많다. 1930년대 사회보장제도부터 1960년대 메디케어와 메디케이드(각각 노인 의료보험제도와 저소득층 의료보장제도를 말한다―옮긴이), 2010년 건강보험개혁법에 이르기까지 모든 후생 제도는 초기에 '사회'라는 단어를 들을 때마다 '주의'라는 묶음을 듣는 것 같은 사람들의 거센 반발에 부딪혔다. 사람들을 어려움으로부터 보호하기 위해 고안된 제도라는 말을 들으면 자동으로 의심부터 하고 보는 것이 바로 미국인의 기본 전통이다. 미국인의 단호한 개인주의와 자유시장 DNA에는 사람들이 늙고 병들거나 해고되는 불운을 겪을 때 정부가 그들의 연착륙을 도와야 한다는 주장에 발끈하게 만드는 무언가가 들어 있다.

앞으로 몇 년 안에 우리에게 닥칠 것 같은 경제 격변의 규모를 생각하면 미국은 그런 반응을 극복해야 한다. 사실 우리가 이미 극복해 나가고 있다고 믿을 만한 근거도 있다. 보편적 기본소득 정책universal basic income(직업 유무에 상관없이 정부가 모든 국민에게 기본 생활비를 지급하자는 주장)은 몇 년 전만 해도 극좌파의 복지 제안에 불과하다고 여겨졌다. 그러나 인공지능이 노동자를 대체할 것이라는 전망이 본능적이고 임박한 위협으로 다가옴에 따라, 기본소득 정책은 눈에 띄게 빠른 속도로 주류에 안착했다. 2018년 2월 갤럽 여론조사에 따르면 미국인 48퍼센트가 신기술로 일자리를 잃게 된 노동자들을 위한 기본소득제도 시행을 지지했다. 여성, 대졸 학력, 35세 이하의 미국인 대다수 역시 동일한 말을 했다.[6] 여론조사 결과를 보면, 전체 인구의 절반 가까이가 인공지능에 일자리를 빼앗긴 실직자들에게 수입이 제공되도록 개인적으로 세금을 더 많이 낼 의향이 있다고 밝혔다. 한편 80퍼센트는 빌 게이츠를 비롯한 사람들이 제안한 '기본소득 정책 재원 마련을 위해 기술로 인간 노동을 대체하는 기업에게 '로봇세'를 부과하자는 주장'을 지지했다.[7]

로봇세 개념은 10장에서 이야기했던 니컬러스 칼도어와 영국 곡물법을 기반으로 한다. 영국이 식료품 가격 하락으로 갑자기 절감하게 된 돈을 곡물 수입으로 피해를 본 농부들을 위한 보상금으로 사용했듯이, 로봇세는 인공지능이 인간을 대체해 기업이 많은 돈을 벌었다면 그 돈의 일부를 대체된 사람들에게 보상하는 데 쓰자는 주장이다. 기본소득 정책이 현명한 방침으로 판명되든 되지 않든, 이는 기술 혁신에 따른 충격을 완화하기 위해 행동을 취해야 하고 비용을 더 들여야 한다는 주장에 사람들이 관심을 갖기 시작했다는 좋은 신호다. 하나의 사회로서 미국은 식품 구입권 같은 것보다 사회보장에 더 많은 지지를 보내는데, 아마도 대부분이 노인이 된다는 생각은 해도 극빈자가 될 수도 있다는 생각은 거의 하지 않기 때문일 것이다. 기본소득 정책 지지자들이 최근 몇 년 동안 급격히 증가한 것은 이제 전보다 많은 사람이 기술 발전으로 실직할 수도 있다는 생각을 하게 되었기 때문일 것이다. 다시 말해 그들에게 필요해진 것이다. 궁극적으로는 우리 앞에 기본소득 정책 같은 제도에 의존해 살아가는 세상이 펼쳐지지 않기만을 바랄 뿐이다. 인간 본성은 생산적이기를 원하고, 이는 우리가 우리 자신을 정의하는 방법 중 하나다. 따라서 나는 우리가 이룬 진보가 일자리를 쓸모없어지게 하는 게 아니라, 우리 각자가 존엄성과 목적을 지니고 일에 종사할 수 있게 하는 미래가 오길 바란다. 우리가 그런 미래를 맞이할 수 있을까? 누가 알겠는가! 바로 이 때문에 기본소득 정책은 당분간 무기고에 챙겨둘 만한 가치가 있는 제안인 것이다.

다양한 새로운 접근 방식

정부 각 부처가 사회 안전망을 고민하기 시작하면서 다양한 아이디어가 나왔다. 예를 들면 많은 경제학자가 실업보험금 지급 방식을 바꾸는 것에 지지를 표하기 시작했다. 보통 실직하면 임금처럼 주 단위나 월 단위로 실업수당을 받는다. 이 경제학자들은 이런 관행이 사람들이 정부의 도움에서 벗어나는 데 방해가 된다고 주장한다. 실업수당을 일시불로 지급한다면 실직자들이 훨씬 더 자유롭게 자신의 삶에 필요한 변화를 만들어낼 수 있다는 것이다. 또한 더 빨리 대안을 생각하도록 유도할 수 있다. 일시불로 지급하면, 다음 수당을 받을 때까지 지역 구인 게시물을 살펴보며 집세를 내고 식료품을 살 수 있을 만큼만 돈을 모으는 것이 아니라, 직업훈련에 투자할 여유를 즉시 갖게 되거나, 원한다면 취업 기회가 더 많은 지역으로 이주하는 데 돈을 쓸 수도 있다. 즉 이 대안은 사람들에게 유동성, 융통성, 그리고 자신의 미래에 대한 통제력을 준다. 이 세 가지는 사람들이 장기적으로 잘 정착하는 데 필수적인 요소다. 이런 식으로 유인 구조가 바뀌면 더 많은 실직자들이 근근이 살아가는 데 그치지 않고 새로운 일자리를 찾기 위한 준비를 하는 데 실업수당을 사용하게 된다. 무엇보다 이는 정책을 약간만 수정하면 얻을 수 있는 변화다. 시도해볼 만한 가치가 있다.

어떻게 혼란에 대응하고 사람들과 지역사회를 변화에 대비시켜야 하는지 연구하고 시도해봐야 할 수많은 아이디어들이 있다. 무역이나 자동화로 대체될 가능성이 있는 노동자들을 대상으로 한 임금 보조금과 세제 혜택은 일자리가 사라지기 전에 사람들이 새로운 기술로 무장할 수 있도록 장려한다. 임금보험은 임금이 더 낮은 자리로 옮겨야 하는 노동자들에게 이전 임금과의 차액을 보장해주고, 더 나은 기회를 얻기 위해 준비할 시간과 여유를 준다. 근로소득세 공제를 확대 적용해볼 수도 있는데, 이는 가장 큰 타격을 받은 지역에서 가난을 줄이는 데 효과적인 것으로 입증된 바 있다. 이 제도는 최저임금 인상과 같은 전통적인 지렛대를 사용할 여력이 충분치 않을 미래에 최대한 많은 사람에게 도움을 줄 수 있다.

모든 사회보장제도가 미래 도전에 잘 대응할 수 있을 만큼 규모가 크고 과감하지는 않으며, 또 모든 아이디어가 의도했던 대로 정확히 굴러가지도 않는다. 그럼에도 이런 노력들이 더해지면 분명 사람들이 앞으로 일이 어떻게 진행되는지 파악해 변화에 대비하고 더 나은 길로 나아가도록 도울 수 있다. 그리고 솔직히 말해, 국가가 행하는 '사회적' 프로그램이 때때로 탐탁지 않더라도, 우리는 당장 튼튼하고 넓은 안전망을 구축해야 하는 도덕적 의무가 있다. 변화는 전례 없이 빠른 속도로 진행되고, 그로 인해 누가, 무엇이 나가떨어지게 될지 전혀 알 수 없기 때문이다.

참신한 사회보장안 중 하나는 하버드대학의 경제학자인 로버트 로런스Robert Lawrence와 아카시 디프Akash Deep에게서 나온 것으로, 그들은 2008년에 경제 변화로 지역사회 전체가 공동화되는 문제를 창의적으로 해결하고자 했다. 그들이 해결하고자 했던 문제는 대규모 실직으로 갑자기 타격을 입은 도시에서 나타나는 악순환이었다. 때때로 이는 공장 폐업의 형태로 시작된다. 인구 2만 5000명의 도시에서 자동차 공장이 문을 닫으면, 그 직격탄으로 도시 인구의 4분의 1이 갑자기 일자리를 잃게 된다. 이후 영향은 계속 확산된다. 경제적 어려움에 처한 가정들이 애용하던 상점이나 식당의 출입을 삼가면서 중심가는 불이 꺼지고, 세금 감소로 학교나 지역사회 프로그램에 대한 재정 지출이 감소한다. 그러면 다음 세대에 대한 전망이 어두워지고, 범죄나 마약 등 사회적 병폐의 문이 활짝 열린다. 로런스와 디프의 제안은 자동차 공장을 살리는 게 아니라 불황이 도시 전체를 집어삼키기 전에 그 고리를 끊는다. 이름이 다소 어렵기는 하지만, 이른바

과세기준보험tax-base insurance은 미국인 전체가 잘 아는 메커니즘을 활용해 갑작스러운 경제위기로부터 지역사회를 보호해준다.[8]

홍수보험은 재난으로부터 보호해주고, 자동차보험은 사고로 발생한 비용을 배상해준다. 과세기준보험은 광범위한 실직에 정확히 동일한 역할을 한다. 지방정부는 공장이 문을 닫을 때 혼란의 소용돌이에 빠져들도록 내버려두는 게 아니라, 공공 보험이나 민간 보험에 가입할 수 있다. 우리가 건강보험에 가입하듯 도시가 보험료를 내면, 무역이나 기술, 다른 어떤 것의 발전으로 과세 기반이 약화될 때 자금을 공급받게 된다. 그 자금은 일정 기간 세금 손실분을 메워주고, 안정된 예산을 가지고 시민들에게 새로운 일자리 기회를 제공할 투자를 할 수 있게끔 도시를 충분히 오래 유지해준다. 공장이 돌아오게는 못하지만 불안정성과 지역 침체 등 2차 위협을 막아주는 것이다. 일부 재정은 실직 노동자를 좀 더 내구성 있는 분야에서 훈련하도록 사용하고, 일부는 새로운 사업을 장려하는 데 사용할 수 있다. 소방관이나 교사가 예산 부족으로 해고되지 않아도 된다. 이 창의적인 아이디어를 추진했다면 지난 10년 동안 수많은 지역사회가 고통을 받지 않을 수도 있었겠지만, 어째서인지 아직까지 돌파구로서 호응을 얻지 못하고 있다.

리얼잡스 로드아일랜드와 오퍼튜니티존

이런 시기에 미국은 연방주의 체계 아래 좋은 아이디어를 실험할 수 있는 50개 주립 연구소가 있음을 행운으로 여겨야 한다. 가장 작은 실험실은 로드아일랜드에 있는데, 내 친구인 지나 레이몬도Gina Raimondo 로드아일랜드 주지사는 기업들이 가장 필요하다고 말하는 기술을 익힐 수 있는 직업교육 프로그램을 새로 계획하는 데 거액을 투자했다. 다시 말해서 로드아일랜드는 교육 및 훈련 프로그램을 실제로 있거나 조만간 기업이 필요로 할 것 같은 일자리와 확실히 연계했다. 지금까지 결과를 보면 상당히 고무적이다. 레이몬도가 처음 당선되었던 2014년에 로드아일랜드의 실업률은 미국에서 두 번째로 높았다.[9] 그러나 4년 만에 로드아일랜드는 실업률을 반으로 줄여 순위가 실업률이 낮은 순서대로 봤을 때 49위에서 27위로 껑충 뛰어올랐다.[10] 그렇게 되기까지 많은 요인이 작용했지만, 이 성공담의 가장 큰 동인은 레이몬도가 부임한 날부터 입버릇처럼 말해온 전략적 직업훈련이었다.

레이몬도가 주지사가 된 후 추진한 프로그램 중 일부는 타 지역이나 국가 차원에서 성공적으로 시행될 수 있을 것으로 보인다. 2015년에 주에서 시행한 '리얼잡스Real Jobs 로드아일랜드'처럼 수요 중심형 프로그램은 민간 부문이 참여해 기술 교육의 틀을 정하고 정부 투자가 이뤄질 수 있도록 책임감 있게 지도했다. 주정부는 웨스털리 해변 도시에 있는 100년 된 잠수함 제조업체 제너럴다이내믹스일렉트릭보트General Dynamics Electric Boats와 협력했다. 배관 연결이나 용접, 현대 선박에 설치되는 선진화된 IT 설비 등 제너럴다이내믹스의 실제 수요에 맞는 커리큘럼을 함께 개발했으며, 직업훈련 센터도 이 회사 부근에 세웠다. 3년도 안 돼 지역 주민 1800명이 직업훈련 교육을 받고 제너럴다이내믹스에 채용되었다.[11] 리얼잡스 프로그램은 주 전역에 이 사례를 적용해 32개 고용주 주도의 교육 파트너십을 맺었고, 430개 이상의 지역 기업이 참여했다. 이렇게 구직자들이 배우는 기술이 지역 내 지속 가능한 직업으로 바로 이어질 수 있도록 도왔다.

레이몬도는 눈을 다음 세대로 돌려, 미래 경제에 대비해 전 연령대의 아이들을 준비시키는 다중 프로그램을 추진하고 있다. 레이몬도 임기 초에 로드아일랜드의 공립학교 학생 중 컴퓨터과학 수업을 이수하는 비율은 1퍼센트에 불과했다. CS4RIComputer Science for Rhode Island, 로드아일랜드 컴퓨터과학 프로그램 덕분에 2018~2019학년도 말 로드아일랜드주의 모든 공립학교에서 전체 학년을 대상으로 컴퓨터과학 수업이 진행되었고, 많은 학생이 유치원에서부터 컴퓨터 기초를 배울 수 있었다.[12] 프리페어RIPrepare Rhode Island, 로드아일랜드 준비시키기라는 또 다른 프로그램은 고등학생들이 기술 분야를 포함한 다양한 산업체에서 인턴 과정과 수습 과정을 이수할 수 있도록 했으며, 고등학생이 재학 중에 무료로 대학 수업을 들을 수 있게 해주었다.[13]

로드아일랜드에서 가능했던 일이 몬태나, 위스콘신, 뉴욕에서는 그대로 적용될 수 없을지도 모른다. 그렇지만 지금까지의 결과를 보면, 전 세대를 아우르고 지역 내 기업을 참여시키는 창의적인 프로그램들이 지역 일자리를 강화하는 데 좋은 성과를 거두었음을 알 수 있다. 폴 라이언 전 하원의장은 민주당은 모든 것을 연방화하고 싶어 하고, 공화당은 모든 것을 지역화하고 싶어 한다고 내게 말했다. 최상의 해결책은 아마도 두 가지 접근법이 각각 장점을 발휘할 수 있게끔 틀을 마련해주는 것이지 않을까.

주정부와 지역은 지역 주민이 기술과 회복력을 강화하는 데 초점을 맞추고, 연방정부는 가장 필요한 곳에 투자함으로써 주정부와 지역의 진행 과정을 돕는다. 2017년에 나온 오퍼튜니티존Opportunity Zone, 기회 특구 프로그램 역시 그 노력의 일환으로, 팀 스콧 공화당 상원의원, 코리 부커 민주당 상원의원, 팻 티버리 전 공화당 하원의원, 론 카인드 민주당 하원의원이 공동 발의한 초당적 아이디어다.[14] 각 주의 주지사는 빈곤율이나 중위소득 같은 기준에 따라 투자가 필요한 지역을 선정했다. 이렇게 미국 전역에 걸쳐 선정된 약 9000개 지역(전체 미국 지역의 약 12퍼센트)이 오퍼튜니티존으로 재무부에 보고되었다.[15]

이 프로그램의 기본 개념은 오퍼튜니티존에서 사업을 시작하거나 집을 짓거나 투자를 하는 사람들에게 매우 관대한 세금 혜택을 제공한다는 것이다. 과거에 비추어봤을 때, 이는 꽤 괜찮은 우대책이다. 펌그린FirmGreen이라는 청정에너지 관련 작은 기업체를 운영하는 스티브 윌번Steve Wilburn은 이 프로그램의 혜택을 활용한 기업가 중 하나다. 나는 수출입은행에서 일할 때 그를 알게 되었다. 그는 내게 이렇게 말했다. "세금 우대 혜택이 없다면 보통은 저소득 지역 프로젝트에 투자하지 않습니다. 이것이 바로 우리나 우리가 기여하는 지역공동체 모두가 진짜 윈윈할 수 있는 환경입니다."

오퍼튜니티존 프로그램의 명분은 논쟁의 여지가 없다. 2008년 금융위기 이후 미국 경제가 힘차게 반등했지만, 경기 회복 후 첫 5년 동안 새로 생긴 일자리의 절반가량이 미국 전역 3000여 개 카운티 중 73개 카운티에서 창출되었다.[16] 오늘날 '경제력' 하면 대부분 도시의 경제력을 말한다. 교육받은 노동자, 선진 인프라, 자유로운 투자 덕분에 성장의 혜택 대부분이 도시에 몰렸기 때문이다. 작은 지역사회의 상황은 완전히 다르다. 실업률, GDP, 신규 사업 또는 상황을 점검해보고 싶을 때 보통 확인하는 지표들에서 국가 전체 동향과 전혀 다른 양상을 보였다. 수천만 미국인에게 2010년 일자리 붐은 먼 데서 들려오는 소문에 불과했다. 교육률은 정체되었고 아무도 새집이나 신규 사업에 돈을 쏟아부으려고 하지 않았다.[17] 기회의 부재에다 설상가상으로 마약 중독이 맹렬한 속도로 증가했다. 오퍼튜니티존은 이런 지역들을 돕고자 한다. 물론 정부의 세제 혜택이 낙후된 지역을 회복시킬 수 있을지는 좀 더 지켜봐야 한다. 투자자들은 당연히 세금 우대 혜택을 좋아하지만, 지역사회 투자를 고려하기 위해서는 현실적으로 교육받은 노동자, 좋은 지역 학교, 안정적인 광대역 서비스 등의 전제조건이 갖춰져야 한다.

최소한 우리는 이제 미국에서 기회의 불균등이 얼마나 심각하고 또 경제적으로나 정치적으로나 미래가 얼마나 취약한지 인식하기 시작했다. 자금 부족을 겪는 학교들, 망가진 물리적 및 디지털 인프라, 무너진 시민들의 삶, 고공행진 중인 마약 중독률 등이 가져오는 기하급수적 충격을 차치하고도 소득 불균등 문제는 이미 충분히 심각하다. 이 요인들은 인정사정없이 서로 복합적으로 작용한다. 대부분의 기업이 낙후된 학군을 피하고 싶어 하고, 그러면 학교를 개선하는 데 쓸 세수를 확보할 만한 일자리가 더 줄어든다. 리틀리그Little Leagues(어린이와 청소년을 대상으로 하는 국제 야구 기구—옮긴이)나 지역 센터에 쓸 재정이 부족해지고 더 많은 젊은이가 교육을 받거나 일자리를 찾아보려는 포부를 버리고 위험한 습관에 눈을 돌리게 된다. 그 결과 그들의 삶은 더욱 위태로워지고, 더 나아가 기본 서비스에 재정을 공급하는 노동력마저 대폭 감소하게 된다. 이 지역에서의 삶은 더욱 불안정해지고, 더 많은 사람이 실질적인 정부의 해결책을 위험에 빠뜨리는 극단적인 정치적 믿음에 의지하게 된다. 오퍼튜니티존이나 다른 프로그램이 그 악순환을 깨는 첫걸음이 될 수 있는지는 시간이 흘러봐야 알 수 있을 것이다.

기업의 역할

정확히 말하자면, 내 본심은 자본주의자다. 연방정부나 지방정부 차원에서 이 문제들을 모두 해결할 수 있다고는 생각하지 않는다. 기업들이 이 부분에서 의사결정권을 갖고 있다. 먼저 그들은 노동절약형 신기술을 개발하는 주체이고, 언제, 어떻게 직원을 채용하거나 해고할지 아니면 기술로 대체할지 등을 결정하기 때문이다. 수출입과 관련해서도 수많은 결정을 내린다. 물론 모든 결정에는 다 이유가 있고, 이익 극대화, 시장 경쟁력 강화, 때때로 인력 감축에 따르는 평판 리스크 등을 고려해서 나온 결정이다. 정부는 무역정책을 결정하지만(이러한 결정은 확실히 노동 현장에 주된 영향을 미친다), 대부분의 경우 우리 경제에 미칠 변화의 속도를 결정하는 것은 민간 분야의 의사결정자들에게 달려 있다.

우리는 지도자를 선출할 투표권을 가지고 있다. 즉 그들이 내린 선택이 맘에 들지 않는다면 그들을 물러나도록 투표할 수 있다. 그리고 민간 분야에 대해 우리는 소비자의 힘을 발휘할 수 있다. 즉 기업에게 보상을 주거나 그들을 거부하는 식으로 기업의 행동에 영향을 미칠 수 있는 권한이다. 소비자의 힘은, 음… 강력하다. 가치와 결합된 영향력을 행사함으로써 맥도날드나 KFC 같은 업체에 항생제로 키운 닭고기와 쇠고기의 사용을 중단하라고 요청하거나, '공정무역' 커피 혁명을 시작하고, 미디어 기업을 비판해 빌 오라일리Bill O'Reilly처럼 수익성은 높지만 문제가 많은 TV 진행자를 방송에서 끌어내릴 수 있다. 이런 힘을 잘 이용한다면 기업가들이 인공지능 시대에 접근할 때 사람들의 관심사를 염두에 두도록 설득할 수 있을 것이라고 생각한다.

이에 더해 법, 규제, 세제 혜택, 여타의 재계가 빠른 반응을 보일 수단들을 활용할 필요가 있다. 이 점에 있어 나는 낙관적이다. 기업가들은 주주들의 이익과 다른 이해당사자들의 필요 사이에서 균형을 잡을 필요가 있음을 이미 알고 있다. 실제로 2019년 8월 비즈니스 라운드테이블(미국 대기업 협의체―옮긴이)에 속한 재계 인사들은 우리 사회에서 기업의 위치를 고려했을 때 단순히 주주의 가치 창출을 넘어서 기업이 시야를 넓힐 필요가 있음을 확실히 인식했다. 여기에 속한 사람들이 애플, 월마트, JP모건체이스 등 200여 개 대기업의 총수임을 감안한다면, 이는 작은 반응이 아니다. 적절한 우대책을 제공하고 적절한 책임을 지게 한다면, 기업들은 자신들을 위해 잘할 수 있고 동시에 세상을 위해 잘할 수 있을 것이다.

과거에도 경제 변화를 겪을 때마다 그 과정에서 사람들이 도태될 위험은 언제나 있었다. 농업의 진보는 미국에서 농업경제의 종말을 가져왔지만, 새로운 산업을 발전시켜 실직한 농부와 그 후손들에게 새롭고 덜 힘든 일자리를 제공했다. 컴퓨터 시대가 오자 수천만 명이 일자리를 잃었지만, 대신 그 과정에서 디지털 서비스 일자리라는 새로운 세계로 나아가는 길을 닦을 수 있었다. 시장이 변화할 때마다 경제의 한 장이 끝났고 동시에 새롭고 더 나은 장이 열려 노동자들은 다시 새로운 곳으로 나아갈 수 있었다. 역사적으로 이러한 변화들은 언제나 처음보다 일자리를 더 많이 만들고 삶의 질을 높였다. 그러나 인공지능과 자동화 시대를 맞이하여, 우리는 과거보다 더 어렵고 빠르게 진행되는 도전에 직면하게 된다. 그 변화가 너무나 빨라서 적응하고 실험할 시간이 부족하다.

문제는 일반적으로 진보 과정이 저절로 사람들을 지켜주지 못한다는 것이다. 따라서 기업가들은 비록 구기술을 끝낼지라도 노동자에게 새로운 기회를 열어주는 방식으로 기술을 설계해야 한다. 우버와 에어비앤비가 각각 택시와 호텔 산업을 위축시켰을 수 있지만, 한편으로 그 뒤를 이어 아마추어 운전사와 호텔리어 수십만 명에게 유연하고 적응 가능한 일자리 기회를 열어주었다. 기업에서 설계 중인 무인자동차와 산업계의 내일을 위한 다른 혁신도 이렇게 할 수 있을까? 그들의 혁신적 성과물이 사람들에게 새롭고 더 나은 역할을 부여할 수 있을까? 인간의 상호작용, 의사소통, 그리고 관리기술이 필요한 그런 역할 말이다. 아니면 그들은 사람들에게 미치는 영향을 완전히 무시할까? 미국의 위대한 작가 에드워드 애비Edward Abbey는 "성장을 위한 성장은 암세포의 논리다"라고 말했다. 민간 분야는 앞으로 그런 논리에 의존해 살아갈 수 없으므로, 사람들을 위해 성장을 강화하고 또 성장에 대한 생각을 재정립해야 한다.

몇 가지 법적 안전장치와 대중의 압박이라는 오래되고 효과적인 방식을 이용해 그들이 위의 결론에 도달하도록 도울 수 있다. 비즈니스 라운드테이블의 예를 따라 '주주 우선'이라는 유서 깊은 전통을 살펴보는 것이 중요한 출발점이 될 것이다. 주주 우선에는 기업의 입장에서 주주는 고려하거나 응답해야 하는 유일한 유권자라는 기업 철학이 담겨 있다. 다음 분기 수익 보고서 그 이상의 것을 바라보며, 좀 더 균형을 잡을 필요가 있다. 얼마 전까지만 해도 대부분의 사업은 순전히 국내에서만 이뤄졌다. 따라서 기업은 지역사회와 훨씬 깊게 연관되어 있었다. 자동차, 연필, 타코샐러드, 소프트웨어 등이 전 세계적 공급사슬을 이용하는 시대에는 이러한 관계가 아주 드물다. 미국 내에서 도시와의 연계성이 약화되고 주주 우선주의가 강화되었다는 점을 동시에 고려한다면, 오늘날 좌파든 우파든 수많은 미국인이 왜 그렇게 기업들을 부정적으로 보는지 충분히 이해가 된다.

최근 기업 행동에 영향을 미치기 위해 대중이 권력을 행사했던 사례들을 보면 다음과 같다. 예를 들어 2019년 2월에 뉴욕의 정치 지도자들은 아마존 본사를 퀸스에 설립하는 것을 반대하는 운동을 벌였고, 거대 기술 기업은 결국 그 계획을 포기해야 했다. 루이지애나에 있는 이스트배턴루지패리시 교육위원회는 재산세 290만 달러를 추가로 감면해달라는 엑손모빌의 요청을 거절함으로써 수년간 지속된 지역 전통에서 벗어났다. 이는 그 지역 제1의 제조업체이자 납세자에 대한 전혀 뜻밖의 저항이었다.[18] 소셜미디어 시대에 모든 사람은 어떤 회사라도 그 소리가 닿을 수 있는 확성기를 갖고 있다. 그리고 많은 기업이 끔찍한 고객 응대 사례나 입소문이 난 다른 형태의 피드백을 통해 자신들의 행동을 바꾼다. 기업들이 개인들에게 정말로 대응을 잘하거나 혹은 적어도 더 민감하게 반응한다면, 소비자들은 발전하는 기술에 접근할 때 국민 우선주의를 주장할 기회를 얻을 수 있다.

민간 부문에서 일어날 수 있는 또 다른 변화에는 장벽의 일부를 허무는 것이 포함되는데, 이러한 장벽들은 최근 일자리 유동성과 기회를 약화하고 있다. 미국 노동시장은 매우 불투명하다. 자격을 갖춘 지원자들이 학위와 학벌에 대한 국가적 집착에 가로막히는 바람에 필요한 인력을 계속 채용하지 못하는 경우가 많다. 2017년만 해도 660만 개 채용공고가 있었고 640만 명의 미국인이 구직 중이었다.[19] 기술 발전에 힘입어 다양한 기업들이 원격 업무 기회를 제공하는 경우가 늘고 있음에도, 일부는 지리적 요인으로 인해 채용이 성사되지 않았다. 그러나 대부분의 경우는 숙련 기술보다 학위를 중요하게 여기는 미국의 뿌리 깊은 경향과 밀접한 관련이 있다.

사실상 전체 미국 성인의 약 70퍼센트는 대학을 나오지 않았다.[20] 대학 학위가 중요하긴 하지만, 그렇다고 학위가 꼭 현재 갖고 있는 숙련 기술이나 새로운 기술을 빨리 습득할 수 있는 능력을 말해주는 것은 아니다. 전 백악관 핵심 참모이자 마클재단Markle Foundation에서 일의 미래를 논의하는 리워크 아메리카 태스크포스Rework America Task Force의 고문직을 맡고 있는 데니스 맥도너Denis McDonough는 일자리의 유연성과 기회를 강화하기 위해 학위가 아닌 숙련 기술에 중점을 두는 것이 필수적이라고 보았다. 그는 현재 미국 전역의 건설업 관리자 채용공고 중 약 4분의 3이 대학 졸업장을 요구하지만 이미 현장에서 일하고 있는 사람의 4분의 1만이 실제로 학위를 가지고 있다고 내게 말했다. 기업은 원래 검증된 사람을 채용하고 싶어 한다. 하지만 이 때문에 잠재적으로 숙련된 노동자들이 모여 있는 더 큰 인재풀을 활용하지 못하게 된다. 이들 중에는 강의실 밖에서 중요한 기술을 숙련한 사람이 있을 수 있다. 이런 사고방식은 기업의 성장을 제한하고, 기회가 주어진다면 숙련된 기술을 많이 제공할 수 있는 전체 인구의 70퍼센트의 미래 전망을 어둡게 한다.

이는 단지 미국만의 문제가 아니다. 멕시코에서도 은행창구 직원이 되려면 대부분 대학 졸업장이 필요하다. 사람들이 교육에 열을 올리는 것이 나쁜 일만은 아니지만, 미국 기업들이 학위에 대한 집착을 버리고 숙련 기술을 더 중요시한다면 미국의 형편은 훨씬 더 나아질 것이다. 로드아일랜드의 잠수함 제조업체 제너럴다이내믹스처럼, 현명한 기업들은 지방정부와 협력해 자사의 특별한 수요에 맞춰 지방 일자리 활성화를 위한 기술 교육 프로그램을 계획할 수도 있다.

숙련 기술 기반의 접근 방식은 앞서 살펴본 '평생 준비' 주장의 핵심이다. 학위는 항상 높은 가치를 지니겠지만, 그렇다고 매년 강의실에 있는 것이 급속히 발전하는 경제에서 앞서 나가기 위한 유일한 방법이 될 수는 없다. 트럼프 행정부의 수석 경제 고문이었던 게리 콘Gary Cohn은 나에게 미국 전체 채용공고 중 3분의 2에서 4분의 3가량이 석박사 학위가 필요 없다고 추산했다. 콘은 "우리 문제는 말이야, 너무 많은 애들을 대학에 보내는 거야"라고 농담했다. 향후 몇 년 동안 가장 크게 성장할 의료 서비스, 건설, IT 분야에서 6주 교육 프로그램이나 수습 기간은 적은 비용으로 4년제 학위만큼 (혹은 그 이상의) 효과를 낸다. 민간 기업이 앞장서 숙련된 기술자를 더 많이 고용한다면 기업 자신과 미국 모두에게 긍정적 영향을 가져올 것이다. 그렇게 되면 다양한 교육수준의 노동자 모두가 미래를 맞이할 준비를 잘할 수 있게 된다.

그럼 무역은 어디로?

이제 노동의 미래를 함께 맞이할 방법들에 대해 이야기하기 위해, 우리가 처음 이 여행을 시작했던 출발점인 무역으로 다시 돌아가보자. 앞으로 무역 전략은 미국이 찾고 있는 국내 해결책의 중요한 보완책이 될 것이다. 무역을 잘하면, 첨단기술 서비스가 주도하는 세계 경제 속에서 미국은 번영의 길을 걷게 될 것이다. 내일의 경제에서 무역은 직접적으로 일자리를 창출하기보다는 변화의 선두에 서서 우리를 더 경쟁력 있게 만들 것이다. 말하자면 인도에 미국 제품을 팔기 위해 관세를 인하하고 공장 근로자를 더 많이 채용하는 방식 대신에, 미국 기술의 가치를 높이도록 미국에게 유리한 국제 데이터 보안 표준을 정하는 것이다. 생산되는 곳에서 바로 소비되는 제품이 갈수록 늘고 있다는 점을 고려할 때, 다른 선택의 여지가 없다. 예컨대 중국의 항공기나 의료기기 제조업이 발전하면 할수록, 이런 제품을 생산하는 미국에 대한 의존도는 낮아질 것이다. 미국이 기술, 데이터, 서비스 등의 자유로운 흐름을 보장하기 위한 도구로 무역을 이용한다면, 그리고 미국이 그에 관해 합리적이고 세계가 따라올 만한 규칙을 마련하고자 노력한다면, 노동의 본질이 계속 진화함에 따라 미국은 기회의 선두자리를 계속 유지할 수 있을 것이다.

어디서 시작해야 할까? 음, 믿기 어렵겠지만, 무역에 관한 한 미국은 역사적으로 한 번도 의미 있는 전략을 세운 적이 없다. 물론 자유무역협정을 추진하거나 그것을 회피했던 행정부들이 있었고, 무역을 통해 태평양에 영향력을 행사했거나 무역을 유럽에 대항하는 방법으로 본 대통령들이 있었다. 오늘날까지도 미국은 낙농업자를 위해 보호무역주의를 고수하면서도 에너지 분야의 수출 기회를 외친다. 미국은 하나의 접근법을 찾은 적도 없고, 또 미국의 국가적 목표가 무엇이고 무역정책의 모든 요소가 어떻게 그 목표들에 부합하는지 분명하게 말한 적도 없다.

미국 무역정책이 행정부와 기관들의 미로처럼 뒤엉킨 망에 퍼져 있다는 것이 또 문제가 된다. 상무부의 국제무역청은 미국 산업이 해외에서 경쟁하도록 돕는다. 그런데 국무부의 쌍무무역사무소 역시 여섯 블록 떨어진 곳에서 동일한 임무를 수행하고 있다. 환경보호청, 에너지부, 국토안보부, 재무부와 농무부는 각자의 무역 책임을 전담하지만, 노동자에 대한 무역의 영향은 노동부가 관할한다. 물론 무역 협상은 무역대표부가 담당하는데, 이들은 앞의 기관 어느 곳에도 속해 있지 않다. 이에 더해 국제무역위원회, 무역개발처, 수출입은행, 중소기업청 국제무역사무소도 있다. 뭐가 뭔지 알 수가 없다.

미국은 몇 세대에 걸쳐 연관성이 없는 부서들과 사무소들이 각자 자기 사명을 가지고 무역정책을 논의하도록 내버려두었다. 더 나쁘게는 때로 사명이 겹치기도 했다. 나는 1992년에 설립된 무역진흥조정위원회TPCC라는 기관 회의에 참석하곤 했는데, 이 회의에는 20여 개 기관을 대표하는 60명 이상의 사람이 참석했다. 전략적이고 통일된 무역정책을 추진하고 싶다면, 좀 더 신속하고 좀 더 집중된 무언가가 필요하다. 우선 10인의 무역 내각 같은 그런 것 말이다. 무역으로 피해를 입은 노동자가 교육부에서 보훈처에 이르기까지 각기 다른 47개 연방 직업교육 프로그램 중에서 어떤 것이 자신에게 맞는지 골라야 한다면 상황은 조금도 나아지지 않는다. 내가 수출입은행에 있을 때 무역을 하려는 기업가들을 끊임없이 만났다. 그런데 그들은 나에게 의논해야 할지, 중소기업청 대표를 찾아가야 할지, 아니면 그들이 기회를 마련하는 데 도움을 줄 수도 못 줄 수도 있는 다른 대표들 중 누구를 찾아가야 할지 혼란스러워했다.

무역과 관련한 전담기관을 하나로 통합하는 것만이 반드시 정답은 아닐 것이다. 그러나 지금의 방식이 혼란스럽고 비효율적이라는 점은 분명한 사실이다. 무역을 한 부서나 혹은 5개 부서가 전담하는 것이 궁극적으로 최선인지 여부와 상관없이, 더 중요한 사실은 단일한 목표에 따라 운용해야 한다는 점이다. 미국이 수출 강국이 되고 싶다면, 그리고 그래야만 한다면, 그 목표를 선언하고 계획을 세울 필요가 있다. 협상가들은 그 사명을 염두에 두고 무역협상에 임해야 한다. 기업가들은 지원을 받으려면 어디로 가야 하는지 알아야 하고, 노동자들은 목표 자원과 혜택을 어디에서 얻을 수 있는지 알아야 한다. 계획이 구체화됨에 따라 노동, 소비자, 환경 이익을 함께 논의해야 한다. 새로운 거래로 예상되는 변화에 대비하기 위해 기술 교육과 안전망에 전략적으로 자원을 투입해야 한다. 협업을 통해 이 모든 것을 진행해야 한다. 당연한 소리를 하는 것처럼 들릴 수 있다. 하지만 실제로 우리는 지금까지 이런 노력을 한 적이 없다! 가장 근접한 것이 오바마 대통령의 '국가수출확대정책National Export Initiative'으로, 5년 내에 수출을 2배로 늘리겠다는 목표를 세웠다. 다른 프로그램으로는 투자 유치 프로그램인 '미국을 선택하라SelectUSA'가 있는데, 페니 프리츠커Penny Pritzker 상무부 장관이 주도했었다. 안타깝게도 어느 쪽도 재정 지원을 적절히 받지 못했다. 미국은 재정 지원을 더 많이 해주고 또 단일한 전략적 목표로 모든 것을 통합할 필요가 있다. 수출은 높은 연봉의 일자리를 지원해주기 때문에 미국 기업이 수출 준비를 하도록 장려해야 한다. 여기에는 제조업뿐만 아니라 엔터테인먼트 기업과 대학도 포함된다. 미국은 서비스 강국이 될 자원을 확실히 갖고 있음에도 서비스 수출에 대해 충분히 생각하지 않을 때가 너무 많다. 고등교육과 같은 중요한 분야에서 미국은 충분한 능력을 갖추고 있다. 특히 작은 인문과학대학, 전문대학, 주립대학은 각국의 다양한 학생들을 유치함으로써 큰 혜택을 누릴 수 있을 것이다.

일관된 무역 전략이 세워지면 미국은 국가 차원에서 무역에 대해 좀 더 솔직하고 정직하게 논하는 법을 배울 수 있다. 아주 오랫동안 노동자들은 미국이 무역에 참여하는 과정에서, 특히 무역협정을 체결하는 과정에서 완전히 배제되었다. 무역협정 때문이든 아니면 전혀 상관없는 경제 변화 때문이든 피해를 입은 노동자들이 정책 결정자들이 자신들을 고려하지 않았다고 판단 내리는 것도 당연하다. 물론 무역 혜택을 누리게 되더라도 그 사실을 알 수 없다. 사람들은 보고 느낀 대로 안다. 결국 과정이나 이유를 모른다면, 사람들은 국가 공동체의 뿌리가 흔들리고 자신의 경제적 정체성이 없어진다는 느낌을 받을 뿐이다. 그러다 보니 무역이 중산층의 꿈과 합의로부터 멀어지게 한다고 생각하는 사람이 많은 것도 당연한 일이다.

"완벽은 좋은 것의 적이다"

이 이야기를 고쳐 쓰는 것은 어려울뿐더러 이제 지체할 시간이 없다. 첫 번째 시험은 당연히 중국일 것이다. 현재 중국은 미국과 세계의 관심을 한 몸에 받고 있다. 중국의 규모, 성장, 경제적·지정학적 영향력을 보자면 그 위협은 1970년대 일본과 소련의 전성기 시절을 합친 것과 맞먹는다. 중국은 확실히 경제강국인 데다 국가 안보와 관련해 심각한 우려가 제기되고, 또 그 두 가지 측면이 종종 뒤섞여 있다. 중국이 중동 국가들에 얼굴 인식 기술을 수출함으로써 중동에서도 중국이 했던 방식과 동일하게 시민들을 추적할 수 있게 되었다. 즉 중국은 실제로 중국식 권위주의를 수출한 셈이다. 이런 종류의 위협은 단순히 판매 경쟁을 하거나 무역수지를 걱정하는 차원을 넘어섰다.

중국 같은 경쟁자는 처음이다. 적어도 1812년 영국 이후로는 처음이다. 미국이 철강 공장을 짓기 위해 영국에서 기술을 훔쳐 온 적이 있었던 것처럼, 오늘날 중국이 국제 통상규칙을 무시하는 경우는 비일비재하다. 중국이 세계 무역의 슈퍼 악당이 아닐 수 있지만, 여러모로 악역을 맡고 있다. 중국은 지적재산권을 훔치고 외국 기업에게 핵심 기술을 넘기라고 강요하며 해외부패방지법Foreign Corrupt Practices Act 을 무시하고 세계 경쟁의 장을 자신들에게 유리하게 만들기 위해 할 수 있는 모든 일을 다 하고 있다. 그럼에도 세계는 중국과 거래를 안 할 수가 없다. 무시하기에는 중국이 너무나 거대하고 중요해졌기 때문이다. 그러나 중국이 한계에 다다를 때까지 이런 식으로 계속 밀어붙이고 시진핑 주석 체제하에 이 전략을 계속 고수한다면, 앞으로 중국에 맞서고 억제하며 경쟁하고 공존하는 법을 찾는 것이 중요하다.

쉬운 일은 아니다. WTO 등의 국제기구는 저비용, 거대 규모, 정부의 적극적 경제 개입 등이 혼재된 중국 같은 국가를 다루기 위해 설립된 것이 아니다. 역설적으로 중국을 다룰 수 있는 가장 현명한 방법은 TPP를 발전시키는 것이었다. TPP는 미국 주도의 규칙과 규범 속에서 동일하게 경쟁하는 세계 경제의 40퍼센트를 대표하는 경제 블록을 형성해, 만약 중국이 태평양에서 계속 거래하길 원한다면 중국을 압박해 의미 있는 변화를 이끌어낼 만큼 강력한 연합을 이뤄낼 수 있었을 것이다. 에휴, 트럼프는 취임하자마자 그 해결책을 망쳐버렸고… 결국에는 중국을 다루는 데 비효율적인 몇몇 선택지만 남게 되었다.

앞서 이미 논의했듯이 TPP는 완벽하지 않다. 노동계, 환경단체, 소비자단체가 제기한 우려들은 고려할 만한 가치가 있다. 그렇지만 중국을 놓고 보자면, 더 이상 완벽이 좋은 것의 적이 되게 할 여유가 없다. 대안으로 아무것도 하지 않거나 주요 고객이기도 한 경쟁국과의 잘못된 무역전쟁을 연장하는 식으로 더 나쁜 수를 둘 거라면, 결함이 있는 무역협정조차도 지금 당장은 상당히 매력적이라 하겠다. 무역의 세계에서 우리의 선택이 종종 양면성을 지닌다는 점을 잊지 말자.

트럼프가 중국에 관세 중심의 접근법을 사용했지만 중국으로부터 아무런 양보도 받아내지 못했고, 또 그들이 지속적인 책임을 지도록 이끌어내지도 못했다. 결국 미국의 농민, 제조업자, 소비자들이 피해를 입게 되었다는 것이 미국의 새로운 현실이다. 이런 접근법이 엎지른 물을 다시 담기까지 얼마의 시간이 걸릴지 누가 알겠는가. 우리 모두가 어린아이였을 때부터 알고 있듯이, 점점 고조되는 보복성 논쟁을 해소하기란 쉽지 않다. 그럼에도 어떻게 해서든 이 문제를 해결해야만 한다.

중국 밖 세상에 대해, 나는 나처럼 무역 증대에 큰 가치를 부여하는 사람에게서 기대할 수 없을 법한 행동 방침을 제안해왔다. 미국에서 더 나은 합의를 도출해내기 전까지 새로운 무역협정 체결을 중단하자는 것이다. NAFTA 이후 무역협정은 절대로 사회악처럼 취급되어서는 안 된다. 무역협정이 지금처럼 정치적 사안으로 존재한다면 TPP 같은 좋은 아이디어들은 설 자리를 잃게 되고 앞으로 미국의 입지는 더 좁아질 것이다. 합의를 도출해낼 때까지는 새로운 협정을 맺지 않고 거래를 계속하면 된다. 오히려 그 어느 때보다 더 많이 거래할 수 있다. 미국 국민이 대화에 참여해 미래의 무역협정이 자신들의 삶을 더 풍요롭게 하고 미국을 더 강하게 만들 것이라는 확신이 들기 전에, 정치적으로 분열된 상황에서 무역협정을 체결하는 것은 외교 정책이 방향키를 잃어버려 더 쓰라린 결과만을 초래하게 될 것이다. 교착상태를 바로잡기 위해서는 백악관과 의회의 강력한 리더십, 그리고 궁극적으로 무역과 이해관계가 있는 모든 사람의 양보가 요구된다. 무엇보다 정직함이 필요하다. 양쪽 진영의 현재 상황을 모두 고려했을 때, 거기까지 도달하기란 쉽지 않을 것이다. 나는 대중이 위협과 위태로운 기회 모두를 충분히 이해한다면 가능할 것이라고 확신한다.

그러는 동안 중국과 협력하여 전 세계가 모두 따를 만한 책임감 있고 시행 가능한 규칙을 제정하는 것도 중요하다. 미국의 가치를 반영하고 세계적으로 인권의 기준을 높이며 모든 국가가 공평하게 경쟁할 수 있는 장을 마련하는 그런 규칙 말이다. 이 규칙들은 미국 노동자뿐만 아니라 미국의 우방에게도 동일하게 적용되어야 한다. 중국이 국영기업에게 제공하는 시장금리보다 낮은 대출이나 다른 우대전략 등 불공정한 혜택을 막을 방법을 마련하는 것은 물론이고, 지적재산권과 기술 이전에 대한 보호막도 설치해야 한다. 이 규칙들을 개발하기 위한 최선의 길이 중국과의 다자간 무역협정이 될지 아니면 WTO 규칙 변경이 될지 여부는 앞으로 논의를 통해 결론을 내야 할 것이다. 그러나 중국에 개혁 압박을 가하기 위해서는 다자 협력의 무역 체제가 확실히 필요하다. 이 체제에 합류함으로써 얻는 혜택은 크고, 세계 규칙 밖에서 사는 것에 대한 불이익은 가혹할 것이다. 어쨌든 미국은 재빨리 행동해야 하고 미국인들의 동의를 구하는 데에도 재빨리 움직여야 한다.

무역, 우리를 하나로 묶는 힘

사람들을 무역 과정에 참여시키겠다고 맹세하는 것을 시작으로 바로 지금 무역의 더 나은 미래를 만들어갈 수 있다. 무역의 득과 실이 어떻게, 어디서, 왜 발생하는지를 분명히 했을 때 지도자들은 무역 분야에서 절대적으로 필요한 신뢰와 공동의 목표를 심어줄 수 있다. 무역이 좋다 나쁘다 혹은 그 중간 어디라는 말을 듣고 그 말을 믿어야 할지 말아야 할지와 상관없이, 미국은 믿음이나 이데올로기에 의해 결정을 내려서는 안 된다. 무역협정을 왜, 그리고 어떻게 체결하고, 그 목표가 무엇이며, 그로 인해 나타날 결과가 무엇인지 모두가 정확하게 보고 이해할 수 있어야 한다. 사람들이 그런 지식을 접하게 되면, 무역이 어떻게 세계 인권, 노동, 평등 및 환경 문제에 영향을 줄 수 있는지, 무역이 어떻게 악역에 맞서고 취약한 지역에 평화를 고취할 수 있는지, 전 세계적으로 강력하게 연결된 경제가 국가 안보에 어떤 의미인지, 그리고 이웃 국가가 경제적으로 성공했을 때 왜 우리에게 큰 이익이 돌아오는지 같은 무역과 관련한 더 큰 주제도 잘 이해하게 된다.

이는 확실히 우리 앞에 놓인 큰 도전이다. 그렇지만 나는 무역의 미래를 생각했을 때 무역이 당신의 삶이나 나의 삶에, 그리고 미국과 세계 전역의 지역사회 운명에 어떤 영향을 미칠지에 대해 상당히 낙관적이다. 거듭 말하지만, 무역은 골치 아픈 말이 아니라, 우리를 하나로 묶는 힘이다. 무역은 서로가 서로에게 배우게 하고, 새로운 취향과 경향, 그리고 기술을 경험하게 하며, 21세기를 살아간다는 것이 무엇을 의미하는지에 대한 이해를 확장해준다. 미국은 지금 필수적인 리더십의 부재라는 상황에 놓여 있기는 하지만, 그럼에도 우리의 가치와 표준에 따라 그 방향으로 세계를 움직일 수 있는 준비를 갖춘 국가다. 그리고 이제 당신의 역할이 필요하다. 그렇다, 바로 당신이다! 미국과 세계는 무역에 대해 솔직하고 진보적이며 편파적이지 않고 식견이 높은 사람을 찾고 있다. 당신이 변화를 만들어낼 수 있다. 우리가 정직하게 말하며 신념을 가지고 행동하고 무엇을 잃고 얻게 될지를 분명히 파악하며 함께 미래로 나아간다면, 모두에게 혜택이 돌아가고 더 나은 목적을 추구하는 경제를 구축할 수 있을 것이다. 인간의 판단, 공감, 지성, 창조성, 돌봄이 필요한, 사람에게 고유한 가치를 부여하는 일이 분명 언제나 있을 것이다.

우리는 모험을 떠날 것이고 거기에 덧붙여 지금까지 알았거나 상상했던 것 그 이상의 전율 가득한 미래로 나아가게 될 것이다. 수십 년 전에 내가 중국에 처음 갔을 때 덜컹거리는 활주로에 불빛이 깜박이며 잠깐 어둠을 걷어냈던 순간 그 전율을 느꼈다. 그리고 나는 내 어머니와 어머니의 가족이 처음으로 엘리스섬에 도착해 더 큰 꿈을 안고 미국을 바라봤을 때에도 같은 감정을 느꼈으리라 가늠해본다.

에필로그

다음의 말은 사실일까 거짓일까?

외국과의 자유무역은 미국에게 좋은 일이다. 왜냐하면 무역이 새로운 시장을 열어주고 이미 세계 경제 속에 살고 있다는 사실을 부인할 수 없기 때문이다.

2019년 여름, NBC 뉴스와 〈월스트리트저널〉 여론조사 결과 미국인의 3분의 2가 위의 말에 동의했다. 이 조사에서 최고 기록을 경신한 것으로, 4년이 안 되는 기간 동안 두 자릿수 증가를 보였다.[1] 그리고 이 응답에는 공화당 지지자와 민주당 지지자가 다수 포함되었다. 한편 이것은 아주 놀랄 만한 일이 아니다. 미국인 대다수가 지금 생애 최초의 무역전쟁을 겪고 있고, 그 결과는 좋지 않기 때문이다. 트럼프 대통령이 중국 제품에 부과한 관세로 인해 미국 한 가구당 연평균 2000달러 이상의 피해가 돌아갈 것으로 추정된다.[2] 그리고 트럼프 대통령이 미국 소비자들에게 관세를 더 많이 부과하겠다는 위협을 트위터에 계속 올린다면, 피해액은 확실히 급상승할 것이다.[3] 미국농민연맹American Farm Bureau Federation의 회장 지피 듀발Zippy Duvall은 미국 옥수수와 콩의 최대 고객인 중국이 사라지면서 이윤 역시 사라졌고 무역전쟁으로 미국 농민이 파산하고 심지어 자살하는 등 일련의 비극적인 사건들이 터지면서, '심각한 타격'을 주었다고 했다.[4] 그리고 중국 제품 의존도가 큰 미국 기업들은 이미 혼란 속에 휘청거리고 있다. 샌프란시스코 연방준비은행이 실시한 연구에 따르면, '메이드 인 차이나' 제품을 1달러 구매할 때마다 55센트는 미국 기업에게 돌아간다고 한다.[5] 다시 말해 많은 중국 기업이 미국산 제품에 부품을 공급하고, 또 반대의 경우도 있다는 것이다.

한편 2020년 대통령 선거부터는 무역전쟁이 있었다는 사실조차 모르게 될지도 모른다. 다른 시대가 되면, 오늘날의 주요 정치 이슈로 중국을 상대로 한 이판사판식의 벼랑 끝 경제전략과 자승자박이 된 근시안적인 관세 광풍을 꼽을 것이다. 그러나 지금은 경마 저널리즘, 미국 대통령 트윗이 매일같이 일으키는 소동, 그리고 이 글을 쓰는 시점에 들려오는 거센 비난 가운데 무역의 생존을 위한 산소가 충분히 공급되지 않고 있다. 그럼에도(이 뉴스 홍수 속에서도) 미국이 그 어느 때보다 긴박한 사안에 귀를 기울이고 다시 생각해볼 때가 되었다.

민주당 대통령 후보들이 무역에 잠시 시간을 할애할 때면, 대부분의 경우 트럼프 대통령이 추구한 정책들의 무엇이 잘못되었는지 상당히 많은 부분을 정확하게 평가했다. 경선 토론 단계에서 민주당 대선 후보들은 트럼프의 트윗에서 불붙은 중국과의 협상은 마구잡이식이고, 트럼프 관세 때문에 30만 개 이상의 일자리가 이미 사라졌으며, 미국의 농작물이 수출되는 대신에 미국 중심지를 가로지르는 창고에서 썩어가고 있다고 지적했다.[6] 그들은 모두 그 진단에 동의하는 것 같지만, 대부분의 경우 트럼프의 처방에 대안을 제시하지 않았다. 더 구체적으로 그들은 무역의 이점에 대해 변호하지 않았고, 그 실패로 인해 수백만 명의 유권자들은 무역과 관련해 트럼프와 차기 대권 주자 간의 차이를 구분하는 데 어려움을 겪어왔다. 민주당 후보들의 말을 들어보자면, 무역은 기껏해야 무시의 대상이고 최악의 경우에는 미국 노동자에게 위협이 된다. 악당들만 달라졌을 뿐, 이건 트럼프가 우리에게 해왔던 말과 똑같은 이야기다.

여러분도 알다시피 무역 확대의 기회에서 멀어진 것은 중대한 실수였다. 솔직히 우파 진영에서 트럼프식 국수주의로 인해 무역을 냉대했건, 좌파 진영에서 (오바마 대통령의 말을 빌리자면) 완벽이 좋은 것의 적이 되게 한 것이든 상관없다.

나는 순진한 사람이 아니다. 이 점에 있어 대통령 당내 경선 정치는 언제나 가시밭길이다. 양당의 후보로 선출되기 위해 환심을 사야 하는 경선 유권자들과 지역 운동가들은 일반 유권자들보다 훨씬 강경한 입장을 보인다. 무역의 경우 이는 NAFTA에 대한 강력한 반대와 무역협정에 대한 일반적인 회의주의를 의미한다. 아마도 대부분의 후보가 무역으로부터 얻을 수 있는 혜택이 크다고 큰 소리로 자신 있게 말한다고 해서 자신에게 돌아올 게 거의 없다고 판단할 것이다.

그리고 그들의 판단이 맞기도 하다. 그러나 미국이 앞으로 몇 년 안에 글로벌 리더십을 회복하고자 한다면, 그리고 무역을 통해 일자리, 번영, 주된 영향력, 문화적 이익을 얻고 싶다면, 누군가는 정직하고 낙관적인 주장을 제기해야 한다.

취임사에서 바로 세계관의 치명적 결함을 드러낸 트럼프에게서는 그 정직함을 기대할 수 없다. 트럼프의 취임사는 '미국인 대학살'이라는 끔찍한 묘사로 오랫동안 기억될 것이다. 트럼프는 미국인들을 마치 방어적으로 웅크린 채 그의 보호를 간절히 원하는 희생자처럼 보고 말한다. 그리고 그의 관세가 방어적인 경제장벽으로 작용하고 미국인을 외부의 위협으로부터 보호함으로써 그런 관점은 한층 더 발전되었다. 문제는 미국인들이 자신을 그렇게 보지 않는다는 것이다. 미국의 역사나 미국인의 본성을 봐도 경쟁으로부터 자신을 보호하려는 경향을 전혀 발견할 수 없다. 오히려 우리는 경쟁을 즐기면서 항상 기회를 포착해온, 플루스 울트라의 아이들이다.

미국인의 3분의 2 가까이가 더 넓은 세상으로 모험을 떠날 준비를 마쳤다. 그들은 놀라운 혁신, 지속적인 불확실성, 급속한 변화가 특징인 미래에 경쟁하고 이기기 위해 우리 자신을 어떻게 준비해야 할지 듣고 싶어 한다. 그들은 세상이 좀 더 상호 연결되고 제품과 우리의 운명 역시도 그렇게 될 것을 알고 있다. 나는 이제 미국인 대부분이 경제 진화가 일어났을 때, 이민자와 유색인종을 비난하지 않고 그 진화로부터 어떤 혜택을 얻을 수 있을지 현명하게 생각해볼 준비를 마쳤다고 믿는다. 그들은 자동화에 직면하고 자동화로 인한 혜택을 누리는 법을 배우고자 한다. 그들은 더 나은 미래를 수용하는 측면에서 과거를 흘려보낼 준비가 되었다.

진실은 진실을 덮고 있는 장막을 걷고 무역에 관한 진실을 말할 용기가 있는 사람의 편이다. 그리고 지금의 여론이라면 그럴 수 있을 것 같다.

이 책에서 이야기했듯 무역에는 승자와 패자가 있다는 사실을 아는 것은 다음 무역정책을 수립하기 위한 중요한 첫걸음이다. 다음 단계는 무역을 할 때 우리 중 승자가 더 많아지도록 보장해주는 것이다. 그리고 무역으로 얻은 이득을 더 널리 나누고 경제적 변화로 인해 피해를 입은 사람들을 위해 옳은 일을 할 수 있다면, 트럼프 대통령의 말마따나 미국인은 승리에 권태를 느끼지 않을 것이다. 미국인은 무역에 대해 정직하고 전체론적이며 진보적인 주장을 받아들일 준비가 되었다. 전 세계에 미국의 가치를 드높이고 사람들이 도태되도록 방치하지 않을 준비 말이다. 그 예들이 어떤 것인지 이미 알고 있고 함정이 어디에 있는지도 알고 있다. 그러나 미래로 가는 길에 누군가가 이 문제를 주도할 것이라는 희망으로 가득 차 있지는 못하다. 그렇기 때문에 당신이 필요하다.

나는 당신, 당신 가족, 당신의 이웃, 그리고 다른 모든 사람이 무역으로부터 어떻게 이익을 얻었는지, 다시 바로잡으려면 무엇을 해야 하는지 보여주기 위해 이 책을 썼다. 그러나 간청도 담겨 있다. 미국 지도자들이 이 문제에 손을 대지 않는다면, 이제 우리에게 달려 있다. 그리고 당신에게는 그렇게 할 수 있는 도구가 있다. 바나나를 좋아하는가? 블루베리는? 혼다나 쉐보레, 그리고 포드는? 아이폰은 어떤가? 제일 좋아하는 TV 프로그램은? 더 중요한 사실은 다음 세대에게 남겨줄 기회와 미래 경제를 만들어갈 가치에 대해 당신이 신경을 쓰느냐는 것이다. 만약 그렇다면 당신이 무역을 염두에 두고 생각하고 말하며 투표하기를 간청한다. 다른 나라들은 이미 많은 사람이 큰 목소리를 내서 무역을 수용했다. 미국이 세계무대에서 파트너 국가 및 경쟁자와 보조를 맞추려면 더 많은 목소리가 필요하다. 이 일에 당신이 참여하길 바란다.

무역과 관련한 좋은 아이디어들을 쉽게 폐기해버리는 최근의 행태로 인해 미국이 얼마나 많은 것을 잃어버렸는지 누가 알겠는가. 미국은 TPP에서 미국의 자리를 지웠을 뿐만 아니라, 사실상 미국 문화에서 무역 거래라는 개념 자체를 지웠다. 앞으로 몇 년 동안 그 충격을 회복해야 한다. 따라서 당신의 이웃을 귀찮게 하고, 상원의원을 귀찮게 하며, 이야기를 들을 만한 사람이면 누구든 귀찮게 해야 한다. 무역에 대해 신경을 쓰지 않는다면 전에 알았던 그 열매들을 잃게 되고 세계무대에서 미국이 도태될 것이기 때문이다. 그러니 나가서 말을 전하라. 미국이 더 멀리 나아가도록!

무역 용어 사전

무역을 접할 때 가장 곤혹스러운 점 중 하나가 관련 용어다. 이해하기 힘든 단어들과 약어들의 세계로, 마치 대중이 접근하지 못하게 일부러 계획한 것처럼 느껴진다. 내가 무역 전문용어를 처음 접했을 때가 기억이 난다. 그때 나는 커닝페이퍼나 도움이 될 만한 응용프로그램이 있으면 좋겠다고 간절히 바랐다. 그래서 무역 세계에서 자주 들을 수 있는 용어들을 모아봤다. 가족, 동료 혹은 저녁 식사를 함께하는 사람들을 이해시키기 위해 필요하다면 자유롭게 이용하길 바란다.

FTA 자유무역협정Free Trade Agreement의 약어로, 무역 장려를 위한 양자 혹은 다자간 무역협정을 말한다. 여기서 '자유free'란 협정 체결 후 수입품에 대한 관세를 낮추거나 없애는 것을 의미한다. 공항의 '면세점duty free shop'과 마찬가지다.

G7 매년 모여 세계 경제 및 다른 문제들을 논의하는 주요 7개 선진국을 말한다. G7Group of Seven은 1970년대에 중동의 원유 금수 조치에 대응하기 위해 처음 만났고, 미국, 영국, 독일, 일본, 프랑스, 캐나다, 이탈리아로 구성되어 있다. 전에는 러시아까지 G8이었지만, 2014년 우크라이나 침공 이후 퇴출되었다. G20이라는 더 큰 회의도 정기적으로 개최된다.

GATT 관세 및 무역에 관한 일반협정General Agreement on Tariffs and Trade의 약어

로, 2차 세계대전 이후 무역장벽을 낮추고 국제 경제 협력을 강화하기 위해 1947년에 마련된 협정이다. 1995년 WTO세계무역기구가 대신하게 되면서 더 이상 존재하지 않는다.

IMF 2차 세계대전 이후 189개 회원국의 경제적 안정과 성장을 촉진하기 위해 창설된 국제통화기금International Monetary Fund의 약어다. 세계은행과 달리 IMF는 빈곤 감소나 인프라 투자보다 경제와 예산의 건전성에 더 주안점을 둔다.

NAFTA 북미자유무역협정North American Free Trade Agreement은 미국, 멕시코, 캐나다가 서로를 원활한 무역 파트너로 삼아 어마어마한 경제블록을 형성하기 위해 체결되었다. 로널드 레이건이 초안을 잡았고 조지 H. W. 부시가 협상을 진행했으며 빌 클린턴이 서명함으로써, 1994년 1월 1일부터 시행되었다. NAFTA를 계기로 미국은 무역에 대해 말하고 느끼고 선전하는 방식이 완전히 바뀌었다.

OECD 경제협력개발기구Organization for Economic Co-operation and Development는 2차 세계대전 이후 경제 발전을 촉진하기 위해 창설된 기구다. 36개 회원국이 정기적으로 만나 정책을 조율하고 무역 표준을 제정한다. 신랄한 몇몇 학자들은 '끝없는 대화를 위한 기구Organization for Endless Conversation and Dialogue'라고 부르기도 한다.

ROW ROW는 워싱턴에서 '다른 국가들Rest of (the) World'을 지칭할 때 쓰는 말이다. 다시 말해 미국을 제외한 나머지 모든 국가들을 가리킨다.

TAA 존 F. 케네디 대통령이 설계한 무역조정지원조치Trade Adjustment Assistance 는 비판을 많이 받은 연방 프로그램이다. TAA의 목적은 자유무역 정책으로 피해를 입은 미국인들에게 돈을 지급하거나 직업교육 등 다른 기회를 제공 하는 식으로 보상하는 것이다.

TPP 환태평양경제동반자협정Trans-Pacific Partnership agreement은 미국과 11개 태 평양 국가 간에 체결한 자유무역협정으로, 세계 경제 40퍼센트에 해당한다. 자유무역협정이 부당한 비난을 받았기 때문에, 미국 지도자들은 '자유free' 라는 단어를 버리고 새로운 단어를 제시했다. 트럼프 대통령은 임기 첫 주에 이 협상에서 미국의 탈퇴를 선언했다. 미국이 탈퇴를 확정한 뒤 포괄적·점 진적 환태평양경제동반자협정Comprehensive and Progressive Agreement for Trans-Pacific Partnership, CPTPP으로 명칭이 변경됐다.

TRQ 관세율 할당Tariff-Rate Quota의 약어로, 일정 수입품 범주에 할당량을 설 정하는 무역장벽이다. 할당량까지는 해당 상품에 대한 관세가 매우 낮지만, 일단 할당량을 초과하면 관세가 엄청 높아진다. 미국은 외국산 우유의 진입 을 막고 고급 프랑스 치즈를 수입하기 위해 유제품에 TRQ를 적용한다.

T-TIP 범대서양무역투자동반자협정Transatlantic Trade and Investment Partnership은 미국과 유럽연합 간의 자유무역협정으로, 이 협정이 체결되면 세계 경제의 양대 산맥이 하나로 연합하게 된다. TPP와 마찬가지로, T-TIP 역시 트럼프 대통령에 의해 협상이 중단되었다.

USMCA 미국-멕시코-캐나다 협정United States-Mexico-Canada Agreement은 NAFTA 를 대체하기 위해 마련된 무역협정이다. NAFTA의 몇몇 조항을 현대화하고 기존의 노동 보호 조항 일부를 강화하는 식으로 NAFTA를 손봤다.

WTO 세계무역기구World Trade Organization는 1995년에 GATT를 대체했으며, 164개 회원국을 가졌다. WTO의 임무는 세계 무역의 규칙과 규정을 제정하고 국가 간 무역 분쟁을 해소하는 것이다.

관세 세금이다! 소비세. 판매세. 어떻게 말해도 결국은 세금이다. 좀 더 구체적으로 말하자면, 한 국가가 자국 기업이나 국민이 수입품을 구매할 때 부과하는 세금이다. 세입을 올리거나 국내 산업을 외국 경쟁업체로부터 보호하기 위해 관세를 매긴다. 어느 경우든 국내 소비자 가격이 상승한다.

도하라운드 전 세계 무역장벽을 낮추기 위해 2001년에 시작된 국가 간의 협상이지만, 7년 만에 결렬되었다. 당사국들이 회의 주제를 결정하지 못할 때가 종종 있었고, 그래서 간단하게 회의가 열린 도시의 이름을 따서 명칭을 정했다.

미국 무역대표부USTR 미국 무역대표부United States Trade Representative는 미국 무역정책 입안을 책임지는 정부 기관이다. 이 기관의 수장은 무역 협상이 체결될 때 전통적으로 미국 측 수석대표를 맡으며, 대사라는 직함도 갖는다.

미국 세입위원회WAYS AND MEANS COMMITTEE 미국 하원 내에서 관세, 자유무역협정 통과 등 통상 현안을 다루는 위원회다. 상원의 재정위원회Finance Committee에 상응하는 기관이다.

미국 수출입은행EXIM 미국 수출입은행The Export-Import Bank of the United States은

미국 민간기업의 수출 증진에 필요한 자금을 조달해주는 정부기관이다. 나는 2009년부터 8년 동안 수출입은행장을 지냈다.

미국 외국인투자심의위원회CFIUS 미국 외국인투자심의위원회The Committee on Foreign Investment in the United States는 다양한 정부 기관의 수장들로 구성된 조직이다. 일종의 감시자 역할로, 미국 기업이 국제시장에 참여할 때 발생할 수 있는 잠재적 국가 안보 문제를 주의 깊게 살핀다. 예를 들어 중국 기업이 미국 해군기지 가까이 위치한 미국 기업을 인수하길 원한다면, 이 위원회에서 목소리를 낼 수 있다.

반덤핑·상계관세AD/CVD 반덤핑·상계관세Antidumping and Countervailing Duties는 한 국가가 수입품에 추가 관세를 부과해 자국민이 수입품을 사지 않도록 유도하는 것이다. 만약 어느 제품이 낮은 가격에 불공정하게 판매되고 있거나 해당 수출국의 정부가 부당하게 보조금을 지급했다는 의심이 든다면 반덤핑·상계관세를 부과할 수 있다.

브릭스BRICS 브릭스는 서로 느슨하게 제휴 관계를 맺고 있는 신흥 5개국을 나타내는 약어로, 브라질Brazil, 러시아Russia, 인도India, 중국China, 남아프리카공화국South Africa이 포함된다. 이들은 전 세계 인구의 40퍼센트 이상을 차지하며 세계 경제에 중대한 영향력을 행사한다.

비교우위 모든 무역 거래에서 발견되는 원칙이다. 경제활동에 있어서 한 나라의 '비교우위'란 다른 나라를 능가하는 부분이다. 예를 들어 사우디아라비아는 석유에서 비교우위를 갖지만 쌀 재배에서는 그렇지 못하다. 따라서 전자를 수출하고 후자를 수입하는 것이 경제적으로 이치에 맞다.

세계은행WORLD BANK 2차 세계대전 이후 창설된 기관으로, 그 사명은 인프라 건설 프로젝트에 대한 자금 조달과 국가 경제 발전을 지원함으로써 세계 빈곤을 줄이는 것이다.

스무트-홀리 관세법 스무트-홀리 관세법Smoot-Hawley Tariff Act은 1930년에 제정된 법안으로, 당시 미국 의회는 동맹국에서 수입한 수천 개 제품에 대한 관세를 인상하는 불운한 이 법안을 통과시켰다. 그러자 상대국들은 미국 상품을 겨냥해 관세 보복을 가해 미국과의 무역을 중단했고, 바로 그때 주식시장 폭락의 영향이 증폭되어 대공황이 발생했다.

신속무역협상권TPA 신속처리권한fast-track authority이라고도 하는 신속무역협상권Trade Promotion Authority은 무역 담판이 진행 중일 때 의회가 대통령에게 넘겨주는 권한이다. 상대 국가가 협상에 성실히 임하게끔 하는 데 필요한 권한으로, 협상안이 수정 없이 의회에서 찬반 투표만 진행될 것이라고 알려주는 것이다. 일반적으로 의회는 이 권한을 부여하는 것을 좋아하지 않는다.

원산지 규정ROO 원산지 규정rules of origin은 제품이 어느 나라에서 왔는지 명확히 하는 데 사용되는 기준이다. 때때로 그 규정이 복잡해질 수 있다.

제로섬 게임ZERO-SUM GAME 한쪽이 승리하면 필연적으로 다른 누군가는 그만큼의 손실을 입는 상황을 말한다. 만약 내가 포커 게임에서 이겼다면, 한 명이나 그 이상의 플레이어가 잃은 것에 정확히 상응하는 양을 얻게 된다. 무역에는 승자와 패자가 있지만, 절대로 제로섬 게임은 아니다.

지적재산권 최근 세계 무역의 선봉인 지적재산권Intellectual Property은 무형의 것으로, 거래에 있어서 재화라기보다는 '서비스'로 간주된다. 여기에는 저작권, 상표권, 특허, 프랜차이즈, 기술 디자인 등 창조적 사고의 모든 결실이 포함된다.

최혜국 'MFNMost Favored Nation'이나 'PNTRPermanent Normal Trade Relations, 항구적 정상무역관계'이라고도 한다. 이는 보통 자유무역협정의 결과로 한 국가가 다른 국가에게 부여하는 지위로, 최고의 교역 조건을 제공해준다. 미국의 경우에는 더 이상 배타적이지 않으며, 쿠바와 북한을 제외한 모든 국가가 최혜국 대우를 받는다. 말만큼 특별하지는 않은 셈이다.

주

1부 처음 듣는 무역 수업

1장 라이벌 무역사

1 http://www.worldstopexports.com/united-states-top-10-exports/

2 https://books.google.com/books?id=hX01AQAAIAAJ&pg=PP5&hl=en#v=one page&q&f=false

2장 무엇이 자유무역을 가로막는가

1 https://www.congress.gov/bill/98th-congress/house-bill/3398/actions

2 https://news.gallup.com/opinion/gallup/234971/george-bush-retrospective. aspx

3 https://news.gallup.com/poll/110548/gallup-presidential-election-trialheat-trends-19362004.aspx#4

4 https://www.nytimes.com/1992/10/26/us/1992-campaign-overview-perot-says-he-quit-july-thwart-gop-dirty-tricks.html?pagewanted=all&src=pm

5 Jeffrey E. Cohen, *Presidential Responsiveness and Public Policy-Making: The Publics and the Policies That Presidents Choose* (Ann Arbor: University of Michigan Press, 1997), doi:10.3998/mpub.14952. ISBN 9780472108121. JSTOR10.3998/mpub.14952

6 https://www.govtrack.us/congress/votes/103-1993/h575

7 https://www.govtrack.us/congress/votes/103-1993/s395

8 http://www.sice.oas.org/trade/nafta/chap-01.asp

9 https://www.history.com/news/the-birth-of-illegal-immigration

10 https://www.debates.org/index.php?page=october-21-1984-debate-transcript

11 Heyer, https://piie.com/sites/default/files/publications/pb/pb14-13.pdf

12 https://ustr.gov/about-us/policy-offices/press-office/fact-sheets/archives/2003/november/nafta-10-myth-nafta-was-failure-united-stat

13 https://www.fas.usda.gov/data/percentage-us-agricultural-products-exported

14 http://www.pewhispanic.org/2012/04/23/net-migration-from-mexico-falls-to-zero-and-perhaps-less/

15 https://archive.nytimes.com/www.nytimes.com/specials/issues/world/wordepth/0916perot-infomercial.html 또는 https://piie.com/sites/default/files/publications/pb/pb14-13.pdf.

16 https://www.politifact.com/truth-o-meter/statements/2016/mar/07/bernie-s/sanders-overshoots-nafta-job-losses/

17 https://www.politifact.com/truth-o-meter/statements/2018/sep/24/donald-trump/did-nafta-kill-millions-jobs-donald-trump/

18 http://www.cnn.com/2008/POLITICS/02/25/clinton.obama/index.html

19 http://www.pewresearch.org/fact-tank/2017/11/13/americans-generally-positive-about-nafta-but-most-republicans-say-it-benefits-mexico-more-than-u-s/

20 https://www.seattletimes.com/seattle-news/politics/nafta-bashing-popular-but-is-it-justified/

21 https://www.politifact.com/truth-o-meter/statements/2018/sep/24/donald-trump/donald-trump-has-point-NAFTA-shuttered/

22 https://ustr.gov/about-us/policy-offices/press-office/fact-sheets/archives/2003/november/nafta-10-myth-nafta-was-failure-united-stat

23 https://ustr.gov/about-us/policy-offices/press-office/fact-sheets/archives/2003/november/nafta-10-myth-nafta-was-failure-united-stat

24 Kletzer, https://www.jstor.org/stable/2646942

25 Gary C. Hufbauer and Jeffrey J. Scott, *NAFTA Revisited: Achievements and Challenges* (Washington, D.C.: Institute for International Economics, 2005)

26 https://fas.org/sgp/crs/row/R42965.pdf

27 노동통계국 자료 https://data.bls.gov/PDQWeb/ap

28 https://www.investopedia.com/articles/economics/08/north-american-free-trade-agreement.asp

29 https://www.politifact.com/truth-o-meter/article/2017/jul/21/how-big-coal-mining-compared-other-occupations/

30 https://www.marketwatch.com/story/trumps-tariffs-will-hurt-the-65-million-us-workers-at-steel-consuming-manufacturers-2018-03-02

31 https://www.theguardian.com/business/2018/jan/13/us-retail-sector-job-losses-hitting-women-hardest-data

32 https://www.wsj.com/articles/SB867621554649917500

33 https://www.washingtonpost.com/news/fact-checker/wp/2017/08/18/the-trump-administrations-claim-that-the-u-s-government-certified-700000-jobs-lost-by-nafta/?noredirect=on&utm_term=.a25b17f12580

34 https://millercenter.org/the-presidency/presidential-speeches/december-3-1900-fourth-annual-message

3장 무역에 관한 8가지 오해

1 https://www.scmp.com/news/china/diplomacy-defence/article/2139809/united-states-waking-chinese-abuses-us-senator

2 https://www.facebook.com/senatorsanders/posts/10156965768897908 그리고 https://www.businessinsider.com/americans-paint-china-globalization-villain-2018-8

3 https://thehill.com/policy/international/392636-schumer-on-china-tariffs-china-needs-us-more-than-we-need-them

4 https://www.finance.senate.gov/hearings/the-presidents-2018-trade-policy-agenda

5 https://www.ft.com/content/2003d460-94bf-11e8-b747-fb1e803ee64e

6 https://www.cnn.com/2016/05/01/politics/donald-trump-china-rape/index.html

7 http://www.trumptwitterarchive.com/archive (excluding retweets)

8   https://twitter.com/realdonaldtrump/status/195207050261823493

9   https://www.washingtonpost.com/news/fact-checker/wp/2018/03/06/fact-checking-president-trumps-trade-rhetoric/

10 https://www.nytimes.com/2018/03/05/us/politics/trade-deficit-tariffs-economists-trump.html

11 Ibid.

12 https://www.census.gov/foreign-trade/balance/c5700.html

13 https://www.politifact.com/truth-o-meter/statements/2018/mar/28/donald-trump/did-us-have-500-billion-deficit-china-2017/

14 https://ustr.gov/countries-regions/china-mongolia-taiwan/peoples-republic-china

15 https://www.cato.org/blog/growing-us-trade-surplus-services-part-two

16 https://www.nbcnews.com/politics/donald-trump/trump-aide-kudlow-acknowledges-u-s-consumers-pay-tariffs-not-n1004756

17 https://footwearnews.com/2019/business/opinion-analysis/shoe-manufacturing-production-us-1202727879/

18 https://tradevistas.org/whos-footing-the-tariff-bill/

19 Ibid.

20 https://www.washingtonpost.com/news/monkey-cage/wp/2016/08/02/yes-the-tpp-agreement-is-over-5000-pages-long-heres-why-thats-a-good-thing/?noredirect=on&utm_term=.a90d6d6a1688

21 https://ustr.gov/trade-agreements/free-trade-agreements/trans-pacific-partnership/tpp-full-text

22 https://www.nytimes.com/2018/07/05/business/china-us-trade-war-trump-tariffs.html

23 Ibid.

24 https://www.produceretailer.com/article/news-article/imported-blueberries-numbers

25 https://obamawhitehouse.archives.gov/the-press-office/2010/12/04/remarks-president-announcement-a-us-korea-free-trade-agreement

26 https://www.reuters.com/article/us-japan-russia-economy-idUSKBN13P0QA

27 https://www.reuters.com/article/us-trade-nafta-mexico-president/mexico-president-calls-trade-agreement-a-win-win-win-deal-idUSKCN1MB2QN

28 https://wtop.com/business-finance/2018/10/canada-us-reach-deal-to-stay-in-trade-pact-with-mexico/

29 http://www.worldbank.org/en/topic/trade/publication/the-role-of-trade-in-ending-poverty 그리고 https://www.wto.org/english/tratop_e/devel_e/w15.htm

30 https://thehill.com/policy/national-security/277879-trump-warns-against-false-song-of-globalism

31 https://talkingpointsmemo.com/edblog/trump-rolls-out-anti-semitic-closing-ad

32 https://www.politico.com/story/2016/06/full-transcript-trump-job-plan-speech-224891

2부 무역은 개인의 삶을 어떻게 바꾸는가

4장 겨울에도 샐러드를 먹을 자유

1 http://www.scrumptiouschef.com/2011/05/31/consumed-by-fritos-the-life-of-charles-elmer-doolin/ 그리고 https://ocweekly.com/so-did-mexicans-invent-the-taco-salad-and-how-does-it-tie-back-to-disneyland-7172466/

2 식품 마케팅 연구소(FMI) 자료 https://www.consumerreports.org/cro/magazine/2014/03/too-many-product-choices-in-supermarkets/index.htm

3 Ted Ownby, *American Dreams in Mississippi: Consumers, Poverty, and Culture, 1830~1998* (Chapel Hill: University of North Carolina Press, 1999), pp. 1~2

4 Timothy J. Colton, *Yeltsin: A Life* (New York: Basic Books, 2008), pp. 161~62

5 Leon Aron, *Yeltsin: A Revolutionary Life* (New York: St. Martin's Press, 2000), pp. 328~29

6 Colton, *Yeltsin*, p. 162

7 Ibid., p. 163

8 https://twitter.com/realdonaldtrump/status/728297587418247168?lang=en

9 https://www.ers.usda.gov/webdocs/publications/83344/ap-075.pdf?v=42853

10 https://gcrec.ifas.ufl.edu/media/gcrecifasufledu/images/zhengfei/FE—-US-tomato.pdf

11 Ibid.

12 "Lettuce (with Chicory) Production in 2015; Countries/Regions/Production Quantity from Pick Lists", U.N. Food & Agriculture Organization, Statistics Division (FAOSTAT), 2015, http://www.fao.org/faostat/en/#data/QC

13 https://atlas.media.mit.edu/en/profile/hs92/0705/

14 https://www.agmrc.org/commodities-products/vegetables/lettuce

15 https://www.bloomberg.com/news/articles/2013-02-04/freezing-california-lettuce-boosts-salad-costs-chart-of-the-day

16 http://thestockexchangenews.com/beef-imports-and-exports-what-is-the-impact/

17 http://beef2live.com/story-beef-imports-ranking-countries-0-116237

18 https://data.ers.usda.gov/reports.aspx?programArea=veg&stat_year=2017&top=5&HardCopy=True&RowsPerPage=25&groupName=Dry%20Beans&commodityName=Black%20beans&ID=17858#P6bcc4b367d384838905 52656f2b2c8ce_3_292

19 https://www.onions-usa.org/all-about-onions/where-how-onions-are-grown

20 https://munchies.vice.com/en_us/article/jpa9j8/the-us-is-the-worlds-largest-producer-of-corn-so-why-are-we-importing-more

21 https://www.motherjones.com/kevin-drum/2018/06/us-trade-policy-on-dairy-is-simple-we-basically-allow-no-imports-at-all/

22 Ibid.

23 https://www.washingtonpost.com/news/wonk/wp/2015/01/22/the-sudden-rise-of-the-avocado-americas-new-favorite-fruit/?noredirect=on&utm_term=.d19eda06a6c9

24 http://ucavo.ucr.edu/General/EarlyHistory.html 그리고 https://www.californiaavocado.com/avocado101/the-california-difference/avocado-history

25 https://www.californiaavocado.com/avocado101/the-california-difference/avocado-history

26 https://www.washingtonpost.com/news/wonk/wp/2015/01/22/the-sudden-rise-of-the-avocado-americas-new-favorite-fruit/?noredirect=on&utm_term=.d19eda06a6c9

27 http://www.fao.org/faostat/en/#data/QC/visualize의 데이터 이용

28 Ibid.

29 https://www.washingtonpost.com/news/wonk/wp/2015/01/22/the-sudden-rise-of-the-avocado-americas-new-favorite-fruit/?noredirect=on&utm_term=.d19eda06a6c9

30 https://www.washingtonpost.com/news/wonk/wp/2015/01/22/the-sudden-rise-of-the-avocado-americas-new-favorite-fruit/?noredirect=on&utm_term=.d19eda06a6c9

31 https://www.wfla.com/news/we-eat-how-much-super-bowl-food-by-the-numbers_20180312042532911/1030557478

32 https://www.washingtonpost.com/news/food/wp/2017/05/15/dont-mess-with-millennials-avocado-toast-the-internet-fires-back-at-a-millionaire/?noredirect=on&utm_term=.c0787cde0926

33 https://www.smithsonianmag.com/science-nature/holy-guacamole-how-hass-avocado-conquered-world-180964250/

34 https://www.agmrc.org/commodities-products/fruits/avocados

35 https://www.pma.com/content/articles/2017/05/top-20-fruits-and-vegetables-sold-in-the-us

36 https://www.theguardian.com/fashion/2015/oct/05/the-avocado-is-overcado-how-culture-caught-up-with-fashion

37 https://www.telegraph.co.uk/culture/books/3671962/John-McCain-Extraordinary-foresight-made-Winston-Churchill-great.html

5장 어떤 차가 미국 차일까

1 https://www.wardsauto.com/news-analysis/foreign-invasion-imports-

transplants-change-auto-industry-forever

2 Ibid.

3 Ibid., 그리고 https://www.google.com/url?q=https://auto.howstuffworks.
com/1945-1959-volkswagen-beetle4.htm&sa=D&ust=1548700540670000&usg
=AFQjCNFNkDcIMldZ79MCdUeQHDE2DvjWyg

4 https://www.epi.org/publication/the-decline-and-resurgence-of-the-u-s-
auto-industry/

5 https://www.nhtsa.gov/sites/nhtsa.dot.gov/files/documents/2018_aala_percent_
09102018.pdf

6 Ibid.

7 https://www.bizjournals.com/wichita/news/2017/04/14/boeing-s-2016-
supplier-awards-list-includes-no.html

8 http://www.airframer.com/aircraft_detail.html?model=B737

9 https://www.theglobalist.com/a-brief-history-of-supply-chains/

10 http://www.airframer.com/aircraft_detail.html?model=B737

11 https://www.sccommerce.com/news/jn-fibers-inc-locating-facility-chester-
county

12 https://www.industryweek.com/expansion-management/indian-textile-
manufacturer-opens-plant-georgia

13 https://www.forbes.com/sites/jwebb/2016/03/30/trumps-war-on-the-
american-supply-chain/#4cd138c1d7fd

14 https://www.nhtsa.gov/sites/nhtsa.dot.gov/files/documents/2018_aala_percent_
09102018.pdf

15 Ibid.

16 https://www.greenvilleonline.com/story/money/2018/02/13/bmw-
manufacturing-remains-leading-u-s-auto-exporter-despite-pros-2017-
exports-decline-amid-overall-s/333490002/

17 http://knowhow.napaonline.com/domestic-foreign-cars-whats-difference/

18 https://www.consumerreports.org/cro/magazine/2013/02/made-in-america/
index.htm

19　https://www.chicagotribune.com/business/ct-americans-prices-vs-made-in-usa-20160414-story.html

20　Ibid.

21　https://www.nhtsa.gov/sites/nhtsa.dot.gov/files/documents/2018_aala_percent_09102018.pdf

22　https://abcnews.go.com/US/made-america-us-made-car-creates-jobs/story?id=13813091

23　https://www.usatoday.com/story/money/cars/2017/07/11/foreign-automakers-american/467049001/

24　펜실베이니아 게티즈버그에서 트럼프가 한 말이다. https://www.youtube.com/watch?v=qShSxG-Jm3w

25　https://twitter.com/realDonaldTrump/status/1067812811068383232?ref_src=twsrc%5Etfw%7Ctwcamp%5Etweetembed%7Ctwterm%5E1067812811068383232&ref_url=http%3A%2F%2Ffortune.com%2F2018%2F11%2F28%2Ftrump-steel-tariffs-gm%2F

26　https://www.marketwatch.com/story/gm-slammed-by-tariffs-as-steel-and-aluminum-costs-soar-2018-07-25

27　http://fortune.com/2018/06/29/gm-warns-trump-administration-tariffs-lead-lost-jobs-lower-wages/

28　https://www.bloomberg.com/news/articles/2018-06-29/gm-warns-trump-tariffs-could-lead-the-carmaker-to-shrink-in-u-s

29　http://fortune.com/2018/11/26/gm-slashes-jobs-cuts-production-car-models/

30　http://fortune.com/2018/11/28/gm-plants-closing-trump-subsidies-threat/

31　http://fortune.com/2018/06/25/harley-davidson-trump-trade-war-eu/

32　https://www.msnbc.com/stephanie-ruhle/watch/trump-tariffs-the-threat-to-new-jobs-at-volvo-factory-1260848707976 또는 https://www.fastcompany.com/90180122/the-u-s-job-losses-from-trumps-tariffs-are-starting-to-pile-up

33　https://www.washingtonpost.com/business/2018/07/30/after-trumps-farmerbailout-manufacturers-ask-what-about-us/?utm_term=.65ed5ac92362

34 https://www.businessinsider.com/trump-tariffs-trade-war-layoffs-business-losses-2018-8

35 https://www.usatoday.com/story/news/politics/2018/08/08/trump-tariffs-companies-might-close-lay-off-american-workers-trade-war/929019002/ 그리고 https://www.wsj.com/articles/we-are-at-the-limit-trumps-tariffs-turnsmall-businesses-upside-down-1533660467?redirect=amp 그리고 https://www.cnbc.com/2018/08/03/the-associated-press-florida-lobster-fishermen-fear-trade-war-amid-irma-recovery.html

36 https://www.uschamber.com/tariffs

37 https://www.businessinsider.com/trump-steel-aluminum-tariffs-on-canada-europe-mexico-will-hurt-us-jobs-2018-6

38 https://www.epi.org/publication/estimates-of-jobs-lost-and-economic-harm-done-by-steel-and-aluminum-tariffs-are-wildly-exaggerated/

6장 바나나 가격의 비밀

1   http://www.unitedfruit.org/keith.htm

2   https://www.vox.com/2016/3/29/11320900/banana-rise

3   Dan Koeppel, *Banana: The Fate of the Fruit That Changed the World* (New York: Hudson Street Press, 2007)

4   http://abm-enterprises.net/unitedfruit.html.

5   https://www.bls.gov/opub/mlr/2014/article/one-hundred-years-of-price-change-the-consumer-price-index-and-the-american-inflation-experience.htm

6   https://www.statista.com/statistics/236880/retail-price-of-bananas-in-the-united-states/#0

7   https://www.delish.com/food-news/a20139077/trader-joes-bananas-price/

8   https://www.vox.com/2016/3/29/11320900/banana-rise

9   https://www.nass.usda.gov/Statistics_by_State/Florida/Publications/Citrus/Citrus Statistics/2016-17/fcs1617.pdf

10 https://www.cnbc.com/2018/08/23/brazil-florida-orange-juice-tariff-trade-war.html

11 http://citrusindustry.net/2017/09/11/what-is-happening-to-the-orange-juice-market/ 그리고 https://www.zerohedge.com/news/2017-09-26/floridas-orange-growers-may-never-recover-hurricane-irma

12 http://articles.orlandosentinel.com/1996-10-08/news/9610070991_1_coca-cola-juice-plant-citrus-products

13 https://qz.com/1438762/us-orange-juice-companies-are-selling-juice-in-smaller-bottles-for-the-same-prices/

14 https://www.statista.com/statistics/297317/us-fruit-juice-exports/

15 https://www.cheatsheet.com/money-career/made-america-iconic-american-products-arent-actually-made-us.html 또는 https://www.businessinsider.com/basic-products-america-doesnt-make-2010-10#gerber-baby-food-2

16 https://www.theatlantic.com/business/archive/2012/04/how-america-spends-money-100-years-in-the-life-of-the-family-budget/255475/

7장 아이폰의 세계 일주

1 https://www.statista.com/statistics/236550/percentage-of-us-population-that-own-a-iphone-smartphone/

2 https://www.theverge.com/2017/6/13/15782200/one-device-secret-history-iphone-brian-merchant-book-excerpt

3 Ibid.

4 https://appleinsider.com/articles/13/02/15/supply-chain-visualization-shows-how-apple-spans-and-impacts-the-globe

5 https://financesonline.com/how-iphone-is-made/

6 Ibid.

7 https://www.cultofmac.com/304120/corning-gorilla-glass-4/

8 https://www.dailymail.co.uk/news/article-3280872/iPhone-mineral-miners-Africa-use-bare-hands-coltan.html

9 https://www.lifewire.com/where-is-the-iphone-made-1999503

10 Thomas L. Friedman, "Foreign Affairs Big Mac I", *New York Times*, December 8, 1996

11 Thomas L. Friedman, *The World Is Flat*, p. 421

12 https://www.reuters.com/article/us-usa-trade-china-apple/designed-in-california-made-in-china-how-the-iphone-skews-u-s-trade-deficit-idUSKBN1GX1GZ 그리고 https://www.statista.com/chart/5952/iphone-manufacturing-costs/

13 https://twitter.com/realdonaldtrump/status/195207050261823493

14 https://www.businessinsider.com/apple-iphone-sales-region-china-chart-2017-3

15 https://www.reuters.com/article/us-usa-trade-china-apple/designed-in-california-made-in-china-how-the-iphone-skews-u-s-trade-deficit-idUSKBN1GX1GZ

16 Ibid.

17 http://theconversation.com/we-estimate-china-only-makes-8-46-from-an-iphone-and-thats-why-trumps-trade-war-is-futile-99258

18 https://mashable.com/article/trump-to-apple-iphone-us-china/#n3dpIXpziqq6

19 https://www.nytimes.com/2018/10/24/us/politics/trump-phone-security.html

20 https://www.businessinsider.com/trump-iphone-tapped-report-china-russia-huawei-phones-2018-10

21 https://www.nytimes.com/2019/01/28/technology/iphones-apple-china-made.html

22 https://www.businessinsider.com/you-simply-must-read-this-article-that-explains-why-apple-makes-iphones-in-china-and-why-the-us-is-screwed-2012-1

23 https://www.washingtonpost.com/news/wonk/wp/2017/09/18/scott-walker-signs-3-billion-foxconn-deal-in-wisconsin/?noredirect=on&utm_term=.62263b16dd33

24 https://www.theguardian.com/cities/2018/jul/02/its-a-huge-subsidy-the-48bn-gamble-to-lure-foxconn-to-america

25 https://twitter.com/scottwalker/status/890328411863994371

26 https://subsidytracker.goodjobsfirst.org/prog.php?parent=foxconn-technology-group-hon-hai-precisi

27 https://www.jsonline.com/story/news/politics/2017/07/28/foxconn-could-get-up-200-million-cash-year-state-residents-up-15-years/519687001/

28 https://www.washingtonpost.com/news/wonk/wp/2017/09/18/scott-walker-signs-3-billion-foxconn-deal-in-wisconsin/?noredirect=on&utm_term=.62263b16dd33

29 https://twitter.com/DPAQreport/status/895389440838946817

30 http://www.milwaukeeindependent.com/syndicated/eminent-domain-state-interests-helped-foxconn-seize-land-private-gain/

31 https://beltmag.com/blighted-by-foxconn/

32 https://www.chicagotribune.com/news/local/breaking/ct-met-foxconn-lake-michigan-water-20180305-story.html

33 https://www.theguardian.com/cities/2018/jul/02/its-a-huge-subsidy-the-48bn-gamble-to-lure-foxconn-to-america

34 https://www.washingtonpost.com/business/economy/how-foxconns-broken-pledges-in-pennsylvania-cast-doubt-on-trumps-jobs-plan/2017/03/03/0189f3de-ee3a-11e6-9973-c5efb7ccfb0d_story.html?noredirect=on&utm_term=.358dddf00dec

35 http://www.milwaukeeindependent.com/curated/unable-reach-job-creation-goals-foxconn-fails-qualify-first-round-tax-credits/

36 Ibid.

37 https://www.reuters.com/article/us-foxconn-wisconsin-exclusive-idUSKCN1PO0FV

38 Ibid.

39 https://www.businessinsider.com/you-simply-must-read-this-article-that-explains-why-apple-makes-iphones-in-china-and-why-the-us-is-screwed-2012-1

8장 하버드와 미키마우스의 공통점

1 https://www.washingtontimes.com/news/2012/aug/19/armed-with-us-education-many-leaders-take-on-world/

2 https://www.reuters.com/article/us-south-sudan-midwives/special-report-the-wonks-who-sold-washington-on-south-sudan-idUSBRE86A0GC20120711

3 Ibid.

4 https://www.theatlantic.com/international/archive/2011/07/us-played-key-role-in-southern-sudans-long-journey-to-independence/241660/

5 https://www.brookings.edu/blog/brown-center-chalkboard/2017/01/31/sealing-the-border-could-block-one-of-americas-crucial-exports-education/; 2018 numbers from Allan Goodman

6 https://www.washingtontimes.com/news/2012/aug/19/armed-with-us-education-many-leaders-take-on-world/

7 https://www.npr.org/2018/12/21/679291823/north-korea-promotes-basketball-as-an-important-project

8 https://www.nytimes.com/1978/11/30/archives/east-germans-line-up-to-buy-a-pair-of-levis-local-venture.html

9 https://www.voanews.com/a/us-international-students/4656132.html

10 Ibid.

11 Ibid.

12 https://www.reuters.com/article/us-usa-immigration-students/fewer-foreign-students-coming-to-united-states-for-second-year-in-row-survey-idUSKCN1NI0EN

13 Ibid.

14 Ibid.

15 https://www.voanews.com/a/us-international-students/4656132.html

16 Ibid.

17 https://www.wttc.org/-/media/files/reports/economic-impact-research/countries-2018/unitedstates2018.pdf

18 https://www.worldatlas.com/articles/10-most-visited-countries-in-the-world.html

19 https://www.e-unwto.org/doi/pdf/10.18111/9789284419876

20 https://www.bls.gov/news.release/metro.t01.htm

21 https://www.prnewswire.com/news-releases/a-new-record-for-us-travel-orlando-first-to-surpass-70-million-annual-visitors-300646729.html

22 https://www.forbes.com/sites/lealane/2018/08/07/share-of-u-s-international-travel-drops-sharply-the-trump-slump/#746e5884d303

23 https://www.thedailybeast.com/the-trump-slump-hits-us-tourism 그리고 https://www.forbes.com/sites/lealane/2018/08/07/share-of-u-s-international-travel-drops-sharply-the-trump-slump/#746e5884d303

24 https://www.agriculture.pa.gov/pages/default.aspx

25 Larry Downes, *The Laws of Disruption: Harnessing the New Forces That Govern Life and Business in the Digital Age*, pp. 57~58

26 Ibid.

27 https://www.thegrocer.co.uk/buying-and-supplying/food-safety/chlorinated-chicken-explained-why-do-the-americans-treat-their-poultry-with-chlorine/555618.article

28 Ibid.

9장 왕좌의 게임과 게임의 왕좌

1 https://www.boxofficemojo.com/alltime/world/

2 https://www.telegraph.co.uk/culture/tvandradio/game-of-thrones/11464580/Game-of-Thrones-simultaneous-world-broadcast-why-is-the-UK-missing-out.html

3 https://mashable.com/2017/11/29/game-of-thrones-accents-guide-british/#hgbwfcw4imqS

4 IMDB.com

5 https://www.boredpanda.com/game-of-thrones-real-life-locations/?utm_source=google&utm_medium=organic&utm_campaign=organic 그리고 https://www.skyscanner.net/news/38-amazing-game-thrones-locations-pictures

6 http://www.emmys.com/shows/game-thrones 그리고 https://web.archive.org/web/20140820004621/http://mackevision.com/123live-user-data/user_data/6084/public/DOWNLOADS_DE/HOME/20140710_GOT_Nominierung

de.pdf

7 https://www.reuters.com/article/us-usa-trade-china-movies/hollywoods-china-dreams-get-tangled-in-trade-talks-idUSKCN1IK0W0 그리고 https://variety.com/2017/biz/asia/u-s-and-china-struggle-over-film-quotas-1201979720/

8 https://www.reuters.com/article/us-usa-trade-china-movies/hollywoods-china-dreams-get-tangled-in-trade-talks-idUSKCN1IK0W0

9 https://variety.com/2017/biz/asia/u-s-and-china-struggle-over-film-quotas-1201979720/

10 https://variety.com/2017/biz/asia/u-s-and-china-struggle-over-film-quotas-1201979720/그리고 https://www.reuters.com/article/idUS22096264620120220

11 https://www.reuters.com/article/idUS22096264620120220

12 https://www.reuters.com/article/us-usa-trade-china-movies/hollywoods-china-dreams-get-tangled-in-trade-talks-idUSKCN1IK0W0

13 https://www.boxofficemojo.com/intl/china/yearly/?yr=2018&p=.htm

14 https://www.reuters.com/article/us-usa-trade-china-movies/hollywoods-china-dreams-get-tangled-in-trade-talks-idUSKCN1IK0W0

15 https://variety.com/2017/biz/asia/u-s-and-china-struggle-over-film-quotas-1201979720/

16 https://www.trade.gov/press/press-releases/2017/new-international-trade-administration-report-indicates-steady-growth-for-the-us-media-and-entertainment-industry-along-with-barriers-to-international-exports-licensing-062917.asp

17 Ibid.

18 Ibid.

19 https://www.bloomberg.com/news/articles/2019-01-23/peak-video-game-top-analyst-sees-industry-slumping-in-2019

20 Everett M. Rogers and Judith K. Larsen, *Silicon Valley Fever: Growth of High-Technology Culture* (New York: Basic Books, 1984), p. 263, https://books.google.com/books?id=frYrAAAAYAAJ

21 https://www.cbc.ca/news/world/atari-games-buried-in-landfill-net-37k-on-

ebay-1,2837083 그리고 https://www.bugsplat.com/articles/video-games/great-video-game-crash-1983

22 https://web.archive.org/web/20140426232656/http://www.npr.org/templates/story/story.php?storyId=307031037

23 https://www.bugsplat.com/articles/video-games/great-video-game-crash-1983

24 http://community.seattletimes.nwsource.com/archive/?date=19930617&slug=1706910 그리고 https://www.nytimes.com/2018/11/02/obituaries/mario-segale-dies-super-mario.html

25 https://www.webcitation.org/5nXieXX2B?url=http://www.nintendo.co.jp/ir/library/historical_data/pdf/consolidated_sales_e0912.pdf

26 https://www.fool.com/investing/2018/12/30/the-10-best-selling-video-games-of-2018.aspx

27 https://www.axios.com/business-of-sports-sunday-night-live-1548439232-c18393d4-8b82-4124-9f47-fc2e84992190.html?utm_source=newsletter&utm_medium=email&utm_campaign=newsletter_axiosdeepdives&stream=top

28 https://www.egencyglobal.com/2018/04/13/the-lucrative-esports-business-is-attracting-big-name-sponsors/

29 https://www.businessinsider.com/twitch-is-bigger-than-cnn-msnbc-2018-2

30 https://blog.trade.gov/2016/11/02/tpps-impact-on-the-media-and-entertainment-industry/

31 Ibid.

32 Ibid.

3부 무역의 미래

10장 승자 없는 미래가 온다

1 https://repository.law.umich.edu/cgi/viewcontent.cgi?article=1818&context=mjil

2 *Public Papers of the Presidents of the United States*: *John F. Kennedy*, 1962, p. 76, https://books.google.com/books?id=L7raAwAAQBAJ

3   Ibid.

4   Ibid.

5   https://library.cqpress.com/cqalmanac/document.php?id=cqal62-1326212

6   *Public Papers of the Presidents of the United States: John F. Kennedy*, 1962, p. 76,
    https://books.google.com/books?id=L7raAwAAQBAJ

7   https://library.cqpress.com/cqalmanac/document.php?id=cqal62-1326212

8   https://www.govinfo.gov/content/pkg/CREC-2002-05-16/pdf/CREC-2002-
    05-16-senate.pdf

9   Katherine Baicker and M. Marit Rehavi, "Policy Watch: Trade Adjustment
    Assistance", *The Journal of Economic Perspectives* 18, no. 2 (Spring 2004): 239~55.

10 Ibid.

11 Ibid.

12 Ibid.

13 https://obamawhitehouse.archives.gov/blog/2015/06/11/trade-adjustment-
    assistance-what-you-need-know

14 Ibid.

15 https://www.usatoday.com/story/opinion/2015/06/24/trade-adjustment-
    assistance-labor-editorials-debates/29246193/

16 https://www.demos.org/sites/default/files/publications/Broken_Buffer_FINAL.
    pdf

17 Ibid.

18 https://360.here.com/preparing-for-the-jobs-that-dont-exist-yet

19 http://v2.bitsourceky.com/node/108.html

20 https://www.theguardian.com/us-news/2017/apr/21/tech-industry-coding-
    kentucky-hillbillies 그리고 https://www.reuters.com/article/usa-broadband-
    coal-idUSL1N0YI24P20150608

21 https://www.theguardian.com/us-news/2017/apr/21/tech-industry-coding-
    kentucky-hillbillies

22 https://www.lanereport.com/84126/2017/11/kentuckywired-installs-
    broadband-hut-in-pikeville/

23 https://thehill.com/policy/technology/285132-clinton-pledges-broadband-access-for-all-households-by-2020

24 https://www.telehouse.com/2016/07/hillary-clintons-tech-plan/

25 https://money.cnn.com/2015/12/08/technology/donald-trump-internet/

26 https://www.theguardian.com/us-news/2017/apr/21/tech-industry-coding-kentucky-hillbillies

27 https://www.washingtonpost.com/graphics/2018/politics/trump-budget-2019/?utm_term=.11dd3298071d

28 https://www.vox.com/2018/2/13/17004590/trump-budget-cuts-manufacturing-michigan-west-virginia

29 https://www.ekcep.org/about-us

30 https://www.reuters.com/article/usa-broadband-coal-idUSL1N0YI24P20150608

31 Ibid.

32 https://www.nytimes.com/2018/09/21/opinion/sunday/silicon-valley-tech.html

33 Ibid.

34 Ibid.

11장 다음 시대를 위하여

1 https://books.google.com/books?id=Hg4rDwAAQBAJ&pg=PA78&lpg=PA78&dq=%2B%22william+orton%22+%2B%22has+too+many+shortcomings%22&source=bl&ots=s0xSodbbrW&sig=ACfU3U2lwaQh9Ce5CG0EuL7OhxbNslWd1g&hl=en&sa=X&ved=2ahUKEwiOrZKy5b7hAhVEtlkKHdugBvwQ6AEwDHoECAgQAQ#v=onepage&q=%2B%22william%20orton%22%20%2B%22has%20too%20many%20shortcomings%22&f=false

2 https://www.phillytrib.com/news/local_news/city-council-bans-cash-free-businesses-sends-bill-to-kenney/article_f42ef41f-2cdf-5ffd-b6a6-b8e77a2329b8.html

3 https://www.mckinsey.com/featured-insights/future-of-work/jobs-lost-jobs-gained-what-the-future-of-work-will-mean-for-jobs-skills-and-wages

4 https://www.bls.gov/opub/mlr/1981/11/art2full.pdf

5 https://www.brookings.edu/blog/techtank/2018/04/18/will-robots-and-ai-take-your-job-the-economic-and-political-consequences-of-automation/

6 https://news.gallup.com/poll/228194/public-split-basic-income-workers-replaced-robots.aspx

7 Ibid. https://qz.com/911968/bill-gates-the-robot-that-takes-your-job-should-pay-taxes/

8 http://www.hamiltonproject.org/assets/legacy/files/downloads_and_links/Stabilizing_State_and_Local_Budgets-_A_Proposal_for_Tax-Base_Insurance.pdf

9 https://www.bls.gov/lau/lastrk14.htm

10 https://workingnation.com/rhode-island-economic-recovery/

11 Ibid.

12 Ibid.

13 Ibid.

14 https://www.the74million.org/article/the-investing-in-opportunity-act-hidden-in-the-tax-bill-a-new-program-that-could-help-charter-schools-secure-the-funds-they-need-to-expand-in-high-needs-areas/

15 https://fundrise.com/education/blog-posts/what-are-opportunity-zones-and-how-do-they-work

16 https://www.the74million.org/article/the-investing-in-opportunity-act-hidden-in-the-tax-bill-a-new-program-that-could-help-charter-schools-secure-the-funds-they-need-to-expand-in-high-needs-areas/

17 https://eig.org/dci

18 https://www.nytimes.com/2019/02/05/us/louisiana-itep-exxon-mobil.html

19 BLS 데이터 출처 https://www.markle.org/rework-america/

20 Ibid.

에필로그

1 https://www.documentcloud.org/documents/6297116-NBCWSJ-August-2019-Poll.html

2 https://www.forbes.com/sites/stuartanderson/2019/09/09/trump-tariffs-will-soon-cost-us-families-thousands-of-dollars-a-year/#5cc2ae515b4b

3 https://www.cnbc.com/2019/08/23/trump-will-raise-tariff-rates-on-chinese-goods-in-response-to-trade-war-retaliation.html

4 https://www.forbes.com/sites/chuckjones/2019/08/30/amid-trump-tariffs-farm-bankruptcies-and-suicides-rise/#15d7d43c2bc8

5 https://www.frbsf.org/economic-research/publications/economic-letter/2011/august/us-made-in-china/

6 https://finance.yahoo.com/news/trumps-trade-war-has-killed-300000-jobs-194717808.html

자료 출처

그림 0–1   No Credit

그림 0–2   No Credit

그림 0–3   Seth Cameron

그림 1–1   미국 의회 도서관

그림 1–2   미국 의회 도서관

표 1–1   세계은행 데이터

그림 2–1   Mick Stevens

그림 2–2   Bob Daemmrich /Alamy Live News

표 2–1   미 노동통계국/세인트루이스 연방준비은행

표 2–2   미 노동통계국/세인트루이스 연방준비은행

표 3–1   *The World Factbook* 2019. 워싱턴, DC: CIA, 2019.

그림 3–1   No Credit

그림 3–2   No Credit

그림 4–1   북미 프리토레이사의 허가를 받아 사용한 프리토스 상표

그림 4–2   *Houston Chronicle*

표 5–1   미국 교통부

그림 6–1   Neil Baylis / Alamy Stock Photo

그림 6–2   Niday Picture Library / Alamy Stock Photo

그림 6–3   mooziic / Alamy Stock Photo

그림 6–4   Patti McConville / Alamy Stock Photo

그림 7–1   The Advertising Archives / Alamy Stock Photo

그림 7–2   No Credit

그림7–3 Storms Media Group / Alamy Stock Photo
그림8–1 Pictorial Press Ltd / Alamy Stock Photo
표8–1 No Credit
그림9–1 INTERFOTO / Alamy Stock Photo
그림9–2 pumkinpie / Alamy Stock Photo

옮긴이 **최지희**

고려대학교 중어중문학과와 이화여자대학교 통번역대학원 한중 통역학과를 졸업했다. NH
증권, 21세기 한중교류협회, 금융연수원, KDI 정책대학원 등에서 강의했으며 다양한 기업체
와 정부 기관에서 동시통역 및 번역을 진행했다. 최근에는 영어와 중국어 전문번역가로 활
동하고 있다. 옮긴 책으로는 《하버드 경제학》《화폐의 몰락》《금의 귀환》《마윈, 내가 본 미
래》《중국의 미래》등이 있다.

무역의 힘

초판 1쇄 발행 2020년 10월 27일

지은이 | 프레드 P. 혹버그
옮긴이 | 최지희
발행인 | 김형보
편집 | 최윤경, 박민지, 강태영, 이환희, 최승리, 이경란
마케팅 | 이연실, 김사룡, 이하영
경영지원 | 최윤영

발행처 | 어크로스출판그룹(주)
출판신고 | 2018년 12월 20일 제 2018-000339호
주소 | 서울시 마포구 양화로10길 50 마이빌딩 3층
전화 | 070-4808-0660(편집) 070-8724-5877(영업) 팩스 | 02-6085-7676
e-mail | across@acrossbook.com

한국어판 출판권 ⓒ 어크로스출판그룹(주) 2020

ISBN 979-11-90030-69-4   03320

이 도서의 국립중앙도서관 출판시도서목록(CIP)은 e-CIP홈페이지(http://www.nl.go.kr/
ecip)에서 이용하실 수 있습니다. (CIP제어번호 : CIP2020042192)

만든 사람들
편집 | 이경란
교정교열 | 오효순
표지디자인 | 양진규
본문 조판 | 성인기획